Übersichtskarte über Israel und die Halbinsel Sinai

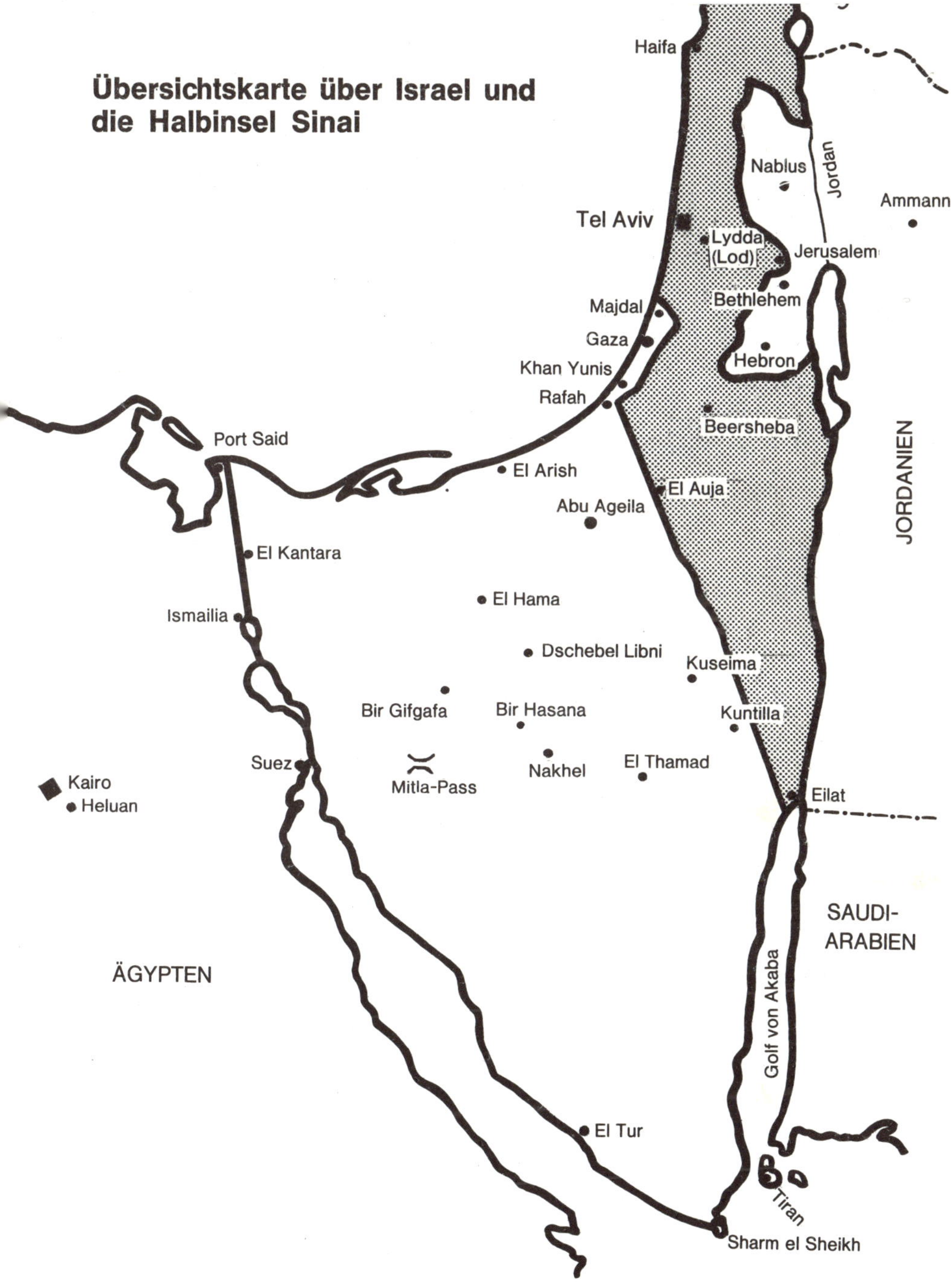

Der Kampf um die Luftherrschaft im Mittleren Osten 1948—1971

DIE ISRAELI AIR FORCE STORY

Robert Jackson

DIE ISRAELI AIR FORCE STORY

MOTORBUCH VERLAG STUTTGART

Zeichnung des Schutzumschlags: Carlo Demand.

Umschlag-Konzeption: Siegfried Horn.

Die Umschlagzeichnung von Carlo Demand zeigt eine Rotte Jagdflugzeuge vom Typ Marcel Dassault »Mirage III CJ«. Der letzte Buchstabe »J« ist lediglich der Hinweis, daß es sich hierbei um die an Israel gelieferte Version der Mirage III C handelt. Dieser Deltajäger erwies sich im »Sechs-Tage-Krieg« 1967 als das beste Kampfflugzeug der Welt mit Mehrzweckeigenschaften; er blieb seinem sowjetischen Gegenstück MiG-21 jederzeit überlegen.

Fotos: Associated Press 1, Air Britain Archives 1, Flight International 5, IDF/AF 3, Keystone 2, Newman 6, News Phot. 1, Peltz 5, Stiller 9.

Die englische Ausgabe ist erschienen im Verlag Tom Stacey Ltd., London,
unter dem Titel
THE ISRAELI AIR FORCE STORY.

Die Übersetzung ins Deutsche besorgte Manfred Jäger.

ISBN 3-87943-201-5

1. Auflage 1971

Gesamtherstellung: Brönner & Datenler KG, Eichstätt.

Printed in Germany.

INHALTSVERZEICHNIS

Prolog

Der Morgenwind trug das Dröhnen über die Stadt. Für die Bewohner von Tel Aviv und die Siedlungen entlang der Ebene von Sharon war es ein vertrautes Geräusch geworden, beruhigend allein durch sein Vorhandensein: das wabernde Donnern der *Atar*-Düsentriebwerke der *Mirage*- und *Mystère*-Flugzeuge der Kampfstaffeln der Luftwaffe. Dieser typische Laut war ein Teil ihres Lebens geworden, wie der Anblick der schlanken Jäger, die paarweise in ständiger Wacht über den Himmel fegten.
Aber heute schien es anders. Es lag so etwas wie grimmige Dringlichkeit in diesem Donnern, das über die israelische Küstenebene rollte. Das war nicht mehr die übliche Morgenpatrouille, das war etwas viel Größeres.
Von Hatzor, Ekron, Lod und Ramat David – dem Komplex von Flugplätzen, der wie ein Schild um das Herz Israels gelegt war – starteten Düsenflugzeuge in einem stetigen Strom, die Betonpisten mit der sengenden Flamme der Nachbrenner schwärzend.
Die Flugzeuge blieben in Bodennähe, nahmen in 100 Meter Höhe Formation ein und hielten sich im Schatten der Berge von Judäa. Seit Jahrtausenden hatten diese Berge unbewegt über dem Schicksal des Landes gebrütet, hatten ihr karges Gesicht, von der Sonne und dem ausdörrenden Chamsin zerfurcht, der fruchtbaren Ebene zugewandt. Wie wenn sie nach einem kühlen Luftzug dürsteten, einer Brise vom Mittelmeer, in dem sich die Ebene baden durfte.
Durch vier Jahrtausende hindurch—wenn nicht länger—haben diese Felswände immer wieder das Echo des Kampflärms von Schwert und Speer zurückgeworfen. Und dieser Lärm hatte in der jüngeren Vergangenheit eine neue Note bekommen durch das Knattern der Gewehre, den Donner der Kanonen, und jetzt durch das Pfeifen und Dröhnen von Düsentriebwerken.
Jenseits von diesen Bergen lauerte Gefahr. Hinter dem Morgennebel, der immer noch über dem Jordan-Tal lag, in Ajlun an den Hängen des 1200 Meter hohen Dschebel Umed Daraj, erfaßte die

Antenne eines ultramodernen jordanischen Überwachungs-Radargerätes vom Typ Marconi 547 ohne Unterbrechung das Geschehen am Himmel über Israel. Nur wenn sie tiefer als die Berge blieben — im Radarschatten der Gebirgskette — durften die israelischen Flugzeuge hoffen, unentdeckt zu bleiben.

So raste die erste Welle im Tiefflug über die weitausladende Kurve der israelischen Küstenlinie südlich von Jafo. Es waren 24 Maschinen, je sechs Schwärme in loser 4-Finger-Formation — jener klassisch gewordenen Kampfformation, die von der deutschen Luftwaffe im spanischen Bürgerkrieg erprobt und perfektioniert und später von allen Luftstreitkräften der Welt übernommen wurde.

Mit einer Marschgeschwindigkeit von 1 000 km/h flogen sie aufs offene Meer hinaus, 50 Meter über dem Wasser, immer wieder schwerfällig schwankend, wenn sie Zonen von Turbulenz auf ihrem Wege kreuzten. Sie trugen schwer an ihrer Treibstofflast: außer den 3 500 l fassenden eingebauten Tanks führten sie Zusatztanks unter den Flächen.

Und neben jedem Zusatztank hing als Außenlast eine schlanke, über $2^1/_2$ Meter lange Spezialbombe, die bisher noch nirgends auf der Welt eingesetzt war. Es handelte sich um eine ursprünglich von der französischen Firma Matra projektierte und dann von Israel zu Ende entwickelte Sonderwaffe. Diese Bombe konnte von einem Erdkampfflugzeug bei einer Geschwindigkeit zwischen 600 und 900 km/h und in einer Höhe von nur 100 Metern ausgelöst werden. Sie war ausgestattet mit einer Batterie von vier Bremsraketen, die genau $^3/_{10}$ Sekunden nach Auslösung automatisch gezündet wurden und damit den Flug der Bombe zu einem Fallwinkel von 80° in Richtung auf das Ziel abbremsten. Nach weiteren $^6/_{10}$ Sekunden öffnete sich ein Stabilisierungsfallschirm. Dann — knapp zwei Sekunden nach der Auslösung — folgte die letzte Stufe der automatischen Steuerung dieser Fallschirmbombe: im Heckteil wurden vier Feststoffraketen gezündet. Diese brannten den Fallschirm weg und beschleunigten den jetzt fast senkrechten Fall der Bombe auf eine Geschwindigkeit von über 150 m/sek. Unter dieser Wucht brach der $3^1/_2$ Zentner schwere Sprengkopf durch die Betonschicht einer Startbahn und explodierte darunter. So entstand an der Einschlagstelle ein flacher Krater und, von dessen Wänden ausgehend, eine Verformung der Betondecke. Der Schaden erstreckte sich auf einen Durchmesser von etlichen Metern.

Zwei solche Bomben, auf ein Pistenkreuz geworfen, genügten, um die Benutzung einer solchen Startbahn durch Düsenjäger für Stunden zu verhindern. Der Hauptvorteil dieser etwa eine Tonne schweren Waffe gegenüber konventionellen Bomben lag darin, daß ein geübter Pilot dank einer fortschrittlichen Zieleinrichtung für Volltreffer garantieren konnte.
Und die Männer in den Kanzeln dieser 24 Maschinen waren überdurchschnittlich gute Piloten. Man hatte sie aus den erfahrensten Besatzungen einer Luftwaffe ausgewählt, die sich des höchsten Ausbildungsstands im besten Einsatzflugzeug der Welt rühmen konnte: der *Mirage III CJ*, einem Mehrzwecktyp, der als Abfangjäger, Erdkampfflugzeug oder Aufklärer eingesetzt werden konnte — je nachdem, welche Rolle die militärische Lage gerade verlangte.
35 Minuten nach dem Start begannen die 24 *Mirage,* wie durch unsichtbare Fäden zusammengehalten, eine sauber geflogene Verbandskurve nach links und gingen dann auf neuen Kurs. 175 Grad. Vor ihnen, noch 160 Kilometer entfernt, lag die ägyptische Küste. 24 Hände legten gleichzeitig die Sicherungsbügel um — die zwei 3-cm-DEFA-Kanonen in allen Maschinen waren durchgeladen und entsichert. Das war der letzte »check« vor dem Kampf. Während die Minuten verrannen, spuckte die Elektronik der Flugzeuge einen dauernden Strom von Daten aus: geographische Koordinaten, Kursangaben, Zeit bis zum Ziel.
Acht Minuten waren seit Einschwenken auf den neuen Kurs vergangen. Vor sich konnten die Piloten unter einem dünnen blauen Dunstschleier am südlichen Horizont die schnell deutlicher werdende Küstenlinie erkennen. Über ihnen am Himmel war nichts zu sehen. Keine Kondensstreifen, kein Glitzern auf metallenen Tragflächen — nichts, was auf feindliche Jagdabwehr schließen ließ. 60 Sekunden später überquerten die 24 *Mirage* im Tiefflug die Küste, überflogen die Eisenbahnlinie, die von Alexandria nach Westen führt. Rechtsab lag El Alamein, Symbol des Siegs in einem anderen Krieg. Die Piloten kurvten erneut nach links und schoben die Leistungshebel nach vorn, als sie die Ausläufer der Qattara-Senke erreicht hatten. Trotz der schweren Zuladung beschleunigten die Mirage enorm bei eingeschalteten Nachbrennern. Die Piloten gingen auf 300 Meter Höhe. Man konnte sehen, wie milchig-dunstige Schockwellen kurz über die Tragflächen tanzten, als die scharfen Nasen der Flugzeuge die Schallgrenze durchstießen. In den Cockpits hing die Nadel des Mach-

Anzeigers kurz bei der Zahl 1 und drehte dann weiter. Bräunlicher Sand und trockenes Gestrüpp in der Öde unter ihnen vermischte sich zu einem verschwommenen Einerlei, als sie mit knapp 1500 km/h dahinflogen, eine Schleppe donnernden Lärms hinter sich herziehend, der die Morgenstille der Wüste zerbrach.
Mit jeder Minute konnten die Flugzeuge nun von der ägyptischen Radarkette erfaßt werden. Aber Kairo war nicht ihr Ziel. Sie flogen mit Kurs auf die vier wichtigsten Flugplätze der Kanalzone: Abu Sueir, Deversoir, Fayid und Kabrit. Kairo West, Almasa, El Mensura und Inchas sollten zur genau gleichen Zeit von einer zweiten Welle angegriffen werden, die der ersten in einem Abstand von sechs Minuten folgte.
Es war genau 08.43 Uhr. Kairoer Ortszeit. Man schrieb den 5. Juni 1967. Und bis zum überraschendsten und wirkungsvollsten Luftangriff, der in die Geschichte eingehen sollte, waren es noch zwei Minuten.

Da half nur beten …

Wie oft er einen kaum noch flugfähigen Bomber – mit qualmenden Motoren, ausgefallener Sauerstoffversorgung und toten Instrumenten – schließlich doch noch sicher nach Hause gebracht hatte, konnte Ray Kurtz längst nicht mehr sagen. Zu oft war er als *B-17*-Kommandant der USAAF im Kriege in eine solche Situation geraten. Aber jener Krieg hatte vor über drei Jahren sein Ende gefunden, und anstatt mit einem Flugzeug, das sich kaum noch in der Luft halten konnte, von einem Einsatz zurückzukehren, war er gerade dabei, mit solch einem Vogel überhaupt erst auf Strecke zu gehen.
Vor ihm lagen tausend Kilometer offene See, an sich schon ein ausreichendes Problem, und danach hatte er die zusätzliche Chance, den klappernden Blechesel vielleicht noch durch Flakfeuer und Abfangjäger hindurchquälen zu müssen.
Die *B-17* gehörte zu den drei Maschinen, die eine jüdische Hilfsorganisation in den Vereinigten Staaten aus langsam verrottenden, überzähligen US-Beständen erworben hatte. Die Flugzeuge waren via Panama ausgeflogen worden, hatten dann den Atlantik überquert, um in Portugal nachzutanken, bevor sie zu einem geheimgehaltenen Flugplatz in der westlichen Tschechoslowakei weiterfliegen konnten. Sie hatten den Sprung über den Atlantik kaum mehr geschafft. Die Motoren waren ausgeleiert und plagten die Nerven der Piloten mit immer neuen Varianten überraschender Störungen.
Die drei *B-17* waren in der letzen Juni-Woche 1948 schließlich in der Tschechoslowakei eingetroffen, und die Aufgabe, sie einigermaßen flugklar zu halten, war an Ray Kurtz und einer kleinen Schar entschlossener Flieger hängengeblieben. Einige Wochen vorher hatten sie den Atlantik mit ein paar Transportflugzeugen überquert, die für Israel bestimmt waren. Danach waren die Männer in der Tschechoslowakei geblieben, um weitere Überführungsaktionen zu überwachen.
Am 7. Juli kam überraschend ein allerhöchster Befehl der israelischen Regierung, der Kurtz eine Frist von fünf Tagen setzte, um die »flie-

genden Festungen« für einen Sondereinsatz flugklar zu machen. Als Vergeltung für ägyptische Luftangriffe auf Israel sollten Kairo, Gaza und El Arish bombardiert werden.
Fünf Tage und vier Nächte schuftete Kurtz mit seinen Leuten, um die Bomber in einen flugfähigen Zustand zu bringen. Am Morgen des sechsten Tages waren die *B-17* gegen alle Erwartungen startklar, die Motoren waren durchgesehen, die Maschinen voll aufgetankt und hatten 250-kg-Bomben geladen, die von einem tschechischen Munitionslager stammten. Dann – nach all der fieberhaften Tätigkeit – kam die Enttäuschung: Einige Minuten vor dem geplanten Start erhielt Kurtz den Befehl, die ganze Aktion wieder abzublasen. Zwei Tage vergingen in gespannter Ungewißheit. Am frühen Morgen des 15. Juli kam erneut grünes Licht. Kurtz rannte mit seinen Leuten im Laufschritt zu den Flugzeugen, um in die Luft zu kommen, bevor noch ein zweiter Gegenbefehl eintreffen konnte.
Kaum saß Kurtz in seiner Maschine, da fingen die Schwierigkeiten schon wieder an. Während des Abbremsens der Motoren brannten zwei Verstärker durch, der Regler des Propellers am linken Außenmotor blieb bei 2400 U/min. hängen, der Ladedruck wollte beim linken Innenmotor nicht über 18 inches steigen, und der künstliche Horizont stellte seinen Dienst auch gleich ein. Kurtz hätte jedes Recht gehabt, den Einsatz abzubrechen. Er tat es nicht.
Um 10.40 Uhr Ortszeit hob die letzte der drei Maschinen schwerfällig vom Boden ab und begann einen mühseligen Steigflug auf 3000 Meter Höhe. Die *B-17* dröhnten in loser Formation nach Süden. Man flog »handgestrickt«: Die Piloten fingerten dauernd an den Leistungshebeln herum, auf der Suche nach einer Idealstellung. Sie mußten Sprit sparen, so gut es ging, und auch die Motoren schonen, denn die wurden schon wieder zu heiß. Bei Kurtz tauchten bereits neue Störungen auf; noch ein paar Instrumente fielen aus, der linke Innenmotor fing an, unregelmäßig zu laufen – der Öldruck schwankte wild hin und her.
Als sie die Ostausläufer der Alpen anflogen, kamen sie zu allem Unglück über Österreich in eine Schlechtwetterzone mit schwerer Turbulenz. Die drei Flugzeuge trennten sich, um der Gefahr eines Zusammenstoßes auszuweichen. Nach Ausfall wichtiger Instrumente durch diese Waschküche hindurch zu müssen, glich einem Alptraum. Dreißig Minuten lang hatte Kurtz alle Hände voll, um die heftigen Böen auszumanövrieren; er flog nur noch nach Instinkt. Als er

schließlich klaren Himmel über sich hatte, war er am Ende seiner Kräfte, den Besatzungsmitgliedern war es übel geworden — sie waren fix und fertig, einige hatten sich übergeben müssen.
Die drei Maschinen trafen sich wieder über der jugoslawischen Küste. Zwei Stunden später gab es über Albanien eine unliebsame Überraschung anderer Art. Ringsherum platzten Explosionswölkchen auf. Leichte Flak schoß auf die *B-17.* Die Gefahr war schnell überflogen, und es folgten keine weiteren Zwischenfälle nach. Die Piloten schonten die Motoren. Der Blick ging immer wieder über die Instrumente, um auf jedes Zeichen einer Unregelmäßigkeit reagieren zu können. Über Kreta trennten sich die drei Maschinen und nahmen Kurs auf ihre Einzelziele jenseits des Mittelmeeres.
Ray Kurtz mußte nach Kairo. Auf halbem Weg über See ging er zum Steigflug über und überquerte die afrikanische Küste in einer Höhe von 8 000 Metern. Mit jeder weiteren Minute kam es ihm schwerer an, die Maschine auf geradem Kurs zu halten. Er hatte eine sonderbare Leichtigkeit im Kopf; einigen Besatzungsmitgliedern ging es ebenso. Plötzlich brach der Navigator über seinem Kartentisch bewußtlos zusammen. Jetzt erst merkte Kurtz, was los war: In der Tschechoslowakei hatte man die Flugzeuge mit Stahlflaschen bestückt, die Sauerstoff zum Schweißen enthielten, der für eine Beatmung in großen Höhen völlig ungeeignet ist. Kurtz befahl seiner Besatzung, die Sauerstoffgeräte auf Notstellung zu schalten, und nach einiger Zeit klärte sich die Situation ein wenig.
Am meisten litt der Bombenschütze Johnny Adir unter dem Sauerstoffmangel. Kurtz machte sich Sorgen um ihn. Wenn Adir ausfiel, war das ganze Unternehmen in Frage gestellt. Adir hatte nämlich eine provisorische Zieleinrichtung zusammengebastelt, deren Hauptbestandteil aus einem alten deutschen Flugzeugwrack stammte. Und niemand außer ihm hatte eine Ahnung, wie das Ding funktionierte.
Während sie nun hoch über die Qattara-Senke dahinflogen, wies Kurtz Johnny Adir an, sich flachzulegen und noch einmal ein wenig auszuruhen. Es war noch eine starke Stunde bis zum Ziel. Und dort brauchten sie schließlich einen Bombenschützen, der wieder auf Draht war.
Trotz des Ernstes der Lage mußte Kurtz lächeln. Die Ägypter sorgten ab jetzt selbst dafür, daß er den Weg nicht mehr verfehlen konnte: Die *B-17* flog nun auf dem Leitstrahl, der als gleichmäßiges Signal von Fayid in der Kanalzone ausgestrahlt wurde; Kurtz

brauchte nur diesem Leitstrahl zu folgen und kam so automatisch genau über sein Ziel. Aber auch so hätte er die ägyptische Hauptstadt kaum mehr verfehlen können. Die breit dahingestreckte Stadt war hell erleuchtet. Kurz vor Kairo kletterte Johnny Adir, etwas erholt, wieder in seinen Sitz im Bug der Maschine. Sein Ziel war der Zentralflughafen, dessen Startbahnbefeuerung genau voraus blinkte. Nach Adirs Kurskorrektur begann Kurtz mit dem Zielanflug. Er hielt die Maschine immer noch auf 8 000 Meter Höhe. Einige Besatzungsmitglieder hinter ihm verloren wegen des Sauerstoffmangels erneut das Bewußtsein.

Als Adir die Bombe auslöste, wurde das Flugzeug wie von einer Riesenhand angehoben. Kurtz drückte sofort an und kurvte nach Norden in Richtung offene See. Die Ägypter waren völlig überrascht. Die Flak hatte keinen einzigen Schuß aus den Rohren gebracht. Als das Flugzeug Höhe verlor und in dichtere Luftschichten eintauchte, erholte sich die Besatzung wieder aus der Atemnot. Die Maschine überflog die Küste bei Port Said und nahm Kurs auf Israel. Um 22.45 Uhr Ortszeit landete Kurtz mit der B-17 auf dem Flugplatz Ekron bei Tel Aviv. Die beiden anderen Maschinen schwebten einige Zeit später ein. Auch sie hatten ihre Ziele mit Erfolg angegriffen. Die Besatzungen waren halbtot vor Müdigkeit, aber sie strahlten vor Freude. Sie wußten zwar, daß ihre 250-kg-Bomben keinen großen Schaden angerichtet haben konnten. Aber das machte nichts aus. Was zählte, war die Tatsache, daß zum erstenmal israelische Flugzeuge einen Schlag auf das Herz Ägyptens geführt hatten — und daß niemand sie daran hindern konnte.

Im Februar 1947 — das war jetzt über ein Jahr her — hatte der britische Außenminister geäußert, England beabsichtige seine Mandatsverwaltung aufzugeben und die britischen Truppen aus Palästina abzuziehen. Am 29. November 1947 hatte dann die UNO jene Resolution gefaßt, derzufolge zwei unabhängige Staaten in Palästina gebildet werden sollten: ein israelischer und ein arabischer. Diese Resolution löste eine Verstärkung des arabischen Terrors gegen die palästinensischen Juden aus.

In dieser Situation glaubte noch keiner der israelischen Führer daran, daß die palästinensischen Araber einmal in der Lage sein könnten, eine richtige Offensive gegen die jüdische Gemeinschaft zu führen, selbst nicht unter Mithilfe der angrenzenden arabischen Nationen — ja sie würden an eine solche Aktion nicht einmal zu denken wagen, nachdem die UNO-Resolution sowohl von den USA wie auch von der Sowjetunion gestützt wurde. Die jüdischen Führer waren zwar überzeugt davon, daß es in dem Augenblick zu heftigen Kämpfen kommen würde, in dem die britischen Truppen sich zurückzogen und der Staat Israel ausgerufen wurde. Aber sie glaubten, daß es sich dabei nur um Guerilla-Kämpfe handeln werde. Und demzufolge wurde die ganze Organisation auf einen solchen Konflikt hin angelegt.

Die Haganah — der Name bedeutet einfach »Verteidigung« — war eine geheime Organisation, die bis auf das Jahr 1920 zurückging, als sie nach einem arabischen Angriff auf die jüdische Gemeinde von Jerusalem von dem Zionistenführer Wladimir Jabotinsky aufgestellt wurde. Während der von Aufständen und Unruhen erfüllten Jahre zwischen 1936 und 1939, als Palästina von einer Welle des arabischen Nationalismus zerrissen wurde, bestand die Rolle der Haganah in der Hauptsache in passivem Widerstand; sie kämpfte nur, wenn Teile der jüdischen Gemeinde angegriffen wurden. Als dann später Gesetz und Ordnung immer mehr auseinanderfielen, bildete das Oberkommando der Haganah eine Abteilung für Kommandounternehmen, die überfallartige Strafaktionen auf dem Gebiet der Araber durchführte.

Während des Zweiten Weltkriegs arbeitete die Haganah aktiv mit den Briten gegen die Deutschen und erhielt auf diese Weise beachtliche Mengen von Waffen und Munition aus Beständen der Britischen Armee und von den Schlachtfeldern des Mittleren Ostens. Eine Organisation zur Beschaffung von Waffen (Rekkesch) wurde unter der Kontrolle der Haganah aufgebaut und besaß 1945 dank den Bemühungen der Haganah einen beachtlichen Vorrat von Handfeuerwaffen und Munition. Dieser konnte 1945—1946 durch den Erwerb von überschüssigem Kriegsmaterial bei verschiedenen europäischen Ländern ausgebaut werden. Diese Vorräte wurden mit Duldung der italienischen Behörden in einem geheimen Lager bei Mailand gesammelt und während des Jahres 1947, in Kisten mit Maschinenteilen verborgen, nach Palästina geschmuggelt. Bis Ende des Jahres hatten in sechs verschiedenen Lieferungen 200 Bren-Karabiner, 1 500 Gewehre, 400 Maschinenpistolen, 500 Revolver und 1 500 000 Schuß Munition Palästina von Italien aus erreicht.

Das war zwar ermutigend, aber mindestens ein Mann in Palästina wußte nur zu gut, daß das keineswegs ausreichen würde. Dieser

Mann war David Ben-Gurion, Vorsitzender der Jewish Agency und Chef ihrer Sicherheits-Abteilung. Er, und wahrscheinlich nur er allein, hat die Möglichkeit eines richtigen Krieges zwischen Juden und Arabern um Palästina vorausgesehen und er hat sich unermüdlich dafür eingesetzt, die Haganah in eine voll ausgebaute Truppe umzuwandeln — ein richtiges Heer mit Artillerie und Panzern, das von Luftstreitkräften unterstützt wird.
Bereits 1945 hatte Ben-Gurion gelegentlich eines Besuches in den Vereinigten Staaten alle Anstrengungen unternommen, um die Unterstützung einflußreicher jüdischer Führer beim Aufbau einer rein jüdischen Rüstungs-Industrie in Palästina zu gewinnen. Eine Gruppe von zwanzig zionistischen Geschäftsleuten in Amerika unter der Leitung von Haim Slavin hatte daraufhin einige Millionen Dollars gesammelt und eine größere Zahl von Werkzeugmaschinen und Schwermaschinen erworben. Ein Teil davon kam noch vor dem Auslaufen des britischen Mandats ins Land und wurde zum Aufbau solcher Werke wie Bedek Aircraft Ltd. verwendet, einer Firma, aus der dann die israelische Luftfahrt-Industrie entstand.
Das Oberkommando der Haganah sträubte sich jedoch, den Standpunkt Ben-Gurions zu übernehmen. Es stimmte zwar zu, daß man die Organisation in einen höheren Bereitschaftsgrad überführen müsse — mit besseren Verbindungen zwischen den einzelnen Einheiten, mit höherem Ausbildungsstand und mehr Waffen; aber es weigerte sich, der Idee einer Umwandlung der Organisation in eine reguläre Armee nach britischem Muster näher zu treten. So konnte es passieren, daß die Haganah im November 1947, zur Zeit der UNO-Resolution, in keiner Weise darauf vorbereitet war, sich auf mehr als ein größeres Scharmützel einzulassen. Die einzigen Haganah-Mitglieder, die von sich behaupten konnten, einigermaßen richtig ausgebildet und organisiert zu sein, waren die 3000 Männer und Frauen des Palmach, der speziellen Kommando-Gruppe der Verteidigungskräfte, und selbst sie waren ausgebildet worden, eher in kleinen unauffälligen Einheiten zu operieren, als in einem größeren zusammengefaßten Verband.
Nichtsdestotrotz überredete Ben-Gurion den Nationalen Sicherheitsrat von Palästina, einem Plan für die Mobilisierung einer jüdischen »Bürgerwehr« zuzustimmen, der in Krisenzeiten in Kraft treten sollte. Er erhielt auch eine Zuteilung von 3 Millionen Dollar (tatsächlich hatte er 5 Millionen Dollar verlangt) von der Exekutive

der Jewish Agency für weitere Waffenkäufe. Im Monat darauf machte sich ein Team von vier Männern — Ehud Avriel, Munya Mardor, Yehuda Arazi und Eliah Sacharoff auf die Reise nach Europa und Amerika, um größere Mengen von Waffen einzukaufen. Ihre besondere Aufmerksamkeit sollte den Möglichkeiten gelten, Artilleriewaffen und Flugzeuge zu bekommen.
Die wichtigste Aufgabe hatte Ehud Avriel übernommen. Er ging nach Europa mit dem Auftrag, 450 Maschinengewehre und 10 000 Gewehre zu kaufen. Aufgrund seiner Arbeit im Aliyah Bet, jener Organisation, die illegale jüdische Einwanderer unter der Nase der britischen Mandatsverwaltung ins Land geschmuggelt hatte, hatte Avriel Zugang zu einem weitgespannten Netz von Haganah-Agenten und anderen, über den ganzen Kontinent verstreuten Kontakten und konnte hier seine Fühler ausstrecken. Es dauerte nicht lange, und interessante Waffenangebote begannen in seinem Büro in Paris einzulaufen. Eine Nachprüfung ergab, daß die meisten Angebote aus der Tschechoslowakei kamen.
Mit gefälschten Personalpapieren, die ihn als offiziösen Repräsentanten der Schweizer Bundesregierung auswiesen, traf Avriel unter dem Namen Überall in der zweiten Dezemberwoche 1947 in Prag ein und nahm mit den beiden dortigen Haganah-Agenten Uriel Doron und Pino Ginsburg Verbindung auf. Nach einigen Tagen Vorbereitung wandte sich das Trio, immer noch als Schweizer Vertreter auftretend, zum erstenmal direkt an das Ministerium für Verteidigung und Ausrüstung. Zu ihrer Überraschung und Freude zeigten sich die Tschechen kooperativ. Der Grund war leicht einzusehen. Die Tschechen brauchten dringend Dollars; die Haganah-Agenten hatten welche zu bieten. Trotzdem wurde der erste Handel erst abgeschlossen, nachdem die Russen ihr Plazet gegeben hatten. Das war im Januar 1948.
Das Problem war nun, wie diese erste Lieferung — und dann auch etwaige weitere — aus der Tschechoslowakei nach Palästina finden sollten. Der Mann, der für die geheimen Kanäle verantwortlich war, hieß Munya Mardor. Ben-Gurion persönlich hatte ihn auf Erkundung nach Europa geschickt. Unter seiner Leitung ging der erste Transport tschechischer Waffen durch die amerikanische Besatzungszone in Deutschland nach Belgien und erreichte Palästina von dort aus auf dem Seewege. Wie bei den früheren Lieferungen aus Italien hatte man auch hier die Waffen sorgfältig zerlegt und in Kisten mit

Maschinenteilen versteckt. Die Route durch Belgien war jedoch nicht ungefährlich und außerdem ziemlich unbefriedigend. Zuviel Zeit ging beim Transit verloren, während sich die Situation in Palästina rapide verschlechterte. Vorsichtiges Vorfühlen in Polen, Rumänien und Jugoslawien, die Erlaubnis zum Transport der Waffen durch diese Länder zu bekommen, stieß auf keine Gegenliebe. So blieb vorläufig der Weg über Deutschland und Belgien die einzige Möglichkeit.

Die ersten Lieferungen tschechischer Waffen trafen Ende März 1948 in Palästina ein und wurden eiligst an die Haganah-Einheiten verteilt. Gerade noch zur rechten Zeit, denn die jüdische Bevölkerung in Jerusalem war buchstäblich von arabischen Freischärlern eingeschlossen, die mit einer Ausnahme alle Straßen kontrollierten, die in die Stadt führten — und diese letzte Straße fiel Ende März. Die Lage der 10000 Juden in der alten Stadt wurde nun verzweifelt; sie waren abgeschlossen und standen vor dem Verhungern. Die Haganah-Garnison war zwar in der Lage, einen arabischen Angriff abzuwehren, hatte aber weder die Waffen noch genügend Leute, um eine Gegenoffensive mit einiger Aussicht auf Erfolg führen zu können.

Jetzt konnte man sich keine Geheimniskrämerei mehr leisten. Am 29. März telegrafierte Ben-Gurion an Avriel nach Prag um dringende Belieferung mit Gewehren, Granatwerfern und Munition. Der Haganah-Agent handelte prompt; am 31. März startete eine viermotorige Douglas DC-4 — von einer amerikanischen Gesellschaft gechartert — von einem Flugplatz in der Nähe von Prag. Die Maschine war vollbeladen mit Waffen und vollgetankt bis zum Überlaufen. Einige Stunden später landete sie bei Blit Daras in Süd-Palästina, mit einem Rest Sprit im Bauch, der gerade noch für fünf Flug-Minuten gereicht hätte. Die Waffen wurden hastig ausgeladen und in den Kisten zu den Palmach-Einheiten transportiert, die sich in der Nähe von Tel Aviv sammelten, um den arabischen Würgegriff um Jerusalem zu brechen.

Die Notwendigkeit von Luftstreitkräften war zu diesem Zeitpunkt nun auch den Haganah-Führern verzweifelt klargeworden. Zuallererst brauchte die Haganah Transportflugzeuge, nicht nur um Nachschub an Waffen einzufliegen, sondern um Kampfeinheiten schnell dorthin zu bringen, wo ein arabischer Angriff drohte. Aber Transportflugzeuge allein würden ohne Jagdschutz wenig nützen.

Die kriegführenden Araber konnten untereinander über 100 Flugzeuge, darunter 40 *Spitfire*, aufbringen. Wenn ihnen keine Jagdflugzeuge entgegengestellt werden konnten, dann durften sie nach Belieben über ganz Palästina operieren. Glücklicherweise war aber bereits 1937 die Grundlage für die Aufstellung einer Fliegertruppe gelegt worden, als man unter der Leitung der Haganah einige Segelfliegerklubs gebildet und eine Anzahl von kleinen Behelfsflugplätzen, über das ganze Land verstreut, angelegt hatte – die meisten davon entlang der Küste. Das Ergebnis war, daß die Haganah im Jahre 1948 über einen Personalkader verfügte, der immerhin einige Kenntnisse und Fähigkeiten im Fliegen aufwies. Noch wichtiger war aber, daß die jüdische Gemeinde in Palästina inzwischen etwa 2500 Männer und Frauen in ihren Reihen zählte, die während des Krieges in den alliierten Luftstreitkräften gedient hatten, entweder als fliegendes Personal oder als Bodenpersonal.

Im Oktober 1947 wurden dann Pläne für richtige Luftstreitkräfte erstellt, nachdem die Führer der Haganah sich zu dem Entschluß durchgerungen hatten, die Verteidigungskräfte auszubauen. Die Embryo-Luftwaffe, unter dem Namen Sherut Avir oder Military Air Service bekannt geworden, existierte zu Anfang des Jahres 1948 lediglich auf dem Papier, obwohl die Kommandeure bereits ernannt waren; der Stabschef war Aaron Remez, sein Stellvertreter war Heiman Shamir.

Im Januar 1948 kam die Sherut Avir zum bescheidenen Erstbestand, als sie im geheimen acht leichte Flugzeuge vom Typ *Taylorcraft* bzw. *Auster J/1 Autocrat* erwerben konnte. Es handelte sich dabei um »legitime« Maschinen, die die palästinensischen Zulassungszeichen VQ-P trugen. Eine oder zwei wurden direkt von der Sherut Avir gekauft, die meisten übrigen wurden der Haganah von ihren Eigentümern zur Verfügung gestellt, die sich freiwillig für Einsatzaufgaben gemeldet hatten. Dann kam ein unerwarteter Glücksfall: Ende Januar bot die RAF in Palästina 25 Kurier- und Verbindungsflugzeuge vom Typ *Auster* als Schrott zum Verkauf an und kam nicht im entferntesten auf den Gedanken, daß der Händler, der diese 25 Flugzeuge kaufte, tatsächlich ein Haganah-Agent war. Die *Auster* wurden dann von dem kleinen Kern ausgebildeter Flugzeugmechaniker und Warte in ihre Einzelteile zerlegt. Aus den verwertbaren Teilen wurden dann 18 komplette Flugzeuge zusammengebaut. Die 18 Maschinen erhielten falsche VQ-P-Zulassungen (um keinen Verdacht aufkommen zu lassen — alle waren ja identisch mit den anderen Flugzeugen, die zivile palästinensische Zulassungen trugen). Sie wurden, sorgfältig über das ganze Land verstreut, in Schuppen untergebracht oder getarnt auf freiem Gelände aufgestellt. Die Hauptschwierigkeit in diesem System lag darin, daß die *Auster* manchmal Flugplätze benutzen mußten, wo die anderen Flugzeuge mit identischen Zulassungen stationiert waren. Die Sherut Avir mußte einen äußerst sorgfältigen Flugplan ausarbeiten, um die Möglichkeit auszuschalten, daß zwei Flugzeuge mit gleichen Zulassungen am selben Platz und zur selben Zeit auftauchten. Trotz dieser Vorsichtsmaßnahme ist es dann doch einmal passiert, als ein Pilot, der Lydda zwecks einer Motorüberholung anfliegen wollte, eine *Auster* entdeckte, die dieselbe Zulassung trug wie seine eigene Maschine und außerhalb eines Hangars abgestellt war. Glücklicherweise gelang es ihm, quasi auf dem Absatz kehrt zu machen und zu verschwinden, bevor irgend jemand die Übereinstimmung entdekken konnte.

Alle diese Flugzeuge kamen sofort in den Einsatz. Sie beförderten Lebensmittel, Munition und Medikamente zu isolierten jüdischen Siedlungen und patrouillierten über Gebieten, wo ein arabischer Angriff zu befürchten war. Bei verschiedenen Gelegenheiten haben sie auch Nahaufklärung für Convois geflogen, die Lebensmittel für die jüdische Gemeinde in das belagerte Jerusalem transportierten, bevor die westliche Straße Ende März auch noch von den Arabern in Besitz genommen wurde. Die Besatzungen der *Auster* haben sich dabei keineswegs auf eine passive Rolle beschränkt; sie waren mit Gewehren und Maschinenpistolen bewaffnet und haben oft im Tiefflug Stellungen beschossen, die ihnen verdächtig erschienen. Außerdem warfen sie ab und zu Handgranaten und eine ganze Reihe selbstgefertigter Bomben ab, obwohl die letzteren ein größeres Risiko für die Besatzungen der Flugzeuge bedeuteten als möglicherweise dem Feind schadeten. Während der Spannungszeit, die dem Ende des britischen Mandats unmittelbar vorausging, spielten diese Flugzeuge eine bedeutende Rolle, die in gar keinem Verhältnis mehr zu ihrer Größe und eigentlichen Verwendbarkeit stand; abgesehen von ihrem Wert im Hinblick auf Warnung vor Hinterhalten hat allein ihr Vorhandensein die Moral der bedrängten Juden gewaltig gestützt, die von Tag zu Tag mehr um ihr Leben fürchten mußten.

In der Zwischenzeit war nun auch Haim Slavin's Zionistengruppe in den Vereinigten Staaten tätig geworden. Im März hat der jüdisch-amerikanische Pilot und Flugzeug-Ingenieur Alan W. Schwimmer (der später die Luftfahrtindustrie in Israel begründen sollte) den Kauf von zehn Curtiss C-46 *Commando* und drei Lockheed *Constellation* Transportflugzeugen aus überzähligen Beständen der USAF vermittelt und gleichzeitig auch Besatzungen rekrutiert, die diese Flugzeuge fliegen und warten konnten. Um nun den Einsatz dieser Flugzeuge auf völlig legale Weise bewerkstelligen zu können, hat er die Rechte und den Firmenmantel zweier Charterfirmen gekauft, die am Rande des Bankrotts standen, und hat dann eine Übereinkunft mit der Regierung von Panama getroffen, wonach diese Flugzeuge die Zivilzulassung von Panama unter den Buchstaben HP erhielten.

Die von Alan Schwimmer rekrutierten Besatzungen boten ihre Dienste aus verschiedenen Gründen an. Die meisten waren Juden, die sich, aus idealistischen Motiven heraus, freiwillig gemeldet hatten. Andere waren einfach versessen auf das Fliegen, und wenn dieses Fliegen dann auch noch Hand in Hand mit einigen abenteuerlichen Erlebnissen ging — um so besser. Unter ihnen war ein Mann, auf den beide Gründe zutrafen: Ray Kurtz.

Mit vier anderen Piloten kam Kurtz am 2. Mai in Panama an und machte sich sofort an die Arbeit, die Transportflugzeuge für die lange Überführung nach Palästina zu trimmen. Innerhalb einer Woche waren fünf Maschinen flugklar. Auch der notwendige Papierkrieg zur Verschleierung des Exports dieser Flugzeuge war von ihm erledigt worden. Am Morgen des 8. Mai starteten die Flugzeuge — drei C-46 und zwei *Constellation* — und stiegen mit Ostkurs im Formationsflug über die Berge auf Holländisch Guayana auf der anderen Seite von Südamerika zu. Von dort flogen sie nach Natal in Brasilien, dem östlichsten Flugplatz in Lateinamerika, der gleichzeitig dem afrikanischen Kontinent am nächsten liegt.

Vor dem Sprung über den Atlantik, der sie nach Äquatorial-Afrika bringen sollte, hatte Kurtz die Motoren der fünf Flugzeuge einer gründlichen Durchsicht unterzogen. Bei einer der beiden *Constellation* fiel die Prüfung nicht zu seiner Zufriedenheit aus, und das Flugzeug wurde zur Überholung der Triebwerke zurückgelassen; es sollte später nachfolgen. Die vier verbliebenen Flugzeuge starteten mit maximaler Treibstoffzuladung und mühten sich über See langsam in die Höhe; der nächste Landeplatz war 4100 km entfernt

und lag auf der Insel São Tomé. Über dem Atlantik wurden die Flugzeuge dann getrennt, weil schlechtes Wetter aufkam und einzelne Motoren Schwierigkeiten machten, aber alle Flugzeuge erreichten sicher den Bestimmungsplatz. Fast auf der ganzen Strecke hatten sie Rückenwind und konnten diese Etappe in etwas weniger als 15 Stunden hinter sich bringen.
Die nächste Strecke führte nach Norden, etwa 3700 km über die Sahara, nach Casablanca. Dort verringerte sich die Gesamtzahl der Flugzeuge auf drei, denn eine weitere Maschine wurde durch technische Schwierigkeiten aufgehalten. Als sie in Casablanca starten wollten, stellte sich heraus, daß noch eine Maschine mit den gleichen Schwierigkeiten zu kämpfen hatte, und so startete Ray Kurtz mit nur zwei Flugzeugen von den ursprünglich fünf zur vorletzten Teilstrecke und kam dann in der Nacht zum 15. Mai auf Sizilien an. Und am folgenden Tag landeten die beiden C-46 auf dem früheren RAF-Flugplatz von Ekron, der einige Kilometer südlich von Tel Aviv liegt. Völlig ausgepumpt, mit roten Rändern, die die Müdigkeit um ihre Augen gezeichnet hatte, kletterte Kurtz mit seinen Männern aus den Maschinen. Dann standen sie in der Stille, die direkt unheimlich wirkte – nach dem ständigen Dröhnen der Motoren, die sie um die halbe Welt getragen hatten.
Es war 20.15 Uhr am 16. Mai 1948. Fast genau 52 Stunden, nachdem David Ben-Gurion in Tel Aviv vor dem versammelten Nationalrat der palästinensischen Juden gestanden hatte und die Errichtung des Staates Israel ausgerufen hatte.

Kampf

Der frühe Morgen des Samstag, 15. Mai 1948, war hell und klar. Die Straßen von Tel Aviv schienen verlassen; es war, wie wenn sich die Stadt während der Feiern des vorangegangenen Tages übernommen hätte, die der Ausrufung des Staates Israel gefolgt waren. Nur im Roten Haus, dem Sitz der Regierung, war Leben.
Man konnte von dort auf das Mittelmeer hinaussehen. Das Oberkommando der Haganah hatte die drohende Kriegsgefahr mit Premierminister David Ben-Gurion und Mitgliedern seines Kabinetts die ganze Nacht hindurch diskutiert. Tel Aviv wirkte fremd, weil die britischen Soldaten und die britischen Armeefahrzeuge plötzlich im Stadtbild fehlten. Die letzten britischen Soldaten hatten sich bereits nach Haifa begeben, wo die Einschiffung in vollem Gang war. Auch die RAF hatte alle ihre Flugplätze im Lande mit einer Ausnahme bereits aufgegeben. Zwei Staffeln *Spitfire* waren noch auf auf dem Flugplatz Ramat-David, um die Evakuierung der britischen Streitkräfte zu decken. Die anderen Flugplätze waren bereits von dem Personal der Sherut Avir übernommen worden.
Um fünf Uhr wurde die Morgenstille durch das typische Geräusch von Rolls Royce *Merlin*-Flugmotoren gebrochen, als zwei *Spitfire* in niedriger Flughöhe vom Mittelmeer her auf die neue Hauptstadt zuflogen. Die Flugzeuge trugen die grün und weißen Kokarden der Königlich Ägyptischen Luftwaffe. In 300 Metern Höhe donnerten die beiden *Spitfire* über die Mündung des Jarkon-Flusses und flogen im Abschwung das Elektrizitätswerk Reading im Norden der Stadt an, das zwischen dem Hafen und dem kleinen Flugplatz von Tel Aviv eingezwängt liegt. Während einer der beiden Jäger über dem Ziel kreiste, warf der andere zwei 250-Pfund-Bomben, die leichtere Schäden an dem Elektrizitätswerk und der Umgebung auslösten. Beide Flugzeuge flogen dann zwei- bis dreimal im Tiefangriff über das Gelände und schossen mit Bordwaffen.
Auf dem Dach des Elektrizitätswerkes stand ein einsamer MG-Schütze von der Haganah. Er schoß auf die *Spitfire*, als sie über ihn

wegflogen. Und so unglaublich es klingt, die MG-Garbe traf, und das Jagdflugzeug kurvte weg und zog eine weiße Fahne hinter sich her – Kühlflüssigkeit, die aus einem durchschossenen Kühler strömte. Ein paar Augenblicke später verlor das Flugzeug Höhe und machte dann eine Bauchlandung. In einer Staubwolke kam es schließlich zum Stehen. Einige Männer der Haganah rannten über den Strand auf das Flugzeug zu. Der Pilot, der außer ein paar Kratzern unverletzt war, kletterte aus dem Cockpit und hob schnell die Hände.
Kaum eine Stunde später befand sich ein Team von Sherut Avir-Technikern auf dem Strand. Mit Hilfe einer Anzahl schnell herbeigeeilter Helfer wurde das Jagdflugzeug geborgen und zur Reparatur auf einen nahegelegenen Flugplatz gebracht. Der Schaden an der Maschine war nicht sonderlich groß, und ein paar Tage später flog die *Spitfire* wieder, mit Hilfe einiger Ersatzteile zusammengeflickt, die einem RAF-Schrotthaufen entstammten. Die ägyptischen Kokarden waren übermalt und durch den sechs-zackigen blauen Davidstern ersetzt worden. Sherut Avir hatte das erste Kampfflugzeug.
Ein paar Minuten nach dem Angriff der beiden *Spitfire* auf Tel Aviv kamen Meldungen herein, daß einige Siedlungen in der Negev-Wüste ebenfalls im Tiefangriff beschossen worden waren, und daß andere Dörfer entlang der Grenze nach Syrien und Transjordanien unter schwerem Artilleriebeschuß lagen. Die arabische Offensive gegen den jungen Staat Israel hatte begonnen.
Entgegen Behauptungen, die in späteren Berichten über den arabisch-israelischen Krieg von 1948 standen, bestand kein großer zahlenmäßiger Unterschied zwischen den arabischen und israelischen Streitkräften, die bei Ausbruch der Feindseligkeiten eingesetzt waren. Am Morgen des 15. Mai zählten die arabischen Armeen an allen Fronten insgesamt etwa 23 000 Mann gegen eine Gesamtstärke der Haganah von ungefähr 19 000 Mann. Weitere 6 000 Haganah-Kombattanten wurden entweder in Reserve gehalten oder befanden sich in verschiedenen Stadien der militärischen Ausbildung. Die eigentliche Ungleichheit drückte sich erst in der Ausrüstung aus. Die Araber verfügten über eine überwältigende Überlegenheit hinsichtlich Artilleriewaffen, und sie besaßen etwas, ohne das der Beginn eines modernen Krieges von vornherein aussichtslos ist: Luftmacht. Die Einsatzstärke der Königlich Ägyptischen Luftwaffe belief sich zu jener Zeit auf einige 40 *Spitfire*, 25 *Dakota* (die alle ohne Ausnahme umgebaut waren, um kleinere Bombenlasten zu tragen), 15 *Har-*

vard, 5 *Hawker Fury* und ungefähr 30 verschiedene Schulflugzeuge, Verbindungs- und Kurierflugzeuge und Transportmaschinen. Eine größere Zahl war meist nicht flugklar, weil bei der Königlich Ägyptischen Luftwaffe ein verheerender Standard im Hinblick auf Wartung anzutreffen war und außerdem Schwierigkeiten bestanden, Ersatzteile zu erhalten. Trotzdem blieb die REAF eine ernsthafte Bedrohung, solang es ihr möglich war, ohne Gegenwehr am Himmel über Israel zu operieren.

Zwei Monate vorher, noch im März, hatte Ehud Avriel Verhandlungen mit dem tschechoslowakischen Verteidigungsministerium eingeleitet, die den Ankauf einer kleineren Anzahl von überschüssigen bzw. abgerüsteten Jagdflugzeugen zum Ziel hatten. Es handelte sich dabei um *Avia C.210*. Diese Flugzeuge hatten eine interessante Geschichte. Während des Zweiten Weltkrieges waren verschiedene Versionen der berühmten *Messerschmitt Bf 109* von der Firma Avia in der Tschechoslowakei gebaut worden. Als die Deutschen sich 1944 kurz vor den vorrückenden Russen aus der Tschechoslowakei absetzten, fanden sich die Tschechen plötzlich im Besitz von genug Einzelteilen und kompletten Einrichtungen, um ungefähr 500 solche Jagdflugzeuge zusammenzubauen. 1945 wurde die Produktion der *Messerschmitt Bf 109 G-14* im Werk Prag-Cakovice von Avia wieder aufgenommen, und die Flugzeuge wurden dann der tschechischen Nachkriegsluftwaffe unter der Bezeichnung S-99 eingegliedert. Spätere Versionen waren mit dem Triebwerk Jumo 211 F ausgerüstet anstatt der üblichen Daimler-Benz-Triebwerke, denn der Vorrat an DB-Motoren ging schnell zur Neige. Die mit Jumo 211 F ausgerüsteten Flugzeuge erhielten die Bezeichnung S-199.

Wenige Flugzeuge in der Geschichte sind von ihren Piloten so verwünscht worden wie die S-199, deren Start- und Landeeigenschaften zwischen schlecht und verheerend einzuordnen waren. Die Unfallquote war erschreckend; das Flugzeug hatte eine Tendenz, bei Start oder Landung plötzlich ohne Warnung auszubrechen, und viele tschechische Piloten kamen ums Leben, wenn ihre S-199 vom Runway abkamen, sich überschlugen und in Flammen aufgingen. Die tschechischen Piloten tauften das Flugzeug »Mezec« (Maulesel). Der Name bezeichnet haargenau die Charaktereigenschaften dieses Typs. Trotz ihrer Untugenden war die S-199 das Standardflugzeug der meisten tschechischen Jagdfliegerstaffeln der ersten Linie, bis die tschechische Luftwaffe Anfang 1948 moderneres russisches Gerät erhielt. Die übriggebliebenen S-199 wurden den Reservestaffeln zugeteilt oder aber für den Export freigegeben. Und genau zu diesem Zeitpunkt erschien Ehud Avriel auf dem Schauplatz. Die S-199, oder C.210, wie die Bezeichnung ihrer »Export«-Version lautete, war die genaue Antwort auf das Gebet der Sherut Avir. Die Tatsache, daß die Maschine einen üblen Ruf als Killer hatte, spielte in diesem Fall keine Rolle; als Jagdflugzeug konnte sie es mit den *Spitfire* der REAF unter mehr oder weniger gleichen Bedingungen aufnehmen.

Avriel schloß einen ersten Vertrag über die Lieferung von zunächst 11 *C.210* ab, die im April auf den Flugplatz Zatek überflogen wurden, der damals die Hauptnachschubbasis der Haganah in der Tschechoslowakei war. Dort wurden die Maschinen für den Lufttransport nach Israel demontiert. Um diese Zeit war aber das Problem des Nachschubs über die Luft bereits in ein äußerst kritisches Stadium gekommen, denn die diplomatische Intervention von Seiten der US-Botschaft in Prag hatte praktisch dazu geführt, daß amerikanische Charterflugzeuge und Besatzungen nicht mehr eingesetzt werden konnten. Von nun an mußten sich die Israelis auf ihre eigenen Möglichkeiten beschränken. Am 17. Mai wurde demzufolge ein Lufttransportkommando unter dem Befehl von Munya Mardor gegründet. Auf dem Papier konnte das neue Kommando über insgesamt zehn Transportflugzeuge verfügen, aber lediglich drei, nämlich zwei *C-46* und eine viermotorige *C-56*, waren flugklar. Drei weitere Flugzeuge konnten nicht starten, weil sie technisch nicht mehr in Ordnung waren. Ein Flugzeug befand sich noch in Afrika und ein weiteres in Brasilien, wo sie repariert werden mußten. Ein weiteres Flugzeug war bei einem Landeunfall unterwegs verlorengegangen, und ein siebtes war wegen eines Motorendefekts auf der Insel Rhodos zur Landung gezwungen, wo es von der griechischen Regierung interniert worden war.

Von den einsatzfähigen Flugzeugen waren die beiden *C-46* voll mit Nachschubaufgaben für israelische Heereseinheiten und einzelne Siedlungen ausgelastet. Sie waren sofort für diese Aufgabe eingesetzt worden, kaum daß Ray Kurtz mit ihnen in Israel angekommen war. Lediglich die *C-54* war verfügbar, um Waffen ins Land zu fliegen, und so wurde dieses Flugzeug am 20. Mai dazu benutzt, um den Rumpf der ersten *C.210* nach Israel zu transportieren. Die *C-54* startete unmittelbar, nachdem man sie aufgetankt hatte, kehrte in

die Tschechoslowakei zurück, um die Tragflächen und das Triebwerk der *C.210* aufzunehmen.
Der ganze Nachschub aus der Tschechoslowakei, einschließlich der *C.210,* wurde nach Ekron gebracht, wo sich die Hauptbasis des Lufttransportkommandos befand. Um den Flugplatz und die kostbare Fracht gegen feindliche Luftangriffe zu schützen, wurde jede verfügbare Fla-Waffe um diesen Flugplatz herum aufgestellt.
Neben der Ausrüstung kamen auch immer mehr Freiwillige von Übersee, hauptsächlich aber aus Nordamerika. Chalmers H. Goodlin gehörte dazu — erst im Vorjahr hatte er als Testpilot die ersten Gleitflüge mit dem amerikanischen Versuchsflugzeug Bell XS-1 durchgeführt, das dann später als erstes die Schallmauer im Horizontalflug durchbrach. Andere Freiwillige wiederum kamen gar nicht bis nach Israel. Eine ganze Anzahl wurde unterwegs von feindlich eingestellten Regierungen interniert, und zumindest einer kam auf dem Wege nach Israel ums Leben, als er mit seinem Flugzeug abstürzte. Dieser eine war der Kanadier George Beurling, der als Jagdflieger im Zweiten Weltkrieg über Malta 27 deutsche bzw. italienische Flugzeuge abgeschossen hatte. Seine Freunde hatten ihm den Spitznamen »Screwball« verpaßt, was soviel wie »Spinner« heißt, aber das war nicht ernst gemeint — im Gegenteil: er war ein ausgezeichneter Pilot mit hervorragenden Augen und ein phantastisch guter Schütze. Den größten Teil seiner Freizeit während der hektischen Tage in Malta hatte er über neueren und besseren Methoden des Luftkampfes gebrütet.
Beurling hatte sich angeboten, eines der drei von Haim Slavin's Organisation in den USA gekauften leichten Transportflugzeuge vom Typ *Norseman* nach Israel zu überfliegen. Am 20. Mai 1948 überwachte er auf dem Flugplatz in Rom die Beladung der Flugzeuge mit Sanitätsmaterial und startete dann zur letzten Etappe seines Fluges. Kaum 100 Meter nach dem Start setzte sein Motor aus. Das überladene Flugzeug fiel wie ein Stein zu Boden. Beurling war sofort tot. Er war gerade 26 Jahre alt geworden.
Zwei Tage später, am 22. Mai, erschien kurz nach der Morgendämmerung eine einsame ägyptische Spitfire über dem Flugplatz Ramat-David bei Haifa, auf dem die *Spitfire FR.18* der RAF-Staffeln Nr. 32 und 208 noch stationiert waren. Nachdem die ägyptische *Spitfire* ein paarmal über dem Platz gekreist hatte, drückte sie auf den Platz an und warf ein paar kleine Bomben, die zwei RAF-

Flugzeuge zerstörten, und griff dann noch einmal mit Bordwaffen an. Vier *Spitfire* der 208. Staffel wurden schnell startfertig gemacht, aber bis sie in die Luft kamen, war der Angreifer verschwunden. Zwei Stunden später wurde der Platz noch einmal angegriffen — dieses Mal durch drei *Spitfire*, die einen Hangar bombardierten, eine *DC-3* mit Bordwaffen am Boden zerstörten und sieben weitere RAF-Flugzeuge beschädigten. Dieses Mal kamen die Angreifer nicht ungeschoren davon. Sie wurden von vier *Spitfire* abgefangen, und einer wurde sofort abgeschossen. Der zweite raste in den Boden und explodierte bei dem verzweifelten Versuch zu entkommen. Den Dritten erwischte ein direkter Flak-Treffer.

Am folgenden Tag entschuldigten sich die Ägypter bei den britischen Behörden für den »bedauerlichen Navigationsirrtum« der ägyptischen Piloten. Diese hatten angenommen, Ramat-David befinde sich in den Händen der Israelis und die dort abgestellten Flugzeuge seien israelische Maschinen. Zwei Dinge lernten die Israelis aus diesem Angriff: einmal, daß der ägyptische Geheimdienst nicht gerade über gute Informationen verfügte, und zum anderen, daß es nur eine Frage der Zeit war, bis die Ägypter weitere Angriffe auf Flugplätze flogen — was die dringende Notwendigkeit eines wirksamen Luftabwehr-Systems noch einmal unterstrich.

Bis Ende Mai waren elf *C.210* über die Luftbrücke (Code-Name: Operation Balak) in Israel eingetroffen, dazu die notwendigen Ersatzteile und Munition. Fünfzehn weitere Flugzeuge standen in Zatec zum Abtransport bereit. Die ersten vier eingetroffenen Flugzeuge wurden eiligst zusammengebaut und bei der Verteidigung von Tel Aviv eingesetzt. Die Stadt war bereits einige Male von der ägyptischen Luftwaffe mit Bomben angegriffen worden und wurde nun durch ein ägyptisches Expeditionskorps unter Oberst Mohammed Neguit bedroht, der durch den Gaza-Streifen vormarschierte. Den Ägyptern konnte nur eine israelische Brigade entgegengeworfen werden, deren Reihen sich in den fortwährenden Einsätzen seit Dezember 1947 bedrohlich gelichtet hatten. Die Situation war verzweifelt.

Der erste Erfolg, den die *C.210* zu verzeichnen hatten, kam auf das Konto des 27jährigen Ex-RAF-Leutnants Moodi Alon. An einem Morgen der zweiten Juni-Woche dröhnten zwei zu Bombern umgebaute *Dakota's* der Ägypter von der See her auf Tel Aviv zu. Sie wurden von vier Spitfire begleitet. Alon, der über der Stadt Patrouille flog, war etwa 1 000 Meter höher als die Gegner und damit in einer günstigen Angriffsposition. Die Begleitjäger stoben in alle Winde auseinander, als er plötzlich aus der Sonne kommend eine *Dakota* angriff. Ein kurzer Feuerstoß, und das ägyptische Flugzeug stürzte brennend ins Mittelmeer. Alon griff die zweite *Dakota* von vorn an. Diese trudelte sofort ab, das Cockpit von Treffern zerfetzt. Die *Spitfire* kurvten gar nicht erst ein, um den Kampf aufzunehmen — sie drückten an und gingen dicht über dem Wasser auf Kurs Heimat.

Drei Tage darauf hatte Alon über Tel Aviv erneut Feindberührung. Er setzte sich hinter eine *Spitfire* und brachte sie zum Absturz. Aber Treffer von einem anderen Ägypter fetzten in seine Maschine und er wurde durch Splitter verwundet. Er konnte sein Flugzeug noch auf dem Flugplatz von Tel Aviv landen, und die Warte hoben ihn sachte aus dem blutverspritzten Cockpit. Kurz darauf starb er im Lazarett. Später hat man ihn zum Nationalhelden erklärt.

Nach Tagen bitterer Kämpfe verhinderte die eingesetzte israelische Brigade den Durchbruch der Ägypter, aber nur unter schweren Verlusten. Allein 200 Mann waren gefallen und 800 waren verwundet. Auch im Norden hatten die Israelis schwere Verluste in Kämpfen mit den Syrern hinnehmen müssen, die unablässig Angriffe gegen die jüdischen Siedlungen im Jordan-Tal führten. Im Westen konnten sich bisher zwei israelische Bataillone mit Erfolg gegen eine libanesische Kampfgruppe, und damit gegen eine sechsfache Übermacht, halten.

Als schließlich der erste durch die UNO bewirkte Waffenstillstand am 11. Juni in Kraft trat, waren beide Seiten fast völlig erschöpft und am Ende der Kräfte. Die Haganah hatte keine Reserven mehr; jeder einsatzfähige Mann war bereits irgendwo gegen die Syrer, die Libanesen und die Irakis im Norden, die Arabische Legion in und um Jerusalem bzw. die Ägypter in der Negev-Wüste aufgebracht worden. Der Waffenstillstand brachte die so notwendige Ruhepause in einem mehr als kritischen Augenblick. Beide Seiten konnten sich erholen und wieder Kräfte sammeln. Für die Israelis war die Waffenruhe im letzten Augenblick gekommen — sie standen vor dem völligen Zusammenbruch. Sie hatten dem Gegner zwar standgehalten, doch war ihnen mehr als ein Drittel des Territoriums verlorengegangen, das ihnen die UNO zugesprochen hatte.

Unabhängig von der Befriedigung der wichtigsten Bedürfnisse an

Ausrüstung, hauptsächlich an schweren Waffen und Flugzeugen, war Israels Hoffnung zu überleben an die Möglichkeit gebunden, den angreifenden Armeen mit einer vereinten Verteidigungskraft entgegenzutreten. Der erste Schritt in dieser Richtung war bereits getan. Am 31. Mai, elf Tage vor dem Waffenstillstand, hatte die Haganah offiziell aufgehört zu existieren, und die Tsvah Haganah le Yisrael, die israelische Verteidigungsmacht, war gegründet worden. Zur selben Zeit wurde Sherut Avir (Militärische Fliegerabteilung) einfach zur Chel Avir, der Luftwaffe. Mitte Juni war der Aufbau der Chel Avir als einer einsatzfähigen Kampfeinheit nahezu abgeschlossen. Die Überführung der *C.210* aus der Tschechoslowakei lief mit absolutem Vorrang. Elf der insgesamt 25 ersten Flugzeuge hatten Israel erreicht. Die Flugzeuge des Lufttransportkommandos hatten in hartem Einsatz insgesamt 107 Tonnen Ausrüstung, hauptsächlich die *C.210* samt Ersatzteilen, eingeflogen. Das waren seit Beginn der Operation 30 Flüge hin und zurück. Diese Flüge wurden im einzelnen so sorgfältig geplant, daß sie Ekron während der Dunkelheit der Nacht erreichten, um das Risiko zu vermindern, daß die Flugzeuge auf dem letzten Stück ihrer Route von Jagdflugzeugen abgefangen werden könnten.
Zusätzlich zu den *C.210* konnte die israelische Luftwaffe aufgrund der erfolgreichen Bemühungen von Ehud Avriel und seines Teams in Prag auf die Lieferung einer Anzahl von *Spitfire* hoffen. Anfang Juni konnte Avriel die Verhandlungen über die Lieferung von 50 *Spitfire MK.9* – alles abgerüstete Jagdflugzeuge der tschechischen Luftwaffe – abschließen. Das Dumme war nur, daß diese Vögel selbst mit Langstreckenzusatztanks die 2250 Kilometer kaum ohne Zwischenlandung zurücklegen konnten. Vielleicht schafften sie es, aber das hieß die äußerste Grenze in Kauf nehmen – ohne Reserve für Unvorhersehbares. Aber es gab keine andere Wahl. Das Lufttransportkommando war mit den *C.210* und anderem Nachschub voll ausgelastet, und Zwischenlandeplätze standen nirgends zur Verfügung. Auch schrumpfte die Zahl der Flugplätze, die israelische Flugzeuge in Europa noch anfliegen durften, immer mehr zusammen. Am Anfang hatten die Franzosen den Israelis noch großzügig erlaubt, den Flugplatz Delloro bei Ajaccio auf Korsika zum Auftanken auf dem Flug nach Israel zu benutzen. Aber inzwischen wurde dieser Platz von einer wachsenden Zahl amerikanischer und britischer Flugzeuge angeflogen – und die wahre Rolle der unter

panamesischer Zulassung fliegenden Kisten begann sich herumzusprechen.
Deshalb entschloß man sich, mit den ersten fünf *Spitfire* den mehr als riskanten Direktflug nach Israel zu wagen. Mit behelfsmäßigen Zusatztanks ausgestattet und von den meisten Einbauten – einschließlich Funkgerät und Bordwaffen – befreit (um Gewicht zu sparen), starteten sie Anfang Juli in Zatek und gingen auf Süd-Ost-Kurs. Der Flug war ein Debakel. Nur drei *Spitfire* erreichten Israel. Die anderen beiden mußten auf Rhodos notlanden, weil die Piloten nicht vom Haupttank auf die Zusatztanks umschalten konnten: die Treibstoffhähne funktionierten nicht. Die Piloten wurden interniert, die Flugzeuge beschlagnahmt.
Am 15. Juli wurde das Problem gelöst – wenigstens vorläufig. Shaul Avigur, einer der Senioren unter den Planern der Haganah in der Zeit vor der Unabhängigkeit und jetzt verantwortlicher Mann für die Koordination geheimer Waffenbeschaffung, konnte nach sich lange hinschleppenden Verhandlungen mit jugoslawischen Behörden die Erlaubnis zur Benutzung eines ehemaligen Flugplatzes an der Adria erwirken. Der Platz hatte keine Hallen und keine Tankanlage – eigentlich hatte er überhaupt nichts. Vorhanden war aber ein Runway von 1 800 Meter Länge, auf dem große und schwer beladene Transportflugzeuge starten und landen konnten. Innerhalb von zehn Tagen befand sich eine Gruppe von Luftwaffentechnikern auf dem Platz und richtete mit Hilfe jugoslawischer Armee-Einheiten ein Treibstofflager und behelfsmäßige Wartungsanlagen ein. Bereits Ende des Monats fielen die *Spitfire* auf ihrem Weg nach Israel zur Zwischenlandung auf dem jugoslawischen Platz ein. Mitte August standen in Israel etwa 30 *Spitfire* zur Verfügung. Aus diesen Maschinen wurden zwei Staffeln gebildet. Die Piloten waren als Freiwillige aus einem halben Dutzend Länder gekommen – einschließlich Großbritannien, Amerika und Südafrika – und natürlich aus Israel selbst. Zu den Bekannteren gehörten Boris Senior, der während des Zweiten Weltkrieges in der Südafrikanischen Luftwaffe gedient hatte, Paul Homeski, ein jugendlicher Veteran der Freien Französischen Luftwaffe und Ezer Weizmann, ein früherer RAF-Pilot, der seine Studien an der Wirtschaftshochschule in London unterbrach, um sich freiwillig zu melden, und der später einmal Oberkommandierender der Israelischen Luftwaffe werden sollte.
Der Erwerb des jugoslawischen Flugfeldes war gerade noch zur

rechten Zeit gekommen, denn ein paar Tage später haben die Franzosen, auf wachsenden amerikanischen Druck hin, die Erlaubnis zum weiteren Anfliegen des Flugplatzes auf Korsika zurückgezogen. Bevor aber den Israelis dieser Platz endgültig verweigert wurde, nutzten sie diesen zu einem letzten spektakulären Coup.
Einige Monate hindurch hatten jüdische Agenten in England gearbeitet, um Spenden aufzutreiben und Freiwillige zu rekrutieren. Im Frühjahr 1948 hatte eine solche Agentengruppe eine fingierte Filmgesellschaft gegründet – unter dem Vorwand, einen Film über die Rolle Neuseelands im Zweiten Weltkrieg drehen zu wollen. Zu diesem Zweck haben diese Leute vier überzählige Bristol *Beaufighter* erworben und kaum mehr als den Schrottpreis bezahlt. Die Motoren wie die Flugzeugzellen hatten gerade noch ein paar Flugstunden auf der Bescheinigung. Die »Filmleute« waren allerdings anderer Ansicht; einige unter ihnen waren in Wirklichkeit ausgebildete Zellen- und Triebwerkspezialisten, die sich zutrauten, die *Beaufighter* soweit in Schuß zu bringen, daß sie den Flug nach Israel überstanden, um dort gründlichst überholt und mit den auf alten RAF-Plätzen ausgeschlachteten Ersatzteilen aufpoliert zu werden.
Eines schönen Morgens im Juli starteten die *Beaufighter* mit Freiwilligen am Steuerknüppel von einem ehemaligen Flugplatz in Süd-England, der »für die Filmarbeit« gemietet worden war. Zuletzt wurden die Flugzeuge dann auf Korsika gesehen, wo sie nachtankten, bevor sie die zweite Hälfte ihrer Reise antraten.
Nachdem ihnen der jugoslawische Behelfsplatz zur Verfügung stand, nahmen die Israelis den Verlust von Campo Delloro nicht allzu ernst. Ende Juli kam aber ein schwerer Schlag. Die Tschechen teilten mit, daß sie (nun auch auf amerikanischen Druck hin) nicht mehr in der Lage seien, die Dienste des Flugplatzes Zatek weiterhin zur Verfügung zu stellen. Innerhalb von 14 Tagen mußten die israelischen Anlagen abgebaut und alle Leute – hauptsächlich aber diejenigen, die noch die amerikanische Staatsbürgerschaft besaßen – abgezogen werden. Die Israelis nutzten die Galgenfrist noch einmal gut. Allein in der Woche zwischen dem 6. und 12. August verfrachtete das Lufttransportkommando 40 Tonnen Nachschub, einschließlich 26 Tonnen Bomben. Nach dieser Gewaltleistung mußte nicht mehr allzu viel zurückgelassen werden. Die Israelis hatten alle greifbaren Ersatzteile für die *C.210* bzw. die *Spitfire* und alle vorhandene Munition fristgemäß weggeschafft.

Eine israelische *Spitfire Mk.9* aus den ersten Tagen der IAF. Wahrscheinlich gehörte sie zu den paar Maschinen, die aus Schrott-Teilen zusammengebastelt wurden, wie man sie auf den ehemaligen RAF-Plätzen finden konnte.

Die einzige noch vorhandene israelische *C.210*. Der Typ *Bf 109G* — in der CSR nach 1945 gebaut — wurde in den Anfängen des Unabhängigkeitskrieges von den Verbänden der ersten Linie der IAF geflogen. Hier hat man die letzte Maschine auf einem Flugplatz in der Wüste Negev als »Denkmal« auf eine Säule montiert.

Eine jener vielen *Mosquito,* die von den Israelis aus ausgeschlachteten Schrottmaschinen und Schrott-Teilen zusammengebaut und wieder flugfähig gemacht wurden.

Eine der »fliegenden Festungen« *B-17G,* die die Israelis 1948 erworben hatten.

Die Schließung des Flugplatzes Zatek – wenn auch von den Tschechen lediglich als temporäre Maßnahme bezeichnet – bedeutete, daß die Hauptquelle der Israelis für einsatzfähige Flugzeuge versiegt war. Avriel dankte der Vorsehung, daß es Ray Kurtz mit seiner fähigen Mannschaft gelungen war, die drei *»fliegenden Festungen«* noch rechtzeitig herauszubekommen. Chel Avir hatte jetzt wenigstens so etwas wie einen Bomberverband. Trotz der gewaltigen Schwierigkeiten tröpfelten während des Sommers weiterhin Flugzeuge der verschiedenen Typen nach Israel hinein. Jüdische Organisationen in Übersee sorgten dafür. Versuche zur Standardisierung wurden nicht unternommen – sie wären sinnlos gewesen. Wenn ein Flugzeug noch flog, oder die kleinste Chance bestand, es auf irgendeine Weise wieder flugklar zu machen, dann wurde es von den Israelis gekauft. Sie haben in einigen Fällen Pech gehabt; zusätzlich zu der *Norseman*, die im Mai in Rom heruntergefallen und für den Tod von Beurling verantwortlich war, wurden zwei weitere *Norseman* über ägyptischem Gebiet zur Landung gezwungen und gingen verloren. Drei andere kamen schließlich durch. Eine davon blieb bis Anfang der sechziger Jahre unter der Zulassung 4X-ARS im Dienst. Ein paar Flugzeuge erreichten Israel über Südafrika, wo eine große und äußerst aktive zionistische Organisation bestand. Zu diesen Flugzeugen gehörte auch ein leichter Transporter vom Typ Miles *Aerovan*, der im Juni 1948 von der Firma Lees-Hill Aviation Ltd., Birmingham, an die Mayfair Air Services Ltd. verkauft wurde.
Die Atempause des Waffenstillstands dauerte nur einen Monat. Nachdem beide Seiten die Verlängerung der Waffenruhe und die von Graf Bernadotte unterbreiteten Vorschläge der UNO für einen dauernden Frieden abgelehnt hatten, ging die ägyptische Armee in der Negev-Wüste wieder zum Angriff über. Aber die Situation hatte sich seit dem letzten Monat doch grundsätzlich geändert. Die israelische Armee war im Begriff, eine äußerst bewegliche Streitmacht zu werden, mit einem beachtlichen Kern an Panzern und schweren Waffen, und sie war gut ausgerüstet mit Granatwerfern und Handfeuerwaffen; wichtiger war fast noch, daß sie jetzt auch auf Unterstützung aus der Luft zählen konnte. Nichtsdestotrotz waren es aber die Israelis, die zuerst einen Geschmack davon bekommen sollten, welche Verheerung ein konzentrierter Luftangriff anrichten kann. Bei Kämpfen zwischen den Syrern und den Israelis setzten die Syrer North American *Harvard* ein, die mit Maschinengeweh-

ren und Aufhängevorrichtungen für leichte Bomben ausgerüstet waren. Sie brachten der israelischen Infanterie schwere Verluste bei. Beim Wiederaufflammen der Kämpfe gegen die Transjordanisch-Arabische Legion konnten aber die Israelis ihre Flugzeuge mit guter Wirkung zum Einsatz bringen; der Feind hatte dem nichts entgegenzusetzen. In der Negev-Wüste konnten die Israelis einige Dörfer von den Ägyptern zurückerobern — trotz der Tatsache, daß die Königlich Ägyptische Luftwaffe den Himmel beherrschte. Die vorhandenen israelischen Flugzeuge blieben in Reserve, um ägyptische Bombenangriffe auf Tel Aviv abwehren zu können. Am 18. Juli brachte dann ein zweiter Waffenstillstand die Kämpfe offiziell zu einem Ende. In Wirklichkeit gingen auf beiden Seiten Überfälle auf das Territorium des Gegners weiter.

Der Waffenstillstand hatte Ägypten Teilgebiete der Negev belassen, auf denen sich israelische Stellungen befanden, die zwar nicht vom Gegner überrannt wurden, aber trotzdem jetzt völlig abgeschnitten und damit ausschließlich auf die Versorgung aus der Luft angewiesen waren. Bei einer Zusammenkunft der Stabschefs und höherer Offiziere Anfang August, forderte Premierminister Ben-Gurion den vollen Einsatz des Lufttransportkommandos zur Unterstützung der belagerten Gebiete. Das war eine überwältigende Aufgabe. Immer noch verzweifelt knapp an Treibstoff und Flugzeugen, sollte das Kommando ein Minimum von 2000 Tonnen Verpflegung und Ausrüstung auf Behelfsflugplätze in der Wüste fliegen — hinter die feindlichen Linien, und um es noch ein wenig schwieriger zu machen: auch noch bei Nacht!

Eine erste Erkundung ergab, daß sich in der Nähe der Siedlung Ruhama eine verhältnismäßig flache Stelle befand. Einige Tage später erschien dort eine kleine Gruppe Pioniere mit Traktoren und Planierraupen — sie hatten unterwegs eine Reihe ägyptischer Stützpunkte erfolgreich umgehen können. Die Pioniere ebneten nun sofort einen geeigneten Streifen ein. Aber sie waren nicht sicher, ob der Boden fest genug war, um als Landeplatz für schwerbeladene Flugzeuge dienen zu können. Es gab nur einen Weg, das herauszufinden; am 18. August flog eine *C-46* — die panamesischen Farben nun überstrichen und ersetzt durch den Davidstern — bei hellem Tageslicht quer über die Wüste, riskierte, von den ägyptischen *Spitfire* abgeschossen zu werden, und landete sicher auf dem Streifen. An Bord des Flugzeuges befand sich der Operations Officer des

Lufttransportkommandos, Leo Gardner, der melden konnte, daß der Landestreifen für Flugzeuge bis zu einem Landegewicht von 30 Tonnen geeignet erschien – bei trockenem Wetter natürlich. Die Hauptgefahr lag wahrscheinlich in den enormen Staubwolken, die vermutlich durch den Propellerwind aufgewirbelt wurden. Wenn also einige Flugzeuge hintereinander landeten – dazuhin bei Nacht – dann konnten die Piloten der nachfolgenden Flugzeuge beim Aufsetzen kaum noch etwas sehen. Außerdem konnte der Staub glattweg die Ansaugfilter blockieren. Aber dieses Risiko mußte man eben wie so manches andere in Kauf nehmen.
Nach einer Anzahl von erfolgreichen Versuchsflügen begann das eigentliche Airlift-Unternehmen, das den Code-Namen »Dustbowl« (= Staubschlüssel) trug, am 23. August kurz nach Einsetzen der Abenddämmerung. Zusätzlich zu den *C-46* verfügte das Kommando nun auch über eine Lockheed *Constellation.* Es handelte sich dabei um das Flugzeug, das vor drei Monaten mit Triebwerkschaden in Panama hängengeblieben war. Nun bildete es einen wertvollen Zuwachs an Schwerlastkapazität.
Um den 25. August herum lief die Operation auf vollen Touren. Sechs Flugzeuge brachten im nonstop-Einsatz Nachschub nach Ruhama. Die Einrichtungen auf dem »Flugplatz« waren primitiv, um es vornehm auszudrücken. Die Runway-Befeuerung bestand aus Blechbüchsen, die mit einer Mischung aus Sand und Benzin gefüllt waren. Trotz aller Handicaps flog das Kommando schon in der ersten Woche pro Nacht 65 Tonnen Nachschub ein, eine Menge, die die Planer im Oberkommando staunen machte, denn sie hatten mit höchstens 15 Tonnen gerechnet. Zusätzlich zum Material brachten die Flugzeuge auch Verstärkungen für die Negev-Brigade und flogen kampfmüde Einheiten auf dem Rückweg aus. Auch Frauen und Kinder wurden auf diese Weise aus Buhama evakuiert.
Überraschenderweise dauerte es Tage, bis die Ägypter merkten, was hier eigentlich vorging. Und selbst dann waren sie eigentlich nur durch Zufall darauf gekommen. Es passierte, als eine *C-46* nach einem Nachtflug nach Ruhama nicht mehr genügend Mumm in den Motoren hatte, um zurückzustarten. Sie mußte dableiben, bis sie wieder flugklar war. Am folgenden Morgen erschien ein Schwarm ägyptischer *Spitfire* über dem Platz und flog einige Runden. Die Ägypter zeigten keine Neigung anzugreifen, aber der Schaden war nun einmal angerichtet. Die Israelis unternahmen sofort Schritte,

um den Platz besser verteidigen zu können. Denn ab jetzt mußte man mit einem Angriff durch ägyptische Truppen rechnen.

In der Zwischenzeit versuchte das Lufttransportkommando alles, um noch mehr Material einzufliegen. Eines Nachts in der ersten Septemberwoche machten fünf Flugzeuge 13 Flüge zu dem Behelfsflugplatz und beförderten eine Rekordlast von 81 Tonnen. Für die neuen Besatzungen, die bei der Operation eingesetzt waren, war das eine ermüdende Schinderei; die Nachtflüge über feindliches Gebiet und die riskanten Landungen auf dem nur behelfsmäßig hergerichteten Platz, zusammen mit der Tatsache, daß die Besatzungen zwischen den einzelnen Flügen kaum zu ein paar Stunden Schlaf kamen, forderten den unvermeidlichen physischen und psychischen Zoll. Einige Besatzungen – dem Zusammenbruch nahe – wandten sich an den Kommandeur des Lufttransportkommandos und baten um Unterbrechung der Flüge. Nur für einen oder zwei Tage. Der Kommandeur zeigte Verständnis; aber er mußte die Bitte abschlagen. Bis zum 9. September hatten die Transportflugzeuge 170 Flüge in die Wüste gemacht, tausend Tonnen Material und 621 Passagiere auf dem Hinweg und 120 Tonnen Fracht und 1764 Passagiere auf dem Rückweg transportiert. Damit war die erste Phase der Operation abgeschlossen. Für die nächsten zwei Wochen wurden die Flüge in die Negev auf zwei bis drei pro Nacht gedrosselt, so daß das Lufttransportkommando die meisten Flugzeuge für Waffentransporte aus Europa einsetzen konnte, für Waffen, die bei der bevorstehenden Offensive gegen die Ägypter gebraucht wurden.

Was die Israelis jetzt benötigten, war ein triftiger Grund, der die Offensive auslösen mußte. Dieser wurde am Nachmittag des 5. Oktober geliefert, als ein vom UNO-Beobachter autorisierter Nachschub-Konvoi auf dem Wege zu den Negev-Siedlungen bei Karatiya in einen Hinterhalt gelockt wurde. Kaum eine Stunde später, etwa um 18.00 Uhr, griffen sechs israelische *Spitfire* den ägyptischen Flugplatz El Arish mit Raketen und Bordkanonen an und beschädigten einige ägyptische Flugzeuge. Rafah, Gaza, Majdal und Beit Hanun wurden kurz vor Dunkelheit angegriffen, dann gingen auch die israelischen Bodentruppen zum Angriff über. Am 16. Oktober, bei Tagesanbruch, waren sie auf Sichtweite an die Küstenstraße bei Beit Hanun herangekommen, jene Hauptnachschubader, die die ägyptischen Stützpunkte dieser Gegend versorgte. Ein zweiter israelischer Vorstoß, der zum Durchbruch bis zum lebenswichtigen Straßenknotenpunkt in Faluja führen sollte, hatte weniger Erfolg. Die Ägypter wehrten sich verzweifelt, zerstörten oder beschädigten die wenigen israelischen Panzer und rieben eine Kompanie Infanterie nahezu völlig auf. Trotz dieses Rückschlags nahmen die Israelis ihre Offensive entlang der ganzen Front wieder auf. Am 17. Oktober waren sie bei Einbruch der Nacht im Besitz der Höhe, die die Straßenkreuzung beherrschte. Während den nächsten 48 Stunden versuchten die Israelis verschiedene Male, die stark befestigte ägyptische Stellung bei Huleiqat — etwas weiter südlich gelegen — zurückzuerobern und damit die Einkesselung der Ägypter bei Faluja einzuleiten. In der Nacht zum 20. Oktober wurde die Stellung unter schweren Verlusten überrannt. Am 22. Oktober unternahmen die Israelis einen entschlossenen Versuch, die Küstenstraße abzuschneiden. Aber die Ägypter hatten dies vorhergesehen und konnten eine ganze Brigade herausziehen, bevor der Rückweg abgeschnitten wurde. Die Israelis haben dann die Städte Majdal und Isdud ohne große Mühe eingenommen und damit den auf das Herz Israels gerichteten Stoß abgefangen. Der ägyptische Würgegriff um die Negev wurde bereits am 21. Oktober gebrochen, als die israelische Negev-Brigade Beersheba einnehmen konnte. Inzwischen war die Offensive durch einen israelischen Vorstoß durch Hebron und Bethlehem in Richtung Jerusalem in eine zweite Phase eingetreten. Es gab keinen nennenswerten Widerstand. Die nach der Niederlage im Westen demoralisierten ägyptischen Soldaten zeigten wenig Neigung zum Kämpfen. Die israelischen Pläne, Hebron und Bethlehem zu besetzen, wurden allerdings durch eine UNO-Aufforderung zur Feuereinstellung verhindert — die Kämpfe kamen fast die ganze Front entlang zum Stillstand.

Die israelische Luftwaffe hatte während dieser Kampfperiode eine erstmals wesentliche Rolle gespielt. Am 28. September hatte das Lufttransportkommando erneut die Luftversorgung des Negev-Gebietes intensiviert. Dieses Mal bestand die Ladung hauptsächlich aus militärischer Ausrüstung und Truppenverstärkungen. Ziel der ersten Flüge innerhalb dieser neuen Phase war ein kleiner Behelfslandeplatz bei Urim an der Gaza-Front, den die Pioniere in weniger als 24 Stunden planiert und einsatzbereit gemacht hatten.

Wenige Stunden vor Beginn der Negev-Offensive erhielt das Kommando den Befehl, einige der Flugzeuge so umzubauen, daß Bomben mitgeführt werden konnten. Ein halbes Dutzend Mechaniker vollbrachte wahre Wunder: die *C-46* erhielten einen speziellen Einbau von Laufschienen, auf denen die Besatzungen die Bomben schärfen und dann durch die Hauptladeluke abwerfen konnten. Eine kleine Anzahl *Dakota* waren ähnlich ausgerüstet, aber sie waren ja von Anfang schon als Bomber umgebaut worden. Die *C-46* und *Dakota* haben — zeitweise noch von den drei *B-17* unterstützt — vier Tage vor Beginn der Offensive von Einbruch der Dunkelheit an einen konstanten Druck auf einige wichtige feindliche Ziele ausgeübt. Als die Offensive dann rollte, übernahmen die Transportmaschinen wieder ihre normale Rolle und flogen Material und Truppen in die Kampfzone. Die Operation endete am 21. Oktober. Zwei Monate hindurch hat das Lufttransportkommando über 400 Flüge in die Negev-Wüste und zurück gemacht und dabei 5 000 Tonnen Ausrüstung und mehr als 10 000 Mann befördert.

Kein Transportflugzeug ist dabei durch Feindeinwirkung verloren gegangen, obwohl einige Flüge aus blanker Not am Tage durchgeführt werden mußten. Mitte September konnten auch die ehemals 30 tschechischen *Spitfire* eingesetzt werden. Damit neigte sich die Waage der Luftüberlegenheit den Israelis zu. Die sporadisch im Oktober aufflackernden Luftkämpfe über der Negev-Wüste wurden zu einer einseitigen Angelegenheit. Einige ägyptische *Spitfire* wurden zerstört. Je mehr die Zeit fortschritt, desto weniger traten ägyptische Flugzeuge in Erscheinung, hauptsächlich wegen der verheerend schlechten Wartung, bei der nur ein ausnehmend geringer Teil der Ist-Stärke in flugklarem Zustand gehalten werden konnte.

Gegen Ende Oktober brachen im Norden erneute Kämpfe aus, als libanesische Truppen einen Kibbutz angriffen und einschlossen. Drei israelische Brigaden gingen sofort zum Gegenangriff über. Die Auseinandersetzung dauerte nur 60 Stunden, 400 Araber blieben tot auf dem Felde, der Rest wurde über die libanesische Grenze zurückgejagt.

Am 11. November faßte der Sicherheitsrat der UNO eine Resolution, wonach die gespannte Waffenruhe zwischen Israel und Ägypten durch einen dauernden Waffenstillstand ersetzt werden sollte. Die ägyptische Regierung weigerte sich jedoch, an Waffenstillstandsverhandlungen teilzunehmen, und die israelische Regierung gewann die Überzeugung, daß die Ägypter nur durch eine militärische Niederlage zu einer solchen Bereitschaft gezwungen werden könnten. Aus diesem Grund erhielt das israelische Oberkommando von der

Regierung die Erlaubnis, die »Operation Horev« zu starten. Dies war die letzte große Offensive, die nicht nur den letzten ägyptischen Soldaten vom israelischen Boden vertreiben sollte, sondern die auch der ägyptischen Armee einen so verheerenden Schlag versetzen sollte, daß sie auf absehbare Zeit hinaus zu keiner Angriffshandlung mehr fähig war.

Die Kräfte waren auf beiden Seiten zahlenmäßig ungefähr gleich stark: 5½ ägyptische gegen 5 israelische Brigaden. Der Unterschied lag aber darin, daß die israelische Luftwaffe inzwischen die Luftüberlegenheit errungen hatte. Am 23. Dezember, dem Beginn der Operation Horev, hatte Chel Avir 113 Einsatzflugzeuge, 70 davon waren Jäger oder Bomber. Da sich keine ägyptischen Gegner mehr am Himmel zeigten, waren die israelischen Piloten frei für die Aufgabe der Erdkampfunterstützung.

Die Ägypter wurden völlig überrascht. Unter der Deckung eines Ablenkungsangriffs auf den Gaza-Streifen überrannte eine starke israelische Kampfgruppe die ägyptischen Verteidigungsstellungen an dem entscheidend wichtigen Straßenknotenpunkt Auja el Hafir an der Sinai-Front. Bei dem Scheinangriff auf den Gaza-Streifen kämpften die Ägypter verbittert und fügten den Israelis schwere Verluste zu. Aber dieser Angriff hatte seinen Zweck voll erfüllt. Die Straße in die Sinai-Halbinsel lag nun offen, und die Israelis stießen sofort nach. Am 28. Dezember nahmen sie Abu Ageila ein und griffen die Wüstenflugplätze Bir Hasana und El Hama an, die bereits von der israelischen Luftwaffe mit Bomben und Bordwaffen belegt worden waren. Am 30. Dezember nahm die Hauptmarschsäule der Israelis den Flugplatz von El Arish ein und traf Vorbereitungen, die Stadt selbst anzugreifen, die sechs Kilometer weiter nördlich lag. Der Plan wurde durch ein politisches Manöver vereitelt. Fast zum gleichen Zeitpunkt, an dem die Israelis das Gebiet der Halbinsel Sinai betreten hatten, beschwor Großbritannien den 12 Jahre alten anglo-ägyptischen Freundschaftsvertrag und sandte ein Ultimatum an Israel mit der Forderung, alle israelischen Streitkräfte vom ägyptischen Territorium zurückzuziehen. Das amerikanische Außenministerium stellte eine ähnliche Forderung. Angesichts einer möglichen britischen militärischen Intervention nahmen die Israelis den Angriff auf die Stadt El Arish zurück und griffen stattdessen am 3. Januar 1949 Rafah an. Nach heftigen Kämpfen waren die Ägypter im Gaza-Streifen drei Tage später von jeder Hilfe abgeschnitten. Noch am selben Tag gab die ägyptische Regierung zu erkennen, daß sie bereit sei, in Waffenstillstandsverhandlungen einzutreten. So kam am 7. Januar der Kampf an der Südfront zu einem vorläufigen Ende.

Gerade um diese Zeit hat die israelische Luftwaffe aus unerfindlichen Gründen eine Krise mit Großbritannien heraufbeschworen, die Israels Verhandlungsposition beinahe ruiniert hätte und die Drohung einer britischen Intervention noch verschärfte.

Am Morgen des 7. Januar führte die RAF nahe der israelischen Grenze zwei Foto-Aufklärungseinsätze durch. Der erste Verband, bestehend aus einem *Mosquito*-Aufklärer und vier *Tempest* als Begleitschutz führte seinen Auftrag ohne Zwischenfall durch und kehrte wieder sicher auf seinen Liegeplatz zurück. Aber bei dem zweiten Verband, bestehend aus vier *Spitfire* der 208. Staffel, ging es nicht so reibungslos ab. Die *Spitfire* flogen in zwei Rotten, die eine etwa in einer Höhe von 150 Metern und die zweite etwa 300 Meter höher und nach rückwärts gestaffelt. Entsprechend ihrem Befehl folgten sie der Straße Ismailia—Beersheba und kurvten dann nach Norden ein, um der Straße von El Auja nach Rafah bis zur Front zu folgen. Hier am Umkehrpunkt gerieten sie in schweres Flakfeuer. Ein Flugzeug wurde getroffen; der Pilot, P. O. Close, sprang mit dem Fallschirm ab.

Die übrigen drei *Spitfire* kreisten über der Szene; sie hatten nur Augen für den Fallschirm, der langsam der Erde zuschwebte. Die zwei Israeli *Spitfire Mk.9*, die aus der Sonne kommend auf sie einkurvten, sahen sie erst, als es zu spät war. Alle drei britischen *Spitfire* wurden nahezu gleichzeitig getroffen; eine stürzte senkrecht ab — der Pilot hing tot über dem Steuerknüppel —, die beiden anderen Piloten, Flying Officer Cooper und Flying Officer Mc Elhew, konnten abspringen. Mc Elhew und Close wurden von israelischen Truppen aufgenommen und später ausgeliefert. Aber Cooper, der sich bei der Landung auf felsigem Boden Gesichts- und Kopfverletzungen zugezogen hatte, war als erster — vor den beiden anderen — wieder auf seinem Liegeplatz. Er war in der Nähe eines Beduinenlagers heruntergekommen, und die Beduinen brachten ihn kurz nach Einbruch der Nacht zu seinen Leuten.

Als die *Spitfire* überfällig waren, wurde ein Schwarm *Tempest* ausgesandt, um nachzusehen. Dabei überquerten die *Tempest* — im Gegensatz zu den *Spitfire* — nun wirklich die Grenze und drangen in

den israelischen Luftraum ein. Dabei wurden sie von einem Schwarm israelischer *Spitfire* angegriffen. Eine *Tempest* erhielt Treffer und stürzte sechs Kilometer innerhalb der israelischen Grenze ab. Die drei anderen *Tempest* erwiderten das Feuer, bevor sie den Angriff abbrachen und Kurs auf die Kanalzone nahmen.
Entweder absichtlich oder aus Versehen hatten die Israelis fünf britische Flugzeuge ohne eigene Verluste abgeschossen. Es war schon schwer, zu glauben, die Israelis hätten sich beim ersten Vorfall geirrt. Unabhängig von den deutlich wahrnehmbaren Kokarden in den Farben der RAF und den großen Staffel-Buchstaben »RG« konnte man ja auch die *Spitfire Mk.18* von den *Spitfire Mk.9* der Ägypter klar durch die Vollsicht-Tropfenhauben unterscheiden. Und im zweiten Fall – bei den *Tempest* – handelte es sich ja um Flugzeuge mit einer so typischen, großen Kühlerverkleidung unter dem Motor, wie sie kein einziges ägyptisches Flugzeug aufzuweisen hatte.
Die beiden *Spitfire,* die die Flugzeuge der 208. Staffel angriffen, trugen dunkelgrün-graue Tarnbemalung, wie sie bei der RAF üblich war und hatten rote Spinner. Zusätzlich zum nationalen Erkennungszeichen, dem blauen Stern, trugen sie diagonale rote und weiße Streifen am Seitenruder. Es handelte sich um die Flugzeuge Nr. 2012 und 2016, wobei die letzten beiden Zahlen jeweils noch einmal in schwarzer Farbe auf dem Rumpf hinter dem nationalen Kennzeichen erschienen. Die Namen der Piloten hat man nie erfahren.

Auf der anderen Seite des Zaunes — 1

Die zeitweilige Unterbrechung der Feindseligkeiten zwischen Ägypten und Israel im Januar 1949 – als die israelischen Truppen mit dem Rückzug vom ägyptischen Territorium begannen – fand die Königlich Ägyptische Luftwaffe in einer verzweifelten Situation. Die Moral des ägyptischen Personals war auf einem Tiefpunkt angelangt. Tiefer ging es nimmer. Man hatte den Konflikt mit außergewöhnlichem Selbstvertrauen und in der Sicherheit des Erfolgs angegangen. Nun hatte man gewaltige Prügel bezogen, und der anfängliche Stolz hatte einen vernichtenden Schlag erhalten.
Noch schlimmer: Kampfmüdigkeit, technische Probleme und ein unglaublich niedriger Wartungsstand hatten zusammengewirkt, um die Einsatzstärke auf etwa 30 Flugzeuge der ersten Linie zu reduzieren. Es handelte sich dabei in der Mehrzahl um ex-RAF *Spitfire Mk.9* und *Mk.22*, aber es gab auch 12 *Hawker Furies* (davon waren aber immer mindestens 7 nicht flugklar), 8 *Macchi C.205 Velfro* aus überzähligen Beständen und eine kleine Anzahl von *Fiat G-55* Schulflugzeugen für Fortgeschrittenenschulung. Wegen des Embargos, mit dem der Mittlere Osten belegt war, wurde das Ersatzteilproblem allmählich kritisch. Um dieses Problem zu lösen, waren die ägyptischen Warte gezwungen, nicht flugklare Maschinen auszuschlachten, um wenigstens den Schatten eines Beweises für das Vorhandensein einer Luftstreitmacht der ersten Linie aufrecht zu erhalten. Nachdem sich die Gegner unter einer trügerischen Waffenruhe quasi auf Armeslänge gegenüberstanden, konnten die Feindseligkeiten jederzeit wieder an der ganzen Front aufflammen, und in diesem Fall wäre die REAF völlig außerstande gewesen, auch nur den Bruchteil der ihr zugewiesenen Aufgabe durchzuführen.
Am 8. August 1948 hatte die ägyptische Regierung, als Teil eines Planes zur Erweiterung und Modernisierung der REAF, zwei *Gloster Meteor F.4* Düsenjäger zum Preis von insgesamt 60 000 Pfund Sterling in England bestellt. Dieser Auftrag wurde nach der Verhängung des Embargos suspendiert. Die Genehmigung für die Lie-

kamen nur. Als diese im Oktober 1955 in Ägypten eintrafen, erwartete sie die erste Überraschung. Sie wollten sich im Bilbeis Flying College gerade zum Dienst melden, als sie auf einen bekümmerten Vertreter der Firma de Havilland trafen. Der Mann war auf Anforderung der Ägypter nach Kairo geflogen, um die *Chipmunk* Schulflugzeuge auf mögliche technische Defekte zu untersuchen. Fünf ägyptische Flugschüler waren bei Trudelversuchen ums Leben gekommen, weil die Flugzeuge offensichtlich nicht mehr aus dem Trudeln herausgekommen waren. Der Werksvertreter hatte nun sowohl die einzelnen Flugzeugwracks wie auch die intakten Maschinen untersucht und absolut keinen Fehler finden können. Es gab also nur einen Weg, der Sache auf den Grund zu gehen, nämlich eine *Chipmunk* zu nehmen und selbst mit ihr zu trudeln: das Flugzeug verhielt sich vorschriftsmäßig und war ohne weiteres aus dem Trudeln herauszunehmen. Dann dämmerte es ihm: den ägyptischen Flugschülern war zwar beigebracht worden, wie sie das Trudeln einleiten können, aber wenn es dann soweit war, dann gerieten sie in Panik und vergaßen prompt, wie man aus diesem Karussell wieder richtig herauskommen konnte.

Die alten RAF-Fluglehrer fanden schnell heraus, daß ihre ägyptischen Schüler zwar freundlich und überaus lerneifrig waren, daß aber in der Mehrzahl der Fälle die Intelligenz einfach nicht ausreichte, um die Vorgänge beim Fliegen zu kapieren. Es machte nicht allzuviel aus, wie schlecht ihre Landungen waren, solange die Piloten nachher den Flugplatz auf ihren eigenen Beinen verlassen konnten. Als die britischen Instruktoren sich gezwungen sahen, die Empfehlung auszusprechen, man möge den Flugschülern nach der sechsmonatigen fliegerischen Grundausbildung eine weitere Anfangsschulung verpassen, nahm niemand Notiz davon. Die Kompetenzen lagen bei dem ägyptischen Lehrpersonal, das sich hartnäckig weigerte, einen vernünftigen Rat anzunehmen, und den Schülern den Pilotenschein routinemäßig verpaßte. Nach der *Chipmunk* kamen die Schüler für weitere sechs Monate zur Fortgeschrittenenschulung auf die *Harvard*, um dann nach Fayid versetzt zu werden, wo die Übergangsschulung auf Düsenflugzeuge mit *Meteor* und *Vampire* stattfand.

Im August 1955, zwei Monate vor der Ankunft der britischen Instruktoren, schloß die ägyptische Regierung mit der Tschechoslowakei einen Liefervertrag über militärische Ausrüstung und zwar

Radargeräte, Panzer und Flugzeuge ab, der sich auf einen Gesamtbetrag von 80 Millionen £ belief. Die ersten in der Tschechoslowakei gebauten *MiG-15* erreichten Ägypten im Oktober an Bord des sowjetischen Frachters »Stalingrad«. Die Ladung wurde in Alami gelöscht und nach Almaza weitertransportiert, wo der Zusammenbau unter der Leitung tschechischer Luftwaffentechniker stattfand. In den folgenden Wochen kamen in einem stetigen Fluß weitere *MiG-15* nach Ägypten. Allmählich ging der Zusammenbau und das Einfliegen an ägyptisches Personal über, das in einem Schnellprogramm in der Tschechoslowakei eingewiesen worden war. Die ersten beiden *MiG-15*-Staffeln wurden im Dezember 1955 in Almaza aufgestellt. Sie nahmen am 15. November 1956 an einer Luftparade über Kairo teil — aber die Maschinen wurden dabei von tschechischen Piloten geflogen. Bis März 1957 waren dann insgesamt 60 *MiG-15* ausgeliefert und zwei weitere Staffeln in Kabrit aufgestellt.
Kurz nach den ersten *MiG-15* kamen im Dezember 1955 schon die ersten *Il-28* Düsenbomber: auch hier waren insgesamt 60 Stück bestellt. Sie wurden ebenfalls in Almaza zusammengebaut. Bis März 1956 befanden sich bereits 29 *Il-28* in Ägypten. Außerdem wurden aber noch 20 *Il-14* Transportflugzeuge erworben, die die vorhandenen *Dakota* und *C-46* ergänzen sollten. Schließlich sollten 60 *Jak-11* Schulflugzeuge die ausalternden *Harvard* ersetzen; die ersten kamen aber nicht vor August 1956 nach Ägypten. Zwei *Jak-11* gingen kurz darauf verloren, als zwei ägyptische Fluglehrer bei einer Flugvorführung vor Präsident Nasser abstürzten; drei weitere mußten innerhalb eines Monats wegen anderer Flugunfälle abgeschrieben werden. Die *Jak-11* sprach nicht so leicht auf Steueranschläge an wie die *Harvard,* und nicht nur die Flugschüler, sondern auch die Fluglehrer schienen nicht recht mit ihr fertig zu werden. Die Übergangsschulung auf die *MiG-15* erwies sich als noch schwierigeres Problem; die Flugschüler — an die vergleichsweise langsameren Landegeschwindigkeiten der *Meteor* und *Vampire* gewöhnt — zeigten sich selten in der Lage, die *MiG* an der richtigen Stelle der Landebahn aufzusetzen. Einige Maschinen gingen auf diese Weise bei Landeunfällen verloren. Die ägyptische Lösung des Problems lag — in der Verlängerung der Landepisten.
Im Frühjahr 1956 verfügten die Ägypter schließlich über einige der besten Einsatzflugplätze im Mittleren Osten: Flugplätze, die von der RAF unter den Abmachungen des anglo-ägyptischen Vertrages

von 1954 geräumt wurden. Der größte ehemalige RAF-Platz war Abu Sueir, 16 km westlich von Ismailia an der Hauptstraße nach Kairo gelegen, mit einer Hauptstartbahn von etwa 3 000 Meter Länge. Die letzte RAF-Einheit, eine *Meteor*-Staffel, verließ den Platz am 10. März 1956, und es dauerte keinen Monat, bis die ersten *MiG-15* dort stationiert wurden. Obwohl Abu Sueir hauptsächlich als Flugzeugpark für vollständige und einsatzfähige Flugzeuge anzusehen war, bis die Besatzungen zur Verfügung standen, die diese Flugzeuge auch fliegen konnten, wurde bereits im Juni 1956 die erste Einsatzstaffel mit *MiG-15*, unter der Nr. 30, und mit insgesamt 15 Flugzeugen dort stationiert.

Einen Platz hinter Abu Sueir in der Wertigkeit für Verbände der ersten Linie rangierte Kabrit, am Südende des Großen Bittersees. Unmittelbar nach dem Auszug der RAF verlängerten die Ägypter die dortige 2 000 Meter lange Start- und Landebahn um weitere 1 000 Meter, um die Bedingungen für schnelle Düsenjäger zu schaffen. Als diese Arbeit abgeschlossen war, wurde Kabrit hauptsächlich als Basis für die *MiG-15* Einsatz-Umschulungseinheit benutzt, die sich mit den beiden *MiG-15* Einsatzstaffeln Nr. 1 und Nr. 20 in den Platz teilen mußte. Die Aufgabe dieser beiden Staffeln, zusammen mit der Staffel Nr. 30 in Abu Sueir, war der Jagdschutz über der Kanalzone. Beide Flugplätze wurden durch eine Konzentration von 2-cm-Flak geschützt, die die Tschechoslowakei geliefert hatte.

Fayid und Kasfarit, etwas weiter nordwestlich gelegen, wurden mit den *Vampire*- bzw. *Meteor*-Staffeln der Ägypter belegt. Fayid war der Horst der Staffel Nr. 2 mit 15 *Vampire*, der Staffel Nr. 5 mit 12 *Meteor* (*F.4* und *F.8*) und der Nr. 40 mit 20 *Vampire* und 10 *Meteor*, wovon sechs *NF.13* in Tropenausführung waren. Die andere *Vampire*-Staffel, Nr. 31, wurde in Kasfarit stationiert.

Weiter landeinwärts diente Kairo West als die hauptsächliche Bomber-Basis. Dort waren im Spätsommer dann die 24 *Il-28* Düsenbomber der Bomberstaffeln Nr. 8 und Nr. 9 eingetroffen, von denen allerdings nur etwa 12 in einem einigermaßen einsatzfähigen Zustand waren; der Rest war zur Umschulung eingesetzt. Weitere *Il-28*, die um diese Zeit in Ägypten eintrafen, wurden als Bestand zurückgehalten und nicht an Verbände weitergeleitet. Almaza, der andere Militärflugplatz in der Nähe von Kairo, war den Transportfliegern vorbehalten und beheimatete die 3. Staffel mit 20 *Il-14*, die 7. Staffel mit 20 *C-46 Commando* und die 11. Staffel mit 20 *Dakota*.

Die von den Ägyptern neuerworbenen sechs *Meteor NF.13* Nachtjäger wurden außerdem dort stationiert wie auch acht schon etwas klapprige *Hawker Fury* Kolben-Jäger.
Mit tschechischer und sowjetischer Hilfe war die ägyptische Luftwaffe nunmehr — zumindest auf dem Papier — nahezu über Nacht zu einem beachtlich schlagkräftigen Instrument geworden. Das Kräfteverhältnis zwischen Israel und Ägypten hatte sich mit einem Schlage in sein Gegenteil gewandelt, und erst im Sommer 1956 gelang es den Israelis, das Gleichgewicht einigermaßen wieder herzustellen und die Ägypter im Hinblick auf Fluggerät und Ausrüstung einzuholen. In einer Hinsicht allerdings verfügten die Israelis über einen überwältigenden Vorteil, nämlich in der überragenden Befähigung ihres Personals. Im Hinblick auf Können und Organisation hatte die israelische Luftwaffe einen langen Weg seit den hektischen Tagen vor sechs Jahren zurückgelegt, als der kleine Haufen Freiwilliger in den Cockpits der *Avia* und *Spitfire* kämpfte und fiel und damit eine Tradition begründete, auf die sie stolz sein kann wie kaum eine andere Luftwaffe der Welt.

Spitfire LF.9 beim Warmlaufen auf einem Frontflugplatz in der Wüste Negev während des Unabhängigkeitskrieges.

Die *Spitfire LF.9*, die von Ezer Weizmann geflogen wurde und sein privates Eigentum war. Das Flugzeug war ganz schwarz gestrichen, hatte einen roten Spinner und trug das Wappen der IDF/AF auf der Motorverkleidung; es trug die Nummer 2057 und war außerdem unter der Zivilzulassung 17-1351 registriert.

Eine Rotte *Mirage III CJ* Jagdflugzeuge im Flug über dem Mittelmeer, nahe der israelischen Küste.

Eine der »*Stratocruiser*«, die von den Israelis zu Militärtransportern umgebaut wurde.

Die Jahre der Expansion

In den Monaten, die auf die Beendigung des Unabhängigkeitskrieges folgten, ging das Wachstum der israelischen Luftwaffe nur in unregelmäßigen Sprüngen weiter — es gab aber auch kaum einen Ansatz zu planmäßiger Erweiterung. Anfang 1949 wurde der tschechische Flugplatz Zatek wieder für eine kurze Zeitspanne freigegeben, so daß noch einmal 20 *Spitfire* mit einer ausreichenden Menge von Ersatzteilen und Munition nach Israel eingeflogen werden konnten. Damit befanden sich insgesamt 50 ehemals tschechische *Spitfire LF.Mk.9* in Israel. Einige waren nachträglich von den Israelis mit Höhenmotoren ausgerüstet worden, so daß sie nun dem Standard der *HF.Mk.9e* entsprachen. In den Jahren 1950/51 wurden 30 weitere *Spitfire Mk.9* von Italien erworben. Diese Maschinen wurden hauptsächlich für die Ausbildung im Verbandsflug und in Luftkampftaktik verwendet, eine Aufgabe, zu der ab Juli 1950 auch die tschechischen Flugzeuge herangezogen wurden.

1954 waren die Verbände der ersten Linie mit Düsenflugzeugen ausgestattet, und die israelische Regierung gab 30 noch flugfähige *Spitfire Mk.9* zum Verkauf an die Republik Burma frei, die Kampfflugzeuge dringend für den Einsatz gegen kommunistische Aufständische benötigte. Das Überfliegen der Flugzeuge nach Burma warf aber Probleme auf, da die arabischen Nationen den israelischen Flugzeugen das Überfliegen ihres Territoriums nicht gestatten wollten. Um diese Schwierigkeit zu umgehen, mußten sich die Israelis ein Täuschungsmanöver einfallen lassen. Die *Spitfire* erhielten burmesischen Tarnanstrich und burmesische Kennbuchstaben und Hoheitszeichen. Dann wurden sie nach Catania auf Sizilien geflogen. Dort wurden sie an Piloten einer englischen Charterfirma übergeben. Dann wurde ein falscher Flugplan ausgefertigt, aus dem man den Eindruck gewinnen mußte, daß die Flugzeuge aus England kamen. Die Araber fielen auf die Geschichte herein und gaben die Erlaubnis, daß die Flugzeuge auf ihrem Wege nach Rangun an verschiedenen Stellen zwischenlanden durften.

Aber trotzdem blieb die Sache ein riskantes Abenteuer. Zwei *Spitfire* der ersten Gruppe hatten Pech – eine war in Skaiba zu einer Bauchlandung gezwungen und die andere erlitt auf einem etwas rauhen Landestreifen bei Kalkutta einen schweren Fahrwerksschaden. Um die Dinge noch mehr zu komplizieren, kam die Presse hinter die Geschichte, und alle Hoffnung, die Sache weiterhin geheim zu halten, war dahin. Die Konsequenzen folgten auf dem Fuß. Die letzten beiden *Spitfire* der zweiten Partie, die bereits die Erlaubnis zur Zwischenlandung in Habbaniyah hatten, wurden von irakischen Jagdflugzeugen angegriffen und zur Umkehr gezwungen. Sie wurden bis zur syrisch-libanesischen Grenze verfolgt, mußten aus Spritmangel in Beirut landen und wurden beschlagnahmt. Die Piloten wurden interniert.

Nachdem also nur sieben Flugzeuge den Bestimmungsort erreicht hatten, waren die Israelis gezwungen, eine Ausweichroute zu finden. Die noch in Catania befindlichen *Spitfire* wurden wieder nach Israel zurückgeflogen und in Lydda mit Langstrecken-Zusatztanks ausgerüstet. Von dort starteten dann jede Woche vier Flugzeuge, nahmen Kurs auf See, flogen zehn Minuten über das Mittelmeer, bevor sie nach Norden in Richtung Türkei einkurvten. Nach Zwischenlandung und Auftanken auf dem türkischen Flugplatz Digarbekia – nicht weit von der Grenze zur Sowjetunion – flogen sie dann über den Iran, Indien und Ost-Pakistan nach Burma. Einige *Spitfire* waren zur Landung auf Behelfsflugplätzen aus dem Zweiten Weltkrieg gezwungen, als sie auf schwere Tropenstürme trafen. Aber alle kamen wieder gut vom Boden weg und erreichten ihrem Bestimmungsort.

1950, als die *Avia C.210* und die *Spitfire* immer noch die erste Linie von Chel Avir darstellten, hatten die Israelis etwa 30 verschiedene Flugzeugtypen auf ihrer Bestandsliste. Darunter befanden sich *de Havilland Mosquito* verschiedener Varianten, die entweder direkt in England erworben oder aber aus Wrackteilen zusammengebastelt waren, die die Israelis auf alten RAF-Schrotthaufen gefunden hatten. Diese Maschinen bildeten das Rückgrat der Bomberwaffe der IAF, die bis dahin nur aus den drei sehr angejahrten *B-17* bestanden hatte. Andere noch im Dienst befindliche Flugzeuge waren z. B. drei *de Havilland DH.89A Rapide* (eine war bei dem israelischen Vorstoß auf die Halbinsel Sinai bei den Ägyptern erbeutet worden); *Auster AOP.3*, ebenfalls aus RAF-Schrotteilen zusammengebastelt;

weiter 5 *Taylorcraft Plus C;* 2 *Auster J/1,* die früher beim Aero-Club von Palästina geflogen wurden; 1 *Aeronca L-18;* in Kanada gebaute *DH.82 Tiger Moth;* 2 polnische Vorkriegs-*RWD 13* (auch vom Aero-Club Palästina); 1 *Republic Seabee;* 2 *Grumann Widgeon;* 3 *Beechcraft Bonanza;* 3 *Noorduyn Norseman;* 1 *Miles Aerovan;* 1 *Fairchild F-24 Argus;* 2 *Nord Norecrin;* 1 *Douglas DC-5;* einige *Boeing PT-17 Kaydet* und *North American Harvard,* zur Anfänger- und Fortgeschrittenenschulung eingesetzt; *Avro Anson MK.1; Airspeed Consul;* 1 *Lockheed Hudson; Douglas C-54; Lockheed Constellation; Douglas C-47 Dakota; Curtiss C-46 Commando; Miles Gemini;* und ein paar neue *de Havilland Chipmunk,* die in Kanada gekauft wurden.

Diese buntscheckige Sammlung von Flugzeugen schuf ein enormes Ersatzteilproblem. 1951, als die IAF (Israeli Air Force) mit der israelischen Armee und Flotte unter der Bezeichnung »Luftwaffe der israelischen Verteidigungskräfte« integriert wurde, wurde auch beschlossen, eine Standardisierung auf nur wenige Typen durchzuführen. Die Israelis waren bestrebt, Düsenflugzeuge für ihre Verbände der ersten Linie zu erhalten, aber in der Zwischenzeit war ein Vertrag mit der schwedischen Regierung abgeschlossen worden über die Lieferung von 25 *P-51 D Mustang,* die bei der schwedischen Luftwaffe ausgemustert wurden. Sie sollten als Zwischenlösung beim Ersatz von *Avia C.210* und *Spitfire* dienen. Diese Flugzeuge wurden von Schweden zwischen November 1952 und Juni 1953 geliefert.

In der Zwischenzeit hatte die israelische Regierung am 10. Februar 1953 mit der Firma Gloster Aircraft Ltd. in England einen Vertrag auf Lieferung von elf *Meteor F.Mk.8* Düsenjäger und vier *T.7* Schulflugzeugen zum Gesamtpreis von 420 000 £ abgeschlossen. Bevor die Flugzeuge ausgeliefert wurden, wurden sie noch mit Martin-Baker M2E Schleudersitzen und Winden ausgerüstet, so daß sie als sehr schnelle Zielschleppflugzeuge wie auch als Abfangjäger eingesetzt werden konnten. Die Flugzeuge, von denen drei ursprünglich für Ägypten bestimmt waren, wurden zwischen dem 21. August 1953 und dem 17. Januar 1954 nach Israel überflogen. Nach ihrem Eintreffen rüsteten die Israelis die Maschinen auf Kanonenbewaffnung und Mitführung von amerikanischen Luft-Boden-Raketen HVAR als Außenlasten um. Die vier *Meteor T.7* trafen im Juni 1953 ein. Kurz darauf folgten zwei weitere, die die belgische Luftwaffe ausgemustert hatte. Sie waren über die Firma Avions Fairey nach Israel gelangt. Die letzten *Meteor*-Varianten, die die israelische Luftwaffe erreichten, waren die *NF.13,* von denen sechs zwischen September 1956 und März 1958, und die *FR.9,* von denen sieben in den Jahren 1954/55 durch Flight Refuelling Ltd. geliefert wurden.

In den frühen fünfziger Jahren hatte sich David Ben-Gurion immer wieder nachhaltig für den Aufbau einer eigenen Luftfahrt-Industrie eingesetzt. Anfänglich stießen seine Pläne auf starke politische Opposition; viele Kollegen des Premierministers waren der Meinung, daß eine einheimische Luftfahrtindustrie ein Luxus sei, den sich Israel schlecht leisten könne. Um 1953 aber, als die israelischen Staffeln auf moderne Düsenflugzeuge umgestellt wurden, wurde auch die Notwendigkeit für eine fortschrittlichere Wartungs- und Reparatur-Organisation augenscheinlich, und Ben-Gurion erhielt nun genügend Unterstützung, um diejenigen zu überstimmen, die wegen der angespannten wirtschaftlichen Situation noch immer opponierten. Dies war allerdings nicht der einzige Einwand gewesen. 1953 – nach fünf Jahren Unabhängigkeit – war Israel noch kaum aus dem Embryo-Stadium heraus, und ausgebildetes technisches Personal war voll und ganz mit Aufgaben ausgelastet, die der Wirtschaft des Landes unmittelbar zugute kamen. Selbst wenn es gelingen sollte, eine Luftfahrtindustrie aufzubauen, dann wäre sie wohl von Anfang an durch Fehlstellen bei Ingenieuren und Technikern gehandicapt.

Trotz dieser Argumente erhielt Ben-Gurion seinen Willen und die Firma Bedek Aircraft Ltd. entstand unter der Leitung des bewährten Al Schwimmer, der bereits beim Ankauf der ersten Transportflugzeuge in den USA im Jahre 1948 eine führende Rolle gespielt hatte. Das Verteidigungsministerium finanzierte das Unternehmen. Angelehnt an den Flughafen Lydda, bestand die Hauptaufgabe von Bedek in der Wartung und Reparatur des fliegenden Geräts der Luftwaffe, aber im Lauf der Zeit übernahm das Werk auch die Charterfirmen. Die Zahl der Beschäftigten stieg schnell von den anfänglichen 70 Technikern auf eine Belegschaft von 4000. Dieser Zuwachs wurde in gleichem Maße notwendig, in dem die Firma neue Arbeitsgebiete der Luftfahrt-Technologie übernahm. Ein Forschungszentrum wurde aufgebaut, und eine Anzahl fortschrittlicher Projekte wurde in Angriff genommen. Diese erstreckten sich auch auf elektronische Forschung sowie Experimente in der Anwendung neuer

Materialien, einschließlich Kunststoffe, bei der Konstruktion von Flugzeugzellen.

Mitte 1954 stand diese Luftfahrtindustrie, so klein sie noch war, bereits auf festen Füßen. Das Personal von Bedek gewann Erfahrung in der Wartung der Flugzeuge, was sich in einer im gleichen Maße anwachsenden technischen Effektivität der Luftwaffe niederschlug. Die IAF stand nun unter dem Kommando des Brigadegenerals Dan Tolkowsky, eines außergewöhnlich befähigten Offiziers, der während des Zweiten Weltkrieges in den RAF-Staffeln Nr. 94 und Nr. 238 geflogen war. Unter seiner Führung verlor die israelische Luftwaffe ihre etwas vom Zufall geprägte, behelfsmäßige Note, die sie während der ersten Jahre so auffallend gekennzeichnet hatte. Tolkowsky erkannte, daß es ohne Disziplin nicht geht. Das war eine Tugend, die den israelischen Verteidigungsstreitkräften bis jetzt abgegangen war: wegen des Status des »Bürger-Soldaten« hatte sich der Brauch eingebürgert, daß israelische Mannschaftsdienstgrade ihre Offiziere mit Vornamen anredeten und sogar Streitgespräche über die ausgegebenen Befehle mit ihnen führen durften. Das traf insbesondere auf die Luftwaffe zu, deren Piloten anfänglich zum Teil noch nicht einmal Bürger von Israel waren und nicht einsehen wollten, warum sie sich von Leuten herumkommandieren lassen sollten, die jünger waren und weniger Erfahrung hatten. Sie hatten sich im Kampf als Könner bewährt, aber zu oft hatten sie eigensinnig nach ihrem eigenen Kopf und nicht als Teil eines Teams gehandelt und gekämpft.

Diese Tage waren nun endgültig vorbei, aber in den frühen fünfziger Jahren hatten die israelischen Verteidigungsstreitkräfte doch noch etwas unter dieser Nonchalance gelitten. Mit der strafferen Zusammenfassung verschwand auch dieser Zug. Soweit es die Luftwaffe anging, bestand der erste Schritt einfach in der Einführung eines Ausbildungsprogramms, das sich eng an die Linie der RAF hielt. Von 1951 bis 1956 haben viele israelische Flugschüler sich die »Schwingen« (das Flugzeugführerabzeichen) erworben, nachdem sie einen Kurs auf einer britischen Fliegerschule erfolgreich abgeschlossen hatten; andere wurden Fortgeschrittenen-Schulungskursen der RAF zugeteilt, nachdem sie die Anfangsschulung in Israel hinter sich gebracht hatten. Als die ersten *Meteor* ausgeliefert wurden, kamen weitere israelische Piloten nach England, entweder um bei einer Einsatzstaffel die Umstellung auf Düsenflugzeuge mitzuma-

chen oder um auf der zentralen Fliegerschule die Lehrbefähigung für Düsenflugzeuge zu erwerben.
Oft standen die Israelis bei diesen Ausbildungskursen Schulter an Schulter mit Flugschülern arabischer Staaten – und kamen recht gut mit ihnen aus. Antagonismus zwischen den entsprechenden Nationen war etwas, was die Politiker fabriziert hatten; diese jungen Männer, ob sie nun Israelis, Ägypter oder Irakis waren: in einer RAF-Messe gab es keinen Raum für politische Querelen. Sie waren nach England gekommen, um das zu lernen, was ihnen am meisten am Herzen lag: fliegen. Der Unterschied zeigte sich nur darin, daß die Israelis in der Regel die besseren Piloten waren; hinsichtlich Intelligenz, Initiative und allgemeinen Fähigkeiten kamen sie ihren englischen Kameraden viel näher, als die Araber. Die Israelis erwarben sich durchweg überdurchschnittliche Noten.
1953 war die Flugausbildung in Israel auf zwei Flugzeugtypen standardisiert worden: die *PT-17 Kaydet* und die *Fokker S.11 Instruktor.* 41 Maschinen dieses holländischen Typs hatte man 1951/52 in Holland beschaffen können, aber das Flugzeug erfreute sich dann weder bei den Lehrern noch bei den Schülern einer besonderen Beliebtheit. Eine ganze Anzahl dieser Maschinen, die ursprünglich für die Luftwaffe bestimmt waren, wurde zu herabgesetzten Preisen an verschiedene Flieger-Clubs verkauft. Der durchschnittliche IAF-Schüler brachte 40 bis 60 Flugstunden auf einem dieser Typen hinter sich, bevor er am Ende der Anfängerschulung von 15 bis 17 Monaten dann seine Schwingen verliehen bekam. Es ging weiter mit etwa 160 Stunden auf *Harvard,* bevor die Versetzung zu einer Einsatz-Ausbildungs-Einheit erfolgte, wo im Falle zukünftiger Jagdflieger (auf einsitzigen Flugzeugen) die Ausbildung auf *Spitfire* erfolgte. Piloten, die für das Luft-Transport-Kommando oder die Seefliegerei der IAF bestimmt waren (die letztere war mit zwei *PBY-SA Catalina* für Aufklärung und Seenot-Rettungsdienst ausgestattet), unterzogen sich der Umschulung auf zweimotorige Flugzeuge auf *Anson* und *Consul,* die auch zur Ausbildung von Besatzungsmitgliedern, wie Navigatoren, herangezogen wurden. Spätere Bomberpiloten vollendeten ihre Ausbildung auf *Mosquito T.Mk.3.*
Obwohl die Mehrheit des IAF-Bodenpersonals im Alter von 18 Jahren für eine Dienstzeit von 2½ Jahren (von 2 Jahren bei Frauen) eingezogen wurde, waren die fliegenden Besatzungen durchweg Freiwillige, die sich auf mindestens fünf Jahre verpflichtet hatten.

Viele hatten bereits eine vormilitärische Ausbildung in der Gadna hinter sich gebracht, einer Organisation, die man mit dem britischen Air Trainings Corps oder der amerikanischen Civil Air Patrol vergleichen könnte.
Die israelische Luftwaffe trug blaue Uniformen, die im Schnitt den RAF-Uniformen glichen — die Rangabzeichen waren jedoch von den Amerikanern übernommen und waren in allen drei Waffenteilen der israelischen Verteidigungsstreitkräfte identisch. Nach Dienstauffasung, aber auch nach Temperament, stand die IAF der RAF erkennbar näher als der USAF; sie zeigte viel Ähnlichkeit mit der RAF des Zweiten Weltkrieges, in der junge Offiziere in hohe Befehlsstellen aufrücken konnten, wenn sie über genügend mitreißenden Schwung und fliegerische Passion verfügten, hinter denen jedoch die notwendige Kampferfahrung stehen mußte.
In der kurzen Zeit von fünf Jahren gelang es den jungen Kommandeuren der israelischen Luftwaffc, aus dem, was im Anfang kaum mehr als eine armselige Sammlung von Museumsstücken war, eine erstklassige Waffe zu schmieden, und die Angehörigen der IAF mit einem Bewußtsein für Disziplin, Teamarbeit und Tradition zu erfüllen. Diese drei Tugenden waren bitter notwendig für die kommende Zeit, denn die arabischen Länder ließen deutlich erkennen, daß sie auf eine neuerliche Kraftprobe aus waren.

Die Zeichen stehen auf Krieg

Am Morgen des 29. August 1955 flogen zwei *Meteor F.8* in 6500 Meter Höhe Patrouille über der Wüste Negev. 45 Kilometer innerhalb israelischen Gebietes entdeckten die Piloten der beiden Jagdflugzeuge vier verdächtige Flugzeuge in enger Formation, etwa 1700 Meter tiefer, auf Nordkurs fliegend. Sie drückten an, um nachzusehen und identifizierten die vier Flugzeuge als *Vampire F.B.52* mit den grün-weißen Kokarden der ägyptischen Luftwaffe.

Die Israelis entsicherten ihre Kanonen und griffen an. Sekunden später trudelte eine *Vampire* ab, von 2-cm-Granaten in Brand geschossen. Die anderen drei Flugzeuge kurvten nach Westen auf das Mittelmeer zu, drückten zum Sturzflug an und schüttelten die beiden *Meteor* ab.

Noch keine 48 Sekunden später überraschten zwei andere *Meteor* eine zweite Formation von vier ägyptischen *Vampire* in der Nähe von Askalon, nördlich des Gaza-Streifens. Nach einer wilden Kurbelei, die nur zwei Minuten dauerte, stürzten zwei *Vampire* brennend nach unten; die anderen brachen den Kampf ab und entkamen.

Die beiden Vorfälle brachten einen neuen Höhepunkt in die seit 1952 wachsende Spannung zwischen Israel und Ägypten. Damals hatten die Ägypter sich nicht nur geweigert, den für Israel bestimmten Schiffen die Durchfahrt durch den Suezkanal zu erlauben, sondern auch noch die Insel Tiran am Eingang zum Golf von Akaba besetzt und auf dem Festland bei Ras Nasrini eine Batterie schwerer Marine-Artillerie aufgebaut, die die Durchfahrt beherrschte und die Zufahrt zu dem neuen israelischen Hafen Eilat praktisch sperrte. Im September 1954 hatten die Ägypter den israelischen Frachter Bat Galim bei dem Versuch, den Suezkanal zu passieren, beschlagnahmt. Kurz darauf waren eine Anzahl Israelis nach einem Spionageprozeß in Kairo hingerichtet worden. Die Israelis antworteten im Februar 1955 umgehend mit einem Angriff auf die Stadt Gaza, wobei 70 Ägypter getötet oder verwundet wurden, bevor sich die Israelis wieder zurückzogen.

Nassers Reaktion auf diesen israelischen Gegenschlag bestand in einer Verstärkung der Truppen im Gaza-Streifen und im Aufbau einer geheimen Kommandoschule in Khan Yunis, wo arabische Freiwillige eine intensive Ausbildung im Guerillakampf und in Terrorakten erhielten. In den folgenden Monaten wurden diese Fedayin oder »die sich selbst opfern« zum Dorn im Fleische Israels, indem sie über die Grenze einsickerten und ihre Zerstörungs- und Mordarbeit mit dem offenen Beifall und der Zustimmung von Nassers Regierung unternahmen. Im August 1955 führten die Israelis eine Vergeltungsaktion gegen Khan Yunis durch, wobei 40 Ägypter getötet und mindestens ebenso viele verwundet wurden. Daraufhin flackerten wieder die Kämpfe im Gaza-Streifen auf, die erst durch eine von der UNO-Waffenstillstandskommission erzwungene Waffenruhe vorläufig beendet werden konnten.
Die Ägypter ließen sich aber nicht einschüchtern und wurden merkbar aggressiver. In klarer Mißachtung der Waffenstillstandsabmachungen von 1949 konzentrierten sie starke Truppenverbände in der entmilitarisierten Zone um Nizana, den Knotenpunkt, von dem strategisch wichtige Straßenverbindungen in Richtung Gaza, Rafah und Abu Ageila, dem ägyptischen Hauptstützpunkt auf der Halbinsel Sinai, abzweigten. Daraus entstand dann wieder im November eine Schießerei zwischen ägyptischen und israelischen Truppen. Obwohl die Sache nach leichteren Verlusten auf beiden Seiten abgebrochen wurde und damit unentschieden ausging, festigte sie nur noch Nassers Entschluß, seine Streitkräfte so stark auszubauen, daß sie jedem weiteren israelischen Angriff nicht nur gewachsen waren, sondern auch mit Erfolg zurückschlagen konnten.
Wie wir bereits aus den vorhergehenden Kapiteln entnehmen konnten, wirkte sich dieser Entschluß in einer Annäherung an Länder des kommunistischen Blocks mit gleichzeitiger Forderung nach Belieferung mit größeren Mengen moderner Waffen aus.
Als Nasser im August 1956 sein erstes Waffengeschäft mit der Tschechoslowakei abschließen konnte, verfügte Israel gerade über ein einziges Kampfflugzeug, das man als einigermaßen modern bezeichnen konnte: die *Gloster Meteor F.Mk.8.* Es war offensichtlich, daß dieser Typ — das einzige Düsenflugzeug der IAF — der wesentlich schnelleren *MiG-15* keineswegs gewachsen war. Es gab zu jener Zeit nur ein Flugzeug auf der Welt, das am Himmel über Korea drei Jahre vorher nachweislich immer wieder die Luftüberlegenheit über

die *MiG-15* bewiesen hatte: die *North American F-86 Sabre.* Wohl wissend, daß ein direktes Hilfeersuchen an die USA wegen des Waffenembargos nicht in Frage kam, wandte sich die israelische Regierung an Kanada, wo der amerikanische Düsenjäger unter Lizenz von Canadair mit der Bezeichnung *Sabre Mk.6* nachgebaut wurde. Dazuhin war die *Sabre Mk.6* ein Superlativ an sich: das von Canadair stammende *Orenda*-Triebwerk verlieh dem Flugzeug wesentlich bessere Flugleistungen gegenüber dem Ausgangsmuster *F-86 F,* aus dem es hervorgegangen war. Der Vogel hatte ein Steigvermögen von 13000 Metern in neun Minuten. Nachdem die gegnerischen Flugplätze nur wenige Flugminuten entfernt lagen, mußte die israelische Luftwaffe in der Lage sein, schnellstens reagieren zu können, wenn es galt, angreifende Feindflugzeuge abzufangen. Man brauchte also einen Jäger mit einem rasanten Steigvermögen.

Die kanadische Regierung zeigte sich sehr aufgeschlossen, und die Israelis gaben gleich 24 Flugzeuge in Auftrag. In der Zwischenzeit hatten auch Verhandlungen mit der französischen Regierung und der Firma Marcel Dassault eingesetzt. Israel war an zwei bestimmten Jagdflugzeugtypen interessiert: *Ouragan* und *Mystère II C.* Die Verhandlungen zogen sich über Wochen hin, aber am Ende gaben die Franzosen ihre Zustimmung zur Lieferung von 30 *Ouragan* und 24 *Mystère.* Die ersten 15 *Ouragan,* Teil einer Partie, die eigentlich für die französische Luftwaffe bestimmt waren, wurden durch französische Piloten im November 1955 nach Israel überflogen. Einige von ihnen blieben da, um den Israelis bei der Umschulung auf diesen Typ behilflich zu sein.

Kurz darauf fiel der *Sabre*-Auftrag durch, als auch die kanadische Regierung ein Waffenembargo über den Mittleren Osten verhängte. Die Israelis waren nun ausschließlich von Frankreich abhängig, aber es bestand Grund zu der Hoffnung, daß die Franzosen weiterhin kooperativ sein würden. Nach allem hatte Frankreich ein besonderes Interesse daran, den Israelis beim Aufbau einer starken Verteidigung zu helfen: je mehr Nasser mit dem israelischen Problem beschäftigt blieb, desto weniger konnte er seine Hilfe für die Terroristen in Algerien verstärken, wo französische Truppen gerade unter schwerem Druck standen.

Die *Ouragan* von Dassault bedeutete zwar einen spürbaren Fortschritt gegenüber der *Meteor,* war aber trotzdem noch lange kein Heilmittel gegen Nassers *MiG-15.* Als Abfangjäger entworfen,

näherte sich das französische Flugzeug bereits der Veralterung in dieser Rolle. Seine Höchstgeschwindigkeit auf Meereshöhe betrug bei guten Exemplaren 970 km/h, und die anfängliche Steigleistung lag bei 2600 m/Min. Dem standen die 990 km/h und 3000 m/Min der *MiG-15* gegenüber. Im Hinblick auf die klare Überlegenheit der *MiG-15* entschloß sich die israelische Luftwaffe, die *Ouragan* als schnelles Erdkampfunterstützungsflugzeug einzusetzen; die 70 Minuten Einsatzzeit, die die Reichweite erheblich einschränkten, ließen sich aber durch Zusatztanks an den Flächenenden verlängern. Das Flugzeug zeichnete sich als äußerst stabile Waffenplattform aus und war mit vier 2-cm-Kanonen bestückt, die auf die meisten Bodenziele von verheerender Wirkung waren. Außerdem konnte eine imponierende Menge verschiedenster Außenlasten, einschließlich 16 Raketen, unter den Flächen mitgeführt werden.
Inzwischen waren den Israelis ernsthafte Zweifel gekommen, ob das andere bestellte französische Flugzeug, die *Mystère II C*, der gedachten Aufgabe gewachsen war. Dieser Typ war als gepfeilter Düsenjäger aus der *Ouragan* entwickelt worden, wurde durch ein *Atar 101* Turboluftstrahltriebwerk angetrieben, wobei auf Meereshöhe 985 km/h Höchstgeschwindigkeit und ein Steigvermögen von 2700 m/Min erreicht wurden. Wie die *Ouragan* hatte auch die *Mystère II C* vier 2-cm-Kanonen in der Bugnase. Ohne Zweifel kam die *Mystère* der *MiG-15* näher als die *Ouragan*, aber das russische Jagdflugzeug blieb trotzdem in fast jeder Hinsicht überlegen. Und was noch mehr ins Gewicht fiel: die französische Luftwaffe, die insgesamt 150 *Mystère II C* in Auftrag gegeben hatte, war von dem Typ keineswegs begeistert. Einige Flugzeuge waren aufgrund strukturellen Versagens verlorengegangen; man hatte die weitere Auslieferung gestoppt, bis die Konstrukteure die Mängel behoben hatten. Der Produktionsstop dauerte aber so lange, daß die *Mystère II C* auf dem Fließband durch ein anderes Jagdflugzeug überholt wurde: die *Mystère IV A*. Obwohl der Typ den gleichen Namen wie das vorausgehende Muster trug, war die *Mystère IV A* eine völlige Neukonstruktion und erschien so vielversprechend, daß die französische Luftwaffe im April 1953 insgesamt eine Serie von 325 Stück bestellte, obwohl der Erstflug des Prototyps erst sechs Monate vorher stattgefunden hatte. Mit einem Hispano-Suiza *Verdon* Triebwerk erreichte die *Mystère IV A* auf Meereshöhe eine Höchstgeschwindigkeit von 1100 km/h und war mit zwei 3-cm-DEFA-Kanonen aus-

gestattet. Außerdem konnte das Flugzeug unter den Tragflächen zwei Matra-Raketen-Behälter mit je 19 Luft-Boden-Raketen, zwei 500-kg-Bomben oder 12 T-10-Lenkwaffen als Außenlasten mitnehmen. Die Serienflugzeuge waren mit einem neuen Feuerleitradar ausgerüstet, das eine hohe Treffsicherheit gewährleistete.

Im Oktober 1955 besichtigte eine Gruppe höherer israelischer Luftwaffenoffiziere den französischen Militärflugplatz Cambrai, wo der erste *Mystère IV A*-Verband im August aufgestellt worden war. Das Flugzeug wurde ihnen überzeugend vorgeflogen. Die Israelis erkannten, wie begeistert die französischen Piloten von den Eigenschaften des neuen Typs waren. 14 Tage später stornierte die israelische Regierung auf Anraten der Offiziersdelegation den Auftrag hinsichtlich der *Mystère II C* und änderte ihn um auf 24 *Mystère IV A.* Kurz darauf folgte die Bestellung von weiteren 36 Maschinen, deren Lieferung die französische Regierung trotz des Waffenembargos zusicherte.

Der Kern der ersten *Mystère*-Staffel der IAF wurde im April 1956 gebildet, als die ersten acht Flugzeuge eintrafen. Die Piloten hatten Erfahrung auf der *Meteor* und fanden die französische Maschine viel einfacher und angenehmer zu fliegen. In der Bemühung, die begrenzte Zahl der Düsenpiloten zu erweitern, revidierte die israelische Luftwaffe ihr Ausbildungsprogramm; bisher hatten die Piloten, die die *Meteor* fliegen sollten, eine beträchtliche Zahl von Flugstunden auf der *Mustang* zu absolvieren, bevor sie auf Düsenflugzeuge umsteigen durften. Nun wurde diese Verfügung aufgehoben – die Piloten kamen nach der Fortgeschrittenenausbildung auf den *Harvard* direkt auf die *Meteor.* Die Einweisung auf Düsenflugzeuge wurde auf den vier zweisitzigen *Meteor T.7* durchgeführt. Daran schlossen sich etwa 30 Stunden Eingewöhnung auf der einsitzigen *Meteor F.8* an, bevor die Umschulung auf die *Mystère* oder *Ouragan* erfolgte.

Es bedurfte keiner Betonung der Dringlichkeit dieses Ausbildungsprogramms. Während den ersten Monaten des Jahres 1956 ergoß sich ein immer stärkerer Strom von sowjetischem Kriegsmaterial nach Ägypten hinein. Und auch die Überfälle der Fedayin auf israelisches Gebiet nahmen zu. Im April beschoß die ägyptische Artillerie die israelischen Siedlungen jenseits der Grenze des Gaza-Streifens. Die Israelis revanchierten sich durch Artilleriefeuer auf die Stadt Gaza selbst. Das Artillerieduell dauerte einen halben Tag.

UNO-Beobachter vermittelten die Einstellung des Feuers, aber das Echo der letzten Schüsse war kaum verhallt, als die Schießerei erneut losging. In der zweiten Aprilwoche häuften sich die Überfälle der Fedayin und führten zu zahlreichen israelischen Verlusten — hauptsächlich unter der Zivilbevölkerung. Am 12. April wurde eine ägyptische *Vampire F.B.52* durch eine *Meteor* über israelischem Territorium abgeschossen.
Dann allerdings veranlaßte die internationale Politik Ägyptens, die Aufmerksamkeit von Israel abzuwenden — zumindest für den Augenblick. Aus verschiedenen Gründen, aber hauptsächlich wegen der Waffenlieferungen aus kommunistischen Ländern und der Anerkennung von Rot-China, verweigerten die USA die Finanzierung des Assuan-Damms, eines Projekts, von dem die zukünftige wirtschaftliche Entwicklung Ägyptens entscheidend abhing. Aus Wut über diese Zurückweisung konterte Nasser am 26. Juli 1956 mit der Enteignung des Suezkanals und dessen Überführung in Nationaleigentum. In der ersten August-Woche mobilisierte Ägypten einige Reserveeinheiten der Streitkräfte.
Am 1. September wurde der israelische Generalstab zusammengerufen, um die möglichen Auswirkungen eines Geheimberichts von höchster Wichtigkeit zu beraten: der Militär-Attaché in Paris hatte — aufgrund von Beratungen mit Vertretern des französischen Verteidigungsministeriums — soeben gemeldet, daß eine anglo-französische Operation »Musketier« die militärische Besetzung von Schlüsselstellungen entlang dem Suezkanal beabsichtige, und welche Offiziere die einzelnen Aktionen befehligen sollten. Der Bericht deutete außerdem an, daß die Operation wahrscheinlich spätestens in der letzten Oktoberwoche durchgeführt werden solle. Für Israel waren die Verwicklungen, die sich aus dem Bericht ergaben, enorm. Eine anglo-französische Invasion der Kanalzone bedeutete nicht nur die Wiedereröffnung des Suezkanals für die israelische Schiffahrt, sondern würde den Israelis eine unvergleichbare Chance eröffnen, die ägyptische Drohung vor der eigenen Haustüre mit einem Schlag auszulöschen. Sie konnten einen blitzschnellen Vorstoß auf die Halbinsel Sinai führen, während Nasser's Aufmerksamkeit in eine andere Richtung gelenkt war.
In der folgenden Woche machte der israelische Generalstabschef Moshe Dayan eine Inspektionsreise zu Heeres- und Luftwaffenverbänden, um sich ein persönliches Bild von ihrem Kampfwert zu

machen. Bei seinem Besuch im Oberkommando der Luftwaffe und bei den Verbänden der ersten Linie beeindruckte ihn der ungeheuere Enthusiasmus der fliegenden Besatzungen wie des Bodenpersonals. Es gab keine Ausnahme, jeder wollte ran an den Feind. Aber obwohl die Umschulung auf Düsenflugzeuge reibungslos und so schnell wie möglich lief – ohne daß zuviele Risiken in Kauf genommen wurden –, erbrachte die Ausbildung zahlenmäßig doch nicht ganz das erwartete Ergebnis. Man konnte sich nicht dem Eindruck verschließen, daß die IAF – falls Israel innerhalb der nächsten zwei Wochen in einen Krieg verwickelt wurde – dabei nur auf einem Bein stand.

Abgesehen von dem Pilotenproblem bestand auch noch ein Engpaß bei erfahrenem technischen Personal. Die Warte hatten immer noch Schwierigkeiten mit den technologischen Anforderungen, die die Düsenflugzeuge mit sich brachten. Deshalb waren bedenklich viel Flugzeuge nicht flugklar. Mitte September besaß die IAF 37 *Mystère IV A*, aber mehr als 16 waren zu keiner Zeit einsatzfähig. Soweit es sich um die *Ourangan* handelte, sah die Situation etwas besser aus: von den 30 verfügbaren Maschinen waren immer 22 bis 25 flugklar. Um die Schwierigkeiten voll zu machen, bestand auch noch eine Knappheit an Bomben und Raketen. Was an Nachschub von Frankreich hereinsickerte, wurde unmittelbar an die *Mustang*- und *Ouragan*-Verbände weitergeleitet. Aber die 2-cm-Raketen für die *Mystère* kamen und kamen nicht. Es fehlte selbst an Munition für die 3-cm-Kanonen der *Mystère*. In einer letzten Anstrengung, die Situation zu retten, flogen Vertreter des israelischen Generalstabes einschließlich Moshe Dayan und Simon Peres, dem Generaldirektor des Verteidigungsministeriums, am 28. September nach Paris, um dringende Gespräche mit Vertretern des französischen Generalstabes und des Verteidigungsministeriums zu führen. Zusätzlich zu den Bomben, Raketen und der Kanonenmunition umfaßte die »Einkaufsliste der letzten Minute« 100 Panzer, 300 Halbkettenfahrzeuge, 300 Lkw, 50 Tieflader für Panzertransporte, 1 000 rückstoßfreie Waffen (»bazookas«) und 12 Transportflugzeuge. Die israelische Luftwaffe benötigte die letzteren dringend als Ersatz für die angejahrten *Dakota*. Das Flugzeug, das ihnen vorschwebte, war die *Nord 2501 Noratlas*, ein mittlerer Transporter, der 45 vollausgerüstete Fallschirmjäger aufnehmen konnte.

Der französische Generalstabschef, General Ely, versprach alles zu tun, was in seiner Macht stand – obwohl viele Schwierigkeiten zu überwinden waren, hauptsächlich im Zusammenhang mit dem wachsenden Einsatz der französischen Streitkräfte in Algerien und dem Bedarf großer Mengen von Material für die geplante Invasion von Suez. Schließlich war es dann der Oberkommandierende der französischen Luftwaffe, General Maurice Challe, der einen Ausweg, wenigstens im Hinblick auf die Flugzeuge, aufzeigte: Man könnte doch wohl eine Anzahl Jagdflugzeuge und eine Transportstaffel – auf israelischen Flugplätzen stationieren! Für kurze Zeit natürlich nur. Die Jagdflugzeuge hätten die Aufgabe, die israelischen Städte gegen mögliche Angriffe von Nassers Bombern zu schützen. Und sie würden damit die gesamte israelische Luftwaffe für offensive Aufgaben freihalten. Die Transportflugzeuge konnte man den Israelis ja zur Verfügung stellen – auch nur, um sie kurzfristig zurückzurufen, wenn die Invasion der Kanalzone begann. Challe führte aus, daß die französischen Flugzeuge genausogut von ihren israelischen Stützpunkten aus operieren konnten wie von Cypern aus, wo die französischen Staffeln liegen sollten, die für den Einsatz in der Operation »Musketier« vorgesehen waren.

Die Israelis flogen am 2. Oktober wieder nach Hause. Dayan berief sofort den Generalstab ein und befahl die Vorbereitung eines entscheidenden Feldzuges, dessen Hauptziel in der Vernichtung der ägyptischen Truppen auf der Halbinsel Sinai lag: Nassers Würgegriff am Golf von Akaba sollte gebrochen werden. Der Stabschef wies die Kommandeure an, die Vorbereitungen bis zum 20. Oktober abzuschließen und sich auf eine Kampfdauer von drei Wochen einzurichten. Um die völlige Geheimhaltung zu gewährleisten, sollten die israelischen Reserveeinheiten erst vier oder fünf Tage vor dem Tag X mobilisiert werden.

Während nun die Vorbereitungen für einen Blitzkrieg gegen die ägyptischen Streitkräfte in der Sinai im Gange waren, fanden sich die israelischen Truppen in eine andere Vergeltungsaktion verwikkelt. Dieses Mal handelte es sich um den Angriff auf ein Polizei-Fort, dicht nördlich der kleinen Stadt Kalkiliah im Jordantal. Der Angriff in der Nacht vom 10./11. Oktober war die Vergeltung für Terroristen-Überfälle, die von jordanischem Gebiet aus auf Israel durchgeführt wurden.

Trotz der Notwendigkeit, alle israelischen Einheiten auf voller Gefechtsstärke – und im Hinblick auf den bevorstehenden Sinai-

Feldzug – in Ruhe zu halten, war die Bedrohung des Herzens von Israel durch diese Terroristen-Überfälle, 20 Kilometer von Tel Aviv entfernt, keineswegs eine Lappalie, die man noch länger großzügig übersehen konnte.

Am 10. Oktober, um 20.00 Uhr, wurde das Fort angegriffen und fiel kurz vor Mitternacht. Aber die Jordanier hatten doch stärkeren Widerstand geleistet, als man glaubte, annehmen zu dürfen. Fünfzig Israelis wurden auf feindlichem Gebiet abgeschnitten und lagen unter heftigem Artilleriefeuer und Angriffen der arabischen Legion. Drei israelische Kompanien, eine Fallschirmjägerkompanie und zwei Infanteriekompanien, auf Schützenpanzern verladen, kamen den Eingeschlossenen zu Hilfe. Die erste Kompanie brach um 02.30 Uhr durch – gerade noch zur rechten Zeit, als die Jordanier erneut angegriffen. Zwei *Mosquito* und zwei *Harvard* kreisten über dem Kampfplatz und warfen Leuchtbomben ab. Das half zwar nicht viel, aber vielleicht glaubte der Feind, daß stärkere Einheiten mit Luftwaffenunterstützung in Anmarsch waren. Zwei Schwärme *Mosquito* befanden sich tatsächlich in Startbereitschaft, falls eine zweite israelische Eingreif-Reserve bei Tagesanbruch notwendig würde. Aber sie wurden nicht gebraucht. Die Israelis kämpften sich um 03.30 Uhr durch; sie lagen auf dem ganzen Weg zurück unter heftigem Feuer und erlitten schwere Verluste.

Am 22. Oktober traf die von General Challe versprochene Unterstützung in Form von 36 *Mystère IV A* des 2. französischen Jagdgeschwaders ein, das von seinem Horst in St. Dizier über Algerien nach Israel geflogen war. Zwei Tage später folgten 36 *F-84 F* Jagdbomber des 1. Geschwaders, das normalerweise in Dijon lag. Und schließlich kamen noch acht *Noratlas* des 64. Transportgeschwaders. Die Transportflugzeuge brachten zusätzlich zu Bodenpersonal und Ausrüstung sowie Gerät auch die so verzweifelt benötigte Munition für die israelische Luftwaffe. Die beiden französischen Jagdfliegereinheiten gehörten in Wirklichkeit zur 1. Taktischen Luftflotte (1er CATAC), die als Teil der französischen Streitkräfte der NATO unterstellt war.

Während ihres Aufenthaltes in Israel sollten die *Thunderstreak* in Lydda stationiert bleiben, und die *Mystère* und *Noratlas* hatten sich in den Flugplatz Haifa zu teilen. Nach dem ursprünglichen Plan sollten die *Mystère* an die Israelis übergeben werden. Aber schließlich kehrten beide Staffeln im Dezember 1956 wieder nach

St. Dizier und Dijon zurück. Auch die *Noratlas* kehrten nach Frankreich zurück.

Am 25. und 26. Oktober wurde die endgültige Planung für die Operation »Kadesh« — den Sinai-Feldzug, der am 29. Oktober bei Morgengrauen beginnen sollte — festgelegt. Soweit es die Luftwaffe anging, gab es noch eine Änderung in letzter Minute: nach dem ersten Plan war ein intensiver Schlag gegen die wichtigsten ägyptischen Flugplätze beabsichtigt, hauptsächlich gegen Kairo-West, wo die *Il-28*-Düsenbomber lagen. Zwei Stunden vor Beginn der Kampfhandlungen sollte dieser Schlag geführt werden. Nun ließ man diesen Plan fallen, um die israelische Luftwaffe sofort bei Beginn des Angriffs zur Erdkampfunterstützung zur Verfügung zu haben. Zwei Hauptgründe sprachen gegen die Absicht, die ägyptische Luftwaffe noch auf dem Boden zu zerstören: einmal hätte man die ganze IAF bis zur Grenze ihrer Möglichkeiten dabei einsetzen müsse — ohne ein einziges Flugzeug für die Erdkampfunterstützung frei zu haben; zum zweiten hätten die Ägypter gemerkt, daß die Israelis eine großangelegte Aktion in Richtung Sinai vorhaben und nicht nur eine weitere Serie von Vergeltungsaktionen.

Diese israelische Entscheidung enthielt ein kalkuliertes Risiko: daß nämlich die zwei *Il-28*-Staffeln Nassers gar nicht soweit einsatzfähig waren, um ernsthafte Angriffe auf israelische Städte und Stützpunkte zu fliegen. Nach den letzten Meldungen des israelischen Geheimdienstes waren lediglich ein paar Besatzungen auf diesen Flugzeugtyp umgeschult worden. Und: es war wenig wahrscheinlich, daß russischen oder tschechische Fluglehrer die Maschinen im Einsatz fliegen würden.

So konnte die israelische Luftwaffe während der ersten Phase der Invasion — vom Tage X an bis X + 2 — eine äußerst flexible Rolle spielen, die ganz davon abhing, wieweit Nasser seine Luftwaffe zum Einsatz brachte. Die Befehle lauteten dahingehend, sich so wenig wie möglich auf Luftkämpfe einzulassen, aber alles zu tun, um ägyptische Flugzeuge davon abzuhalten, die israelischen Operationen auf der Halbinsel Sinai zu stören. Zu diesem Zweck wurde eine Jagdpatrouille über dem Ostufer des Suezkanals im rollenden Einsatz aufrechterhalten. Auf keinen Fall sollten israelische Flugzeuge dabei den ägyptischen Luftraum verletzen. Die Aufgabe wurde den *Mystère* zugewiesen. Falls aber die ägyptische Luftwaffe Ziele in Israel angriff, dann sollte ein massierter Einsatz der IAF gegen

ägyptische Flugplätze jenseits des Kanals erfolgen, und jedes verfügbare Düsenflugzeug sollte dabei eingesetzt werden.
Vom Tage X + 2 an war anzunehmen, daß die Absichten der ägyptischen Luftwaffe erkennbar wurden. Die israelischen Flugzeuge sollten sich dann auf die Aufgabe beschränken, den Bodentreuppen entsprechende Unterstützung zu verschaffen. Die *Ouragan, Mustang* und *Harvard* waren für diesen Zweck vorgesehen. Die *Mystère* und *Meteor* sollten dabei Höhendeckung fliegen. Die IAF war natürlich darauf vorbereitet, im Bedarfsfall Teile schnell abzuzweigen, falls andere arabische Staaten Ägypten aktiv unterstützen sollten. Die schwerste Bürde wurde dem Lufttransportkommando aufgehalst: die *Dakota* und *Noratlas* sollten nicht nur Fallschirmjäger absetzen und Infanterie-Verstärkungen im Frontgebiet landen, sondern auch durch Nachschub aus der Luft für den Fortgang der Offensive und die Evakuierung der Verwundeten verantwortlich sein.
Inzwischen ging also die Mobilisierung wie geplant und unter strenger Geheimhaltung vor sich. Das funktionierte ganz einfach folgendermaßen: Nach einem geheimen »briefing« suchten die Kommandeure der israelischen Einheiten gewisse »Schlüsselpersonen« auf, die dann den Mobilmachungsbefehl von Tür zu Tür mündlich an die Reservisten weitergaben. Das Verfahren bewährte sich: innerhalb von 43 Stunden waren sämtliche Reservisten der Luftwaffe mobilisiert. Unter Aufsicht der aktiven Offiziere und Unteroffiziere schufteten die Männer, um so viel Flugzeuge wie möglich innerhalb der zwei Tage flugklar zu machen, die noch bis zum Beginn der Offensive blieben.
Aber trotz allen Anstrengungen ließ sich die Einsatzstärke der israelischen Luftwaffe bis zum Mittag des 29. Oktober nicht über 136 Flugzeuge hinaus realisieren. Im einzelnen waren das: 16 *Mystère,* 22 *Ouragan,* 15 *Meteor,* 29 *Mustang,* 17 *Harvard,* 16 *Mosquito,* 16 *Dakota,* 3 *Noratlas* und 2 altersschwache *B-17.* Verglichen mit den 245 Flugzeugen der ersten Linie bei der ägyptischen Luftwaffe war die israelische Streitmacht nicht gerade imponierend, vor allem, weil die meisten ägyptischen Flugzeuge Düsenflugzeuge waren. Berichten des israelischen Geheimdienstes zufolge, die am Vorabend des Angriffs eintrafen, befanden sich nur etwa die Hälfte der ägyptischen Staffeln in einsatzfähigem Zustand, und die Hälfte davon waren Transportstaffeln und keine Kampfverbände. Es handelte sich um je etwa 20 *Dakota, C-46 Commando* bzw. russische *Il-14.*

Der Rest der einsatzfähigen Flugzeuge setzte sich zusammen aus 12 *Il-28* Düsenbombern, 12 *Meteor F.8,* 15 *Vampire FB.52* und 30 *MiG-15.* Die israelische Luftwaffe konnte also 53 einsatzfähige Düsenflugzeuge gegen 69 ägyptische aufbringen: ein Verhältnis, das gar nicht so einseitig war, wenn man Faktoren wie Kampfmoral und fliegerisches Können mit in die Kalkulation einbezog. Die israelischen Piloten hatten keineswegs die Illusion, daß ihnen eine leichte Aufgabe bevorstand, falls sie von den Ägyptern massiert angegriffen wurden. Zuerst war da das Problem der Reichweite, denn das Gebiet, über dem sich die Luftkämpfe aller Wahrscheinlichkeit nach abspielen mußten, lag an der Grenze des Einsatzradius der israelischen Flugzeuge. Das bedeutete, daß sie sich nur auf kurze Zeit in Luftkämpfe einlassen konnten, bevor sie wegen Spritknappheit abbrechen und den Rückflug antreten mußten. Die Ägypter andererseits befanden sich im Luftkampf nur ein paar Flugminuten vom Liegeplatz entfernt und konnten, wenn sie wollten, einfach auf die andere Seite des Suezkanals ausweichen, wohin ihnen die israelischen Piloten aufgrund eines Befehls nicht folgen durften.
Dann aber gab es noch ein zweites Problem: die IAF mußte Dekkung für die Fallschirmjäger fliegen, die in unmittelbarer Nähe der Kanalzone eingesetzt werden sollten. Falls es zu Luftkämpfen kam — und damit war ja schließlich zu rechnen —, dann würden diese mindestens während der ersten 48 Stunden über feindlichem Gebiet stattfinden, mit dem Risiko, daß abgeschossene Piloten in Gefangenschaft gerieten oder aber sofort erschossen wurden. Ägyptische Piloten hingegen, die mit dem Fallschirm abspringen oder notlanden mußten, konnten nach kurzer Zeit wieder in der Luft sein. Auch das war ein wichtiger Aspekt, wenn ausgebildete Piloten Mangelware darstellten. Es war die gleiche Situation, die den englischen Jagdfliegern in der Luftschlacht um England den Sieg gebracht hatte und die deutsche Luftwaffe später bei der Reichsverteidigung in die Lage versetzte, trotz zahlenmäßiger Unterlegenheit so lange durchzuhalten.
Zum dritten bestand bei den Israelis eine ernsthafte Versorgungslücke: Treibstoff und Munition waren knapp. Die Situation wurde einigermaßen ausgeglichen, als am Nachmittag des 27. Oktober, nur zwei Tage vor der Invasion, einige französische Frachter mit Lkw's, Nachschub, Munition und sonstigem Gerät im Hafen von Haifa anlegten.

Beim Ausladen erhielt jenes Material Priorität, das für die Truppen bestimmt war, die den ersten Stoß gegen die Halbinsel führen sollten. So dauerte es bis zum Nachmittag des 29. Oktober, bis die Bomben, Raketen und die Bordkanonen-Munition zu den vorgeschobenen Staffeln der IAF kamen.

Am Vorabend des Angriffs waren die Piloten wenig begeistert von dem Befehl, in der Hauptsache Erdkampfunterstützung zu fliegen. Bis dahin hatte die ganze Ausbildung und Planung einem einzigen Ziel gegolten: der schnellen Vernichtung der ägyptischen Luftwaffe, falls die Ereignisse dies erfordern sollten. Die Generalstäbler der IAF hatten einen Plan ausgearbeitet, wonach die ägyptische Luftwaffe unter Ausnutzung des Überraschungsmoments innerhalb von drei Tagen ausgelöscht werden sollte. Und nun überreichte man den Ägyptern die Initiative auf einem goldenen Teller! Die meisten Piloten hätten es außerdem lieber gesehen, wenn der ganze Feldzug noch zwei oder drei Monate aufgeschoben worden wäre, denn bis dahin wäre die Umschulung auf Düsenflugzeuge abgeschlossen gewesen. So aber bestand ein solcher Mangel an ausgebildeten Düsenpiloten, daß man die Fliegerschulen schließen mußte, weil die Fluglehrer als Einsatzpiloten benötigt wurden. Dies bedeutete: wenn die Ägypter sich zum Kampf stellten und den israelischen Düsenstaffeln Verluste beibringen konnten, dann gab es in der israelischen Luftwaffe keine Ersatzpiloten.

Trotz allem waren die Piloten ehrlich davon überzeugt, daß sie die übernommene Aufgabe auch mit dem vorhandenen Material bewältigen würden. Es gab ja auch gar keinen Ausweg; der Krieg mußte eben mit den Flugzeugen geführt und gewonnen werden, die zu Beginn der Feindseligkeiten vorhanden waren. Verluste konnte man nicht durch fabrikneue Flugzeuge ersetzen, und mit den vorhandenen Ersatzteilen war nur eine bescheidene Zahl von Brüchen zu reparieren. Die Kommandeure waren sich darüber im klaren, daß sie Einsatz und Wartung für etwa eine Woche durchstehen konnten — so lange reichten die Vorräte. Was dann kommen würde, wenn die israelischen Truppen bis dahin die gesteckten Ziele nicht erreicht haben sollten, konnte sich jeder selbst ausmalen.

Der Sinai-Feldzug

29. Oktober 1956, 16.30 Uhr.
Die 16 Flugzeuge hingen wie ein Schwarm Heuschrecken am Himmel und hoben sich klar gegen die untergehende Sonne ab. Es waren *C-46 Dakota.* Die Wright-Cyclone-Motoren dröhnten gleichmäßig über die Wüste hin.
Die Transporter flogen 150 Meter über den Sandflächen und Felsen der Halbinsel Sinai; sie hielten sich so tief, um nicht von der feindlichen Radarüberwachung erfaßt zu werden. Sie waren eine Stunde und zehn Minuten unterwegs, seit sie über dem Einsatzflughafen gesammelt hatten, um dann auf Südwestkurs in Richtung auf die Halbinsel zu gehen. In jeder der leicht vibrierenden Blechhüllen saßen 25 Mann der israelischen 202. Fallschirmjägerbrigade. Fast die ganze Zeit saßen sie schweigend auf den etwas unbequemen Bänken. Bis zur Absetzzone waren es noch 29 Flugminuten, und jeder Mann war mit seinen eigenen Gedanken beschäftigt.
Das Ziel, das die *Dakota* mit den 400 Mann vom I. Bataillon der Brigade anflogen, war Mitla – etwa 70 km ostwärts von Port Suez. Die Fallschirmjäger sollten am Parker-Denkmal abgesetzt werden, das zum Gedenken an den zweimaligen englischen Gouverneur von Sinai, Colonel Parker, errichtet war. Es stand am Ostende des Mitla-Passes, der lebenswichtigen Durchfahrt, die das Ismailia-Tor und den Straßenknotenpunkt Nakhel-Suez kontrollierte. Der 30 Kilometer lange Paß war mörderisches Gelände. Die Straße, die sich durch die Enge wand, war von glühend heißen, steilen Felswänden flankiert, die mit Spalten und Höhlen übersät, eine Unzahl natürlicher Verteidigungsstellungen bot.
Der Auftrag des I. Bataillons lautete: Einnahme und Absicherung des Passes, bevor die Ägypter Verstärkungen heranschaffen konnten. Das Bataillon sollte den Paß halten, bis der Rest der Brigade nachgekommen war. Diese 2 000 Mann waren bereits auf dem Wege. Die zwei Kompanien an der Spitze preschten auf Halbkettenfahrzeugen vorneweg, und auch das Gros hatte die Startlinie zu dem

200-km-Rennen quer durch feindliches Gebiet bereits überschritten. Unterwegs mußte der motorisierte Verband drei befestigte ägyptische Stellungen überrollen. Kuntilla, El Thamad und Nakhel. Als Vorsichtsmaßnahme für den Fall, daß dieser Verband auf außergewöhnlich starken ägyptischen Widerstand stieß, hatte bereits eine mittlere Kampfgruppe etwa 100 km weiter nördlich bei Sabha die Grenze überquert und war in schnellem Vormarsch auf den strategischen Straßenknotenpunkt Kuseima. Nach Einnahme dieser Position würde sich die Kampfgruppe dann in der Lage befinden, den Fallschirmjägern am Mitla-Paß entweder über Nakhel oder Bir Hasana zu Hilfe zu kommen. Der Erfolg der ganzen Operation hing von drei Dingen ab: von der völligen Überraschung, von der Unfähigkeit der ägyptischen Stäbe, auf diese Situation schnell und richtig zu reagieren, und von der Tatsache, ob das Fallschirmjäger-Bataillon den Ägyptern den Zugang zu Zentral-Sinai durch den Mitla-Paß verwehren konnte.

Als die Absetzzone nur noch ein paar Flugminuten entfernt war, brachten die Dakota-Piloten ihre Maschinen auf 500 Meter Höhe. Von jetzt an hielten sie sorgfältig Ausschau über den westlichen Horizont und kniffen die Augen gegen die blendende Glut der untergehenden Sonne zusammen. Das feindliche Radarnetz mußte sie nun jeden Augenblick erfassen. Und der ägyptische Militärflugplatz Kabrit, auf dem zwei Staffeln schneller *MiG-15* stationiert waren, lag nur noch 60 Kilometer entfernt auf der anderen Seite des Großen Bittersees.

300 Meter über den *Dakota* beobachteten zehn weitere Augenpaare den westlichen Himmel. Sie gehörten den Piloten der zehn *Meteor F.Mk.8,* die vor knapp zehn Minuten herangeschossen waren, um die Deckung beim Anflug auf die Absetzzone zu übernehmen. Die Jagdflieger hätten die *Dakota* fast nicht gefunden, weil die Tarnbemalung der Transportflugzeuge sich kaum von den Färbungen der Wüste abhob. Es war ausgesprochen schwierig, in diesem blendenden Licht gegen Westen etwas zu erkennen. In zwei Ketten und einem Viererschwarm kurvten nun die *Meteor* Düsenjäger über ihren schwerfälligen Schützlingen von einer Seite zur anderen hin.

Hinter den *Meteor,* und noch 15 Flugminuten entfernt, kamen weitere acht Jagdflugzeuge vom Typ *Dassault Ouragan.* Sie waren schneller als die *Meteor,* aber sie hatten leider eine geringere Einsatzreichweite. Ihre Aufgabe war es, die 16 *Dakota* auf ihren Heimweg

zu decken, wenn die *Meteor* ihren Einsatz wegen Spritmangel abbrechen mußten. Wenn es zu einem Kampf kommen sollte, dann hatten die *Ouragan* eine bessere Chance als die britischen Jagdflugzeuge. Alle Piloten hatten jene Berichte gelesen, wonach vier Jahre vorher über Korea eine Staffel *Meteor* der RAAF aus dem Einsatz als Abfangjäger herausgenommen werden mußte und nur noch als Jagdbomber eingesetzt wurde, weil sie von den auf der kommunistischen Seite eingesetzten *MiG-15* eine böse Abreibung erhalten hatten.
Es waren noch weitere israelische Flugzeuge in der Luft. Während die *Dakota* sich ihrem Ziel näherten, kreuzte eine Rotte *Dassault Mystère* auf 3 500 Meter Höhe über dem Ostufer des Großen Bittersees – in Sichtweite von Kabrit und bereit, es mit jedem ägyptischen Flugzeug aufzunehmen, das den Absprung der Fallschirmjäger stören wollte. An der Grenze ihrer Reichweite operierend, konnten sich die *Mystère* nicht länger als zehn Minuten über dem Ziel aufhalten. Während also die eine Rotte über dem Gebiet patrouillierte, war die nächste Rotte bereits unterwegs, um sie abzulösen. Zwölf *Mystère* hielten also auf diese Weise eine ständige Patrouille entlang der Kanalzone aufrecht; sechs Flugzeuge waren ständig in der Luft.
Den *Mystère*-Piloten juckte es in allen Fingern, als sie die *MiG-15* deutlich auf dem Flugplatz Kabrit erkennen konnten, und sie hofften, daß sich der Feind zum Kampf stellen würde. Aber die einzige Reaktion der Ägypter bestand darin, ihre schönen Düsenjäger schleunigst in Deckung zu bringen. Und die israelischen Piloten mußten machtlos zusehen. Sie hatten striktesten Befehl, über dem Ostufer zu bleiben. Die *Sabre*-Piloten standen in Korea oft vor demselben Problem: sie mußten zusehen, wie die feindlichen *MiG-15* unbehelligt von ihren Liegeplätzen jenseits des Yalu starten und steigen konnten, bis sie mit Höhenvorteil aus der Sonne kommen konnten.
16.57 Uhr. Scharfer Fahrtwind strömte in die *Dakota,* als die Absetzer die Luken öffneten. Die Fallschirmjäger überprüften ihre Ausrüstung zum letzten Mal, standen auf und hängten ihre Reißleine an der Laufschiene in der Kabinendecke ein.
Noch 15 Sekunden. Der erste Mann stemmt sich in die Türöffnung des Führerflugzeugs und beobachtete, wie die öde Landschaft mit dürren Büschen und Sand unten vorbeihuscht. Im Cockpit schwitzte der Pilot – es kostete ihn einige Anstrengung, die *Dakota* im Anflug

ganz ruhig zu halten, vor allem, weil er durch die Sonne fast geblendet war. Dann leuchtete die grüne Lampe auf, und der erste Fallschirmjäger ließ sich ins Leere fallen.
Als die letzten Fallschirme nach unten gegen die Wüste zu pendelten, machten die *Dakota* und ihr Begleitschutz kehrt. Zwei Stunden später landeten alle 16 Transportflugzeuge sicher auf dem Horst. Aber für die fliegenden Besatzungen und das Bodenpersonal der *Dakota*-Staffel gab es keine Ruhepause: die ganze Nacht hindurch und auch in den drei folgenden Nächten flogen die zweimotorigen Transporter Einsatz nach Einsatz und warfen Nachschub über den vorrükkenden israelischen Truppen ab.
Der Fallschirmabsprung des I. Bataillons hatte nur einen Schönheitsfehler aufzuweisen: die Männer waren fünf Kilometer von der eigentlichen Absetzzone heruntergekommen. Man konnte den Piloten kaum einen Vorwurf machen. Die blendende Sonne hatte die Navigation nach Sicht äußerst schwierig gemacht. Es gab 13 Verletzte, meist handelte es sich um Fußverstauchungen.
Nach einem Marsch von zwei Stunden erreichten die Paratrooper das Parker-Denkmal und gruben sich am Eingang zum Paß ein. Um 21.00 Uhr warf ein *Dakota*-Verband acht Jeeps ab, dazu vier rückstoßfreie 10,6-cm-Waffen, zwei 12-cm-Granatwerfer, Munition und Verpflegung. Es gab eine kurze Schießerei in der Dunkelheit, als ein Spähtrupp der Fallschirmjäger auf zwei ägyptische Aufklärungsfahrzeuge stieß und das Feuer eröffnete. Die Besatzung des einen Wagens war sofort tot, aber der zweite Wagen konnte entkommen. Während der folgenden Stunden bauten die Paratrooper Straßensperren und räumten eine Abwurfzone östlich von ihrer Stellung von Hindernissen.
In der Zwischenzeit hatte die auf dem Landmarsch anrückende Brigade die Grenzstellung der Ägypter bei Kuntilla im Angriff von Westen her überrannt. Die gleiche Sonne, die die *Dakota*-Piloten geblendet hatte, blendete nun die Verteidiger von Kuntilla. Obwohl sie sich tapfer wehrten, konnten sie doch nicht verhindern, daß die Israelis mit ihren Schützenpanzerwagen den Verteidigungsring durchbrachen. Die Ägypter zogen sich in die Wüste zurück. Zwei israelische Halbkettenfahrzeuge waren auf Minen gelaufen und blieben liegen. Ein Mann wurde dabei verwundet. Er wurde später mit einem *Piper Cub*-Verbindungsflugzeug ausgeflogen. Viele Fahrzeuge der Brigade hatten fast kein Benzin mehr im Tank. Außerdem

fehlte es bereits an Ersatzteilen. Nicht einmal genügend Ersatzreifen waren mehr vorhanden. Erst um 22.30 Uhr, fünf Stunden nach dem Angriff auf Kuntilla, konnte der Weitermarsch auf das nächste Ziel El Thamad, 65 Kilometer weiter, angetreten werden.
Der Angriff auf El Thamad begann um 06.00 Uhr, eine Stunde nach Sonnenaufgang, den die Israelis zu ihrem Vorteil nützten, indem sie dieses Mal von Osten ansetzten.
El Thamad wurde von zwei Kompanien des ägyptischen Grenzschutzes und einer Abteilung der Nationalgarde verteidigt. Sie leisteten für kurze Zeit heftigen Widerstand, zogen sich aber zurück, als die Israelis in ihre Stellungen einbrachen, und ließen 60 Gefallene zurück. Die Israelis hatten drei Gefallene und zehn Verwundete.
Während sich der Rest der Brigade in einer Oase, ein paar Kilometer von El Thamad entfernt, wieder gruppierte und soviel Fahrzeuge wie möglich wieder einsatzfähig zu machen versuchte, besetzte das II. Bataillon die Stellungen, die die Ägypter gerade geräumt hatten. Um 07.00 Uhr saßen die Soldaten gerade beim Frühstück, als Alarm gegeben wurde und zwei ägyptische *MiG-15* im Tiefflug von Westen heranrasten und aus allen Rohren schossen. Die *MiG-15* machten drei oder vier Anflüge, bevor sie abdrehten. Das II. Bataillon hatte 40 Verluste; sechs Fahrzeuge standen in Flammen. Glücklicherweise hatten die ägyptischen Piloten den Rest der Brigade in der Oase nicht bemerkt.
Während des Vormittags erhielt die Brigade Nachschub aus der Luft. Zwei *Noratlas* warfen dringend benötigtes Material ab. Das nächste Ziel war nun Nakhel, noch einmal 65 Kilometer weiter westlich. Der Brigadekommandeur hatte nicht die Absicht, den Vormarsch ohne Artillerieunterstützung fortzusetzen. Aber die Artillerie war auf dem Weg von Kuntilla hierher im weichen Sand steckengeblieben. Um 11.00 Uhr traf sie schließlich ein. Doch der Kommandeur stand immer noch vor einer schweren Entscheidung. Er konnte bei hellem Tageslicht marschierend Zeit gewinnen — in der Hoffnung, daß es den *Mystère* und *Ouragan* gelingen würde, konzentrierte Angriffe ägyptischer Jagdbomber abzuwehren. Oder er konnte die Brigade in Deckung auseinanderziehen und das nächste Ziel im Schutze der Dunkelheit angehen.
Die Entscheidung hing davon ab, wie sich das Bataillon am Mitla-Paß hielt. *Noratlas*-Transportflugzeuge der 64. Staffel der franzö-

sischen Luftwaffe, die von Haifa aus operierten, hatten bei Sonnenaufgang weiteren Nachschub für die Männer am Mitla-Paß abgeworfen. Kurz darauf flog eine der fünf *Piper Cub*, die der Brigade zugeteilt waren, zum Paß, um mit dem I. Bataillon Kontakt aufzunehmen. Um 10.00 Uhr war das Flugzeug immer noch nicht zurück. Der Brigadekommandeur — nun tief beunruhigt — entschloß sich, ein zweites Verbindungsflugzeug loszuschicken.

Tatsächlich stand das I. Bataillon seit Tagesanbruch unter Angriff. Der Bataillionskommandeur hatte einen schweren Fehler gemacht. In der Dunkelheit der Nacht hatte er nicht bemerkt, daß die Stellungen seiner Leute vom höheren Gelände an der Südseite des Passes eingesehen werden konnten. Diese Höhe war von einer ägyptischen Kompanie besetzt, die mit beachtlicher Schnelligkeit reagiert hatte und von der Westseite des Passes schleunigst nach dort übergewechselt war. Bevor noch die Sonne den morgendlichen Bodennebel richtig aufgelöst hatte, der über den israelischen Stellungen am Denkmal hing, begannen die Ägypter diese mit schwerem Granatwerferfeuer einzudecken. Ein feindlicher Vorstoß wurde von den Fallschirmjägern erfolgreich abgeschlagen, aber es konnte sich nur um einen kurzen Aufschub handeln, bevor ein schwerer Angriff folgte. Tatsächlich setzten Einheiten der ägyptischen Brigade gerade über den Kanal, um auf dem Schauplatz einzugreifen.

Der erste ägyptische Luftangriff auf das israelische Bataillon am Mitla-Paß erfolgte um 07.30 Uhr dieses Dienstags, des 30. Oktober — eine halbe Stunde nach dem Luftangriff auf El Thamed. Eine Rotte *MiG-15* deckte die israelischen Stellungen fünf Minuten lang mit Bordwaffen ein, verwundete ein paar Mann und setzte die *Piper Cub* außer Gefecht, die zu diesem Zeitpunkt — glücklicherweise ohne Besatzung — auf dem improvisierten Landeplatz ostwärts vom Denkmal stand. Ein zweiter Angriff folgte eine Stunde später durch vier *Vampire FB.52* der 2. ägyptischen Staffel, die in Fayid lag. Sie wurden durch eine zweite Rotte *MiG-15* gedeckt, aber kein israelisches Flugzeug tauchte auf, um sie anzugreifen.

Um 12.00 Uhr kehrte die zweite *Piper Cub*, die den letzten ägyptischen Luftangriff glücklicherweise »versäumt« hatte, mit den schlechten Nachrichten nach El Thamad zurück und mit der dringenden Bitte um Unterstützung aus der Luft. Bis zu diesem Augenblick war die israelische Luftwaffe nicht berechtigt gewesen einzugreifen. Nun aber, nachdem die ägyptische Luftwaffe den ersten Schlag geführt hatte, wurde der Brigadekommandeur vom Oberkommando benachrichtigt, daß er ab 13.00 Uhr mit Unterstützung aus der Luft rechnen könne. Der Kommandeur forderte sofort Jagdschutz für das Bataillon am Mitla-Paß an, und ab 16.00 Uhr auch für seine eigene Marschkolonne. Das Gros der Brigade startete um 13.30 Uhr. *Mystère* und *Ouragan* Flugzeuge lösten sich über der Marschsäule in rollendem Einsatz ab. Während dieser Phase flogen die israelischen Jagdflugzeuge keinen Angriff auf die ägyptische Luftwaffe. Die Brigade erreicht Nakhel um 16.00 Uhr und griff sofort an. Der Angriff wurde von AMX-Panzern und Schützenpanzern unter dem Sperrfeuer der Artillerie vorgetragen. Nach 30 Minuten heftigen Kampfes wurde die Hauptverteidigungsstellung überrannt. Bei Einbruch der Nacht befand sich das Gebiet in israelischer Hand. Die Israelis fanden eine Anzahl von russischen Schützenpanzern in brauchbarem Zustand vor und übernahmen sie nur zu gerne in den eigenen Fahrzeugpark. Ein Bataillon wurde in Nakhel belassen; die übrige Brigade marschierte unter dem Schutz der Dunkelheit auf den Mitla-Paß zu. Es gab keinen Widerstand unterwegs. Um 22.30 Uhr kam die Verbindung mit dem I. Bataillon zustande. *Dakota* und *Noratlas* warfen weitere Versorgungsbomben ab. Die Brigade grub sich ein und bereitete sich auf den ägyptischen Gegenangriff vor, der mit Sicherheit noch während der Nacht oder spätestens bei Tagesanbruch zu erwarten war.

In Wirklichkeit waren die ägyptischen Pläne, Verstärkungen von der Kanalzone heranzuholen, während des Nachmittags des 30. Oktober ernsthaft von der israelischen Luftwaffe gestört worden, die die ersten Angriffe etwa um 14.00 Uhr flog. 20 *Mustang* waren fast dauernd im Einsatz und griffen die ägyptischen Kolonnen auf dem Ostufer des Suezkanals an. Einige *Mustang* flogen auch Erdkampfunterstützung für den Vorstoß der mittleren Kampfgruppe auf Kuseima, wo die heftigsten Kämpfe während der ersten Phase des Sinai-Feldzuges stattfanden. Die *Mustang* waren Propellerflugzeuge und wurden durch Beschuß vom Boden her ziemlich mitgenommen; zwei wurden abgeschossen.

Die *Mustang* hatten aber den ersten Einsatz in diesem Feldzug geflogen. Um 15.00 Uhr am Tage X, ein paar Stunden bevor das Fallschirmjäger-Bataillon über dem Mitla-Paß absprang, waren zwei *Mustang*-Piloten mit einem wichtigen Auftrag gestartet: die Telefonleitungen von Kuseima nach Nakhel und von El Thamad nach

Mitla zu zerstören. Die Flugzeuge waren mit Spezialhaken ausgerüstet, die an einem Kabel über eine kleine Winde unter den Tragflächen ausgefahren werden konnten. Mit dieser Vorrichtung sollten die Drähte erfaßt und losgerissen werden. Unglücklicherweise funktionierte dieses schlau ausgedachte Verfahren aber nicht. Die *Mustang*-Piloten ließen sich nicht entmutigen. Sie gingen auf wenige Meter über dem Wüstenboden herunter, nahmen die Telefondrähte mit der Vorderkante ihrer Tragfläche auf und zerstörten die Leitungen auf diese Weise. Dann flogen sie zurück. Mit ein paar Dellen zwar. Aber der Auftrag war ausgeführt.

Während des ersten Tages flog die ägyptische Luftwaffe nur 40 Einsätze. Der letzte Angriff an diesem Tag wurde von zwei *Meteor* der Ägypter geflogen, die von sechs *MiG-15* gedeckt wurden. Die letzteren schlugen sich mit der ständigen Patrouille der IAF, einer Rotte *Mystère*, herum. Während diese Kurbelei ihren Fortgang nahm, schlichen sich die *Meteor* unbemerkt in das Kampfgebiet und flogen ihren Angriff. Ein anderer Luftkampf hatte sich um dieselbe Zeit über dem Ostufer des Kanals, nicht weit von Kabrit, zwischen acht *Mystère* und zwölf *MiG-15* entwickelt. Die israelischen Jagdflieger meldeten zwei *MiG-15* als abgeschossen: eine *Mystère* war schwer angeschossen, aber der Pilot konnte sie zum eigenen Platz zurückfliegen und sicher landen. Um Mitternacht des 30. Oktober hatten die ägyptischen Verteidiger des Gebiets um den Mitla-Paß Verstärkungen durch zwei Bataillone erhalten, die an beiden Enden des Passes Stellung bezogen. Noch schlimmer aber war, daß das Gros der 2. ägyptischen Panzer-Brigade über den Kanal gesetzt hatte und sich im Anmarsch auf den Mitla-Paß befand. Es gab nun keinen Zweifel mehr, daß sich die Ägypter beachtlich schnell von der Überraschung des israelischen Blitzkrieges erholt hatten.

Um 05.45 Uhr des Tages X+2 war gerade die erste Rotte *Mystère* über Mitla aufgetaucht, als vier ägyptische *Vampire FB.52* von Westen heranpfiffen. Sie waren wieder von der 2. Staffel, die in Fayid lag. Aber dieses Mal waren die Jagdbomberpiloten ohne den *MiG-15*-Jagdschutz. Die beiden israelischen Piloten schwangen zum Angriff ab. Entweder hatten die *Vampire*-Piloten die *Mystère* nicht gesehen, oder aber sie waren besonders entschlossene Leute. Sie brachen ihren Tiefangriff nicht ab. In weniger als 60 Sekunden lagen die brennenden Wracks von drei *Vampire*, von den 3-cm-Kanonen der *Mystère* zerschossen, im felsigen Geröll.

Das vierte Flugzeug drehte nach dem ersten Anflug ab und entkam. Die *Mystère* stiegen wieder auf ihre vorherige Höhe und nahmen ihre Patrouille wieder auf; sie hatten noch nicht einmal ihre Zusatztanks abgeworfen, bevor sie zum Angriff abschwangen.
Inzwischen war die mittlere Kampfgruppe, die am Tag vorher Kuseima erobert hatte, in noch schwerere Kämpfe verwickelt worden. Die 7. Panzer-Brigade, die seit zwei Tagen ohne Unterbrechung im Kampf stand, konnte am 31. Oktober kurz nach Tagesanbruch Abu Ageila einschließen, geriet aber fast unmittelbar danach unter schweres Artilleriefeuer; die ägyptischen Geschützstellungen lagen bei Um Shihan. Eine ägyptische Panzereinheit versuchte zweimal, die Israelis aus ihren neuen Stellungen herauszujagen, wurde aber jedesmal mit schweren Verlusten zurückgeschlagen. An dieser Stelle wurden zum ersten Mal in der Geschichte Lenkwaffen gegen Panzer eingesetzt. Die Israeli hatten eine kleinere Menge französischer drahtgelenkter Nord SS.10 Panzerabwehrraketen noch kurz vor Beginn der Feindseligkeiten erworben und setzten sie hier mit überraschender Wirkung ein. Die SS.10 erwies sich als verheerende Waffe, selbst gegen die schwer gepanzerten sowjetischen T-34.
Der dritte ägyptische Versuch, die Stellungen der Israelis zu überrennen, wurde durch Luftangriffe vereitelt. Es war ein gewaltiger Unterschied zum Tag vorher, als die Bodentruppen fast keinen Kontakt mit der Luftwaffe und deshalb auch keine Unterstützung aus der Luft hatten. Wichtige Nachrichtenmittel waren während des Kampfes um Kuseima verloren gegangen, mit dem Ergebnis, daß die mittlere Kampfgruppe nicht in der Lage war, Luftunterstützung anzufordern, als diese am dringendsten gebraucht wurde. Noch schlimmer: israelische Einheiten waren dreimal von eigenen Flugzeugen angegriffen worden, die einen Schützenpanzer zusammenschossen und einige andere beschädigten. Glücklicherweise hatte es dabei keine schweren Verluste gegeben. An diesem Morgen des Tages X+2 bestand jedoch eine völlige Übereinstimmung zwischen den Einheiten auf dem Boden und in der Luft, und die Ägypter lagen unter koordinierten Angriffen der *Ouragan, Mustang* und *Harvard.* Zwei *Mustang* und eine *Harvard* wurden beschädigt, aber alle drei Flugzeuge erreichten ihre Liegeplätze. Daß die *Harvard* bisher nahezu ohne Kratzer davongekommen waren, grenzte an ein Wunder. Schließlich handelte es sich dabei um langsame Schulflugzeuge, die nur für Tiefangriffszwecke ein wenig umgebaut worden waren.

Während des Morgens kehrte der Pilot einer als Nahaufklärer eingesetzten *Harvard* mit einigen beunruhigenden Meldungen zurück: er hatte größere ägyptische Verstärkungen, einschließlich Panzer-Einheiten, lediglich 40 Kilometer westlich von Abu Ageila auf der Durchfahrt durch El Hama beobachtet. Der Brigadekommandeur baute mit zwei Kompanien Infanterie auf Schützenpanzerwagen und einem Zug Sherman-Panzer 20 Kilometer westlich eine Straßensperre auf, um die Ägypter so lange wie möglich aufzuhalten. Außerdem bat er die Luftwaffe, die ägyptische Marschkolonne anzugreifen. Um 11.50 Uhr wurden zwei *Ouragan,* die auf dem Weg zum Mitla-Paß waren, plötzlich umdirigiert, um nach dem neuen Zielobjekt zu suchen. Die Flugzeuge befanden sich beim Eintreffen über El Hama auf knapp 3 000 Meter Höhe. Die Piloten konnten kein Zeichen des Feindes erkennen. Sie flogen ein paar Minuten nach Süden, kurvten nach Osten, suchten nach etwas — irgend etwas —, das ein annehmbares Ziel für die Raketen und Napalm-Bomben gewesen wäre. Der Rottenführer, Hauptmann Ladia, war gerade dabei anzudrücken, um die Gegend etwas genauer unter die Lupe zu nehmen, als er einen Warnruf in seinem Kopfhörer wahrnahm.
Sofort schob Ladia den Leistungshebel bis zum Anschlag vor, machte einen Abschwung nach links und warf dabei einen Blick über die Schulter nach hinten. Der ganze Himmel schien voller *MiG-15* zu sein. Sein Rottenkamerad kurvte bereits verzweifelt — drei *MiG* saßen ihm im Nacken. Ladia zog selbst bereits zwei hinter sich her. Ladia rief seiner Nr. 2 zu, weiter zu kurven, und drückte einen Knopf am Instrumentenbrett. Seine Zusatztanks lösten sich, und auch die Waffenlasten — Raketen, Napalmbomben — fielen nach unten, um nutzlos auf dem Wüstenboden zu zerschellen. Leuchtspurgeschosse zogen eine Kette von Lichtpunkten an seiner Tragfläche vorbei. Ladia wurde von mehrfacher Schwerkraft in den Sitz gepreßt, als er in einen engen Turn ging. Sein Rottenflieger sauste an ihm vorbei und schoß aus allen Rohren auf eine *MiG,* wurde aber selbst von zwei anderen *MiG* verfolgt. Ladia kurvte nach rechts weg und kam knapp an einer *MiG* vorbei. Er kurvte hinter dieser ein. Der *MiG*-Pilot versuchte nun seinerseits verzweifelt, den israelischen Rottenführer abzuschütteln, aber Ladia blieb dran. Das ägyptische Jagdflugzeug tanzte zwischen den Leuchtpunkten des Reflexvisiers der *Ouragan* hin und her. Jetzt war es soweit. Ladia's Daumen strich über den Waffenknopf am Steuerknüppel.

Im gleichen Augenblick zog eine Leuchtspurkette über sein Cockpit weg, unerfreulich dicht. Als Ladia in den Rückspiegel schaute, blieb ihm fast das Herz stehen: beinahe der ganze Spiegel war mit dem gähnenden Loch des Lufteinlasses einer *MiG-15* ausgefüllt, daneben blinkte das Mündungsfeuer der beiden 2,3-cm-Nudelmann-Suranow-Kanonen.
Mehr instinktiv legte Ladia sein *Ouragan* mit einer halben Rolle auf den Rücken, nahm dann den Knüppel an den Bauch und ging mit voller Geschwindigkeit nach unten. Er hatte nur 1000 Meter Höhe für seinen halben Looping. Die Maschine schüttelte alarmierend stark, als sie aus diesem Power-dive herauskam und dicht über den Wüstenboden zischte. Ladia blickte zurück in der stillen Hoffnung, daß er die *MiG-15* abgeschüttelt hatte. Aber die hing immer noch hinter ihm und holte sichtlich auf.
Plötzlich kurvte die *MiG* scharf nach links weg und stob davon. Ladia fiel ein Stein vom Herzen. Er sah sich um und fand den Grund, warum der Ägypter plötzlich kein Interesse mehr hatte: Zwei *Mystère* waren gerade noch rechtzeitig auf dem Schauplatz erschienen, und bei den *MiG* reichte der Sprit vielleicht gerade noch nach Hause. Ladia hatte selber nur noch gefährlich wenig Treibstoff in den Tanks; ein Blick auf die Betriebsstoffanzeige sagte ihm, daß er sich gerade noch auf eigenes Gebiet mogeln konnte. Fünf Minuten später bat er über Funk um Hilfe und machte eine perfekte Bauchlandung in der Wüste. Die *Ouragan* kam in einer Wolke von Staub unbeschädigt zum Halten. Nach seiner Rückkehr zum Einsatzplatz Lydda hörte er, daß sein Rottenkamerad bereits eingetrudelt war, obwohl seine Maschine von Geschoß-Splittern durchlöchert war. Ladia's Flugzeug wurde rasch durch ein Bergungsteam der Luftwaffe geborgen und war 24 Stunden später schon wieder flugklar.
Später wurde dann festgestellt, daß es sich insgesamt um acht *MiG-15* gehandelt hatte. Sie flogen Höhenschutz für vier *Meteor,* die israelische Einheiten bei Bir Hasana südostwärts von El Hama beharkten. Es war ausgesprochenes Pech, daß die beiden *Ouragan* ihnen vor die Nase geflogen waren. Der Grund, warum die Piloten der *Ouragan* die ägyptische Marschkolonne nicht finden konnten, lag darin, daß sich der israelische Aufklärer geirrt hatte. Die ägyptischen Verstärkungen befanden sich nicht bei El Hama, sondern bei Bir Gifgafa, und das war gute 80 Kilometer von Abu Ageila entfernt. Der Fehler wurde schnell entdeckt, worauf eine andere *Ouragan*-

Rotte umgeleitet wurde, um die ägyptischen Verstärkungen an dem nunmehr exakt definierten Ort anzugreifen. Wieder wurde dieser Einsatz durch feindliche Flugzeuge gestört. Aber diesmal waren wenigstens die Chancen gleichmäßiger verteilt.

Die beiden *Ouragan* unter der Führung von Hauptmann Yankel flogen in etwa 4 000 Meter Höhe über Dschebel Libni mit Kurs auf ihr Ziel, als sie zwei Flugzeuge etwa 1 000 Meter höher auf Gegenkurs entdeckten. Es waren Düsenjäger mit gepfeilten Tragflächen, also entweder *Mystère* oder *MiG-15*. Sie verschwanden einen Augenblick später in der Sonne. Die beiden *Ouragan* setzten ihren Kurs fort. Plötzlich tauchte ein Flurgzeug im Sturzflug hinter den israelischen Jagdbombern auf. Dieses Mal gab es keinen Zweifel mehr: es war eine *MiG-15*. Yankel befahl seinem Rottenflieger, alle Außenlasten abzuwerfen und hart nach links zu kurven. Die *MiG* versuchte zu folgen und schoß aus allen Löchern. Yankel kurvte noch enger als seine Nr. 2, um beim Schießen entsprechend vorhalten zu können. Der erste Feuerstoß ging daneben. Yankels Rottenflieger kurvte in die andere Richtung. Die *MiG-15* folgte wiederum. Nun hatte Yankel die Chance, auf die er gewartet hatte. Oben tauchten weitere *MiG-15* auf, aber er hatte keine Zeit, sich Gedanken zu machen. »Seine« *MiG* hing genau im Visier, und er drückte auf die Waffenknöpfe. Die vier 2,2-cm-Kanonen spuckten zwei Sekunden lang einen Strom von Geschossen aus. Es gab ein kleines weißes Wölkchen an der rechten Flächenwurzel des feindlichen Flugzeugs. Stücke flogen von der *MiG* ab und wirbelten an Yankels *Ouragan* vorbei. Die *MiG* kam aus ihrem Turn heraus und schwankte, wie wenn ihr Pilot sich fragte, woher dieser Angriff kam. Der israelische Jagdflieger drückte noch einmal auf die Knöpfe und sah, wie seine Kanonen Löcher in den linken Flügel der *MiG* schossen. Eine dichte weiße Wolke – vielleicht Treibstoff aus einem zerschossenen Tank – strömte nach hinten. Noch ein Feuerstoß, und die *MiG* fing an, eine schwarze Rauchfahne hinter sich herzuziehen. Eine Sekunde später legte sich die Maschine auf den Rücken und ging dann senkrecht nach unten, schlug in der Wüste auf. Ein riesiger Rauchpilz bildete sich über der Stelle. Die zwei *Ouragan* formierten wieder eine Rotte und nahmen Kurs auf Lydda, ohne den eigentlichen Kampfauftrag erfüllt zu haben.

Die ägyptische Marschkolonne bei Bir Gifgafa wurde um 14.00 Uhr durch eine Kette *Mustang* unter der Führung von Hauptmann Paz

angegriffen. Sie warfen ihre Napalmbomben und setzten dann wiederholt zu Tiefangriffen an. Ihre MGs hatten zwar keine Wirkung auf die feindlichen Panzer, aber sie richteten unter den ungepanzerten Fahrzeugen erheblichen Schaden an. Die Tiefangriffe erfolgten bei heftigem Abwehrfeuer, und beim dritten Anflug fühlte Hauptmann Paz, wie sein Flugzeug von einigen Treffern erschüttert wurde. Gleich darauf strömte schwarzer Rauch ins Cockpit, und der Öldruck sank rapide ab. Paz stieg auf 300 Meter und kurvte von dem feindlichen Verband weg. Er mußte schleunigst notlanden: sein Flugzeug konnte jeden Augenblick zu brennen anfangen. Er entschloß sich zu einer Bauchlandung; wenn er mit dem Fallschirm absprang, dann konnten ägyptische Soldaten auf ihn schießen, während er am Fallschirm hing.
Er slipte, um den Rauch seitwärts abziehen zu lassen, und suchte sich eine relativ ebene Stelle aus, wo keine größeren Steinbrocken herumlagen. Dann schwebte er an. Sekunden später bumste die *Mustang* ziemlich hart auf den Wüstenboden, schlitterte weiter und kam unter ohrenbetäubendem Kreischen zum Stehen — und die richtige Seite war immer noch oben. Paz kletterte dankbar aus dem Cockpit, zwar etwas wackelig auf den Beinen, aber unverletzt. Mit einer *Mustang* eine Bauchlandung zelebrieren, war ausgesprochene Glückssache — wegen des unter dem Rumpf befindlichen großen Kühlers bestand immer die Gefahr, daß das Flugzeug sich überschlug und Feuer fing. Dann wurde der Pilot lebend in seinem Cockpit geröstet.
Paz kroch in einen nahegelegenen Wadi und verbarg sich hinter Büschen, bis es dunkel wurde. Es waren keine Ägypter zu sehen gewesen, aber er wollte kein unnötiges Risiko eingehen. Als die Nacht sich über die Wüste senkte, machte er sich auf und marschierte in Richtung Bir Hasana, wo er auf eigene Leute zu treffen hoffte. Er kam kurz vor Tagesanbruch an, nur um festzustellen, daß der Ort immer noch in den Händen der Ägypter war. Er hatte keine andere Wahl, als weiter zu marschieren, nach Nordosten jetzt, in Richtung Dschebel Libni. Er erreichte dieses Ziel schließlich nach einem 30stündigen Marsch durch die Wüste. Völlig erschöpft klappte er in den Armen eines israelischen Spähtrupps zusammen. Während seines Marathon-Marsches bestand seine ganze Nahrung in einem Liter Wasser und ein paar Bonbons. In der Wüste hatte er ein paar Pflanzen gefunden, deren Blätter man kauen konnte.

Die Piloten der israelischen *Mystère*-Staffel waren am 31. Oktober ebenfalls in einige Luftkämpfe verwickelt. Ein Pilot zeichnete sich dabei aus, indem er bei einem Einsatz zwei *MiG-15* abschoß. Es war der Hauptmann Yac, der als Führer einer Rotte in 6500 Meter Höhe über El Arish flog, als sein Rottenkamerad drei feindliche Jagdflugzeuge auf »10 Uhr«, 700 Meter tiefer, entdeckte. Während ihn seine Nr. 2 deckte, drückte Jac zum Angriff an. Als sich die Distanz verringerte, bemerkte Yac, daß diese *MiG* anders aussahen als gewohnt: die Tragflächen erschienen »eleganter« als die der *MiG-15;* sie hatten abgerundete Enden und auch der Rumpf schien etwas länger. Einen Augenblick später wußte er Bescheid: es waren *MiG-17.* Sie waren neuer und stärker als die *MiG-15.* Es war bekannt, daß die Ägypter vor kurzem eine kleinere Anzahl erhalten hatten.

Die *MiG*-Piloten sahen, wie die beiden *Mystère* im Sturzflug auf sie zukamen. Sie schoben die Leistungshebel nach vorne, schwarze Wolken strömten aus den Schubdüsen, und schleunigst nahmen sie Kurs auf die Sicherheit der anderen Seite des Kanals. Zwei schafften es. Aber die dritte Maschine wurde von den *Mystère* hoffnungslos in die Zange genommen. Wohin sich der Unglückspilot auch wandte, er flog in eine Garbe von 3-cm-Granaten hinein. Schließlich erwischte ihn Yac mit einem gutliegenden Feuerstoß im Rumpf, dicht vor der grün-weißen Kokarde. Man sah keine Flamme. Auch keine sonstige Wirkung. Die *MiG* ging nur plötzlich ins Steiltrudeln über. Yac folgte ihr nach unten. In 3500 Meter Höhe kam die *MiG* aus dem Trudeln heraus und flog in dieser Höhe weiter. Yac schloß auf, um ihr den Gnadenstoß zu geben. Aber das war nicht mehr nötig. Das Kabinendacht der *MiG* flog plötzlich weg, ein schwarzes Bündel schoß in die Luft: der Pilot hatte den Schleudersitz betätigt. Yac wartete, ob sich der Fallschirm öffnete, aber nichts passierte. Pilot und Schleudersitz fielen, sich immer weiter überschlagend, dem Wüstenboden entgegen, wurden kleiner und kleiner, bis man den kleinen Fleck nicht mehr vor dem bräunlichen Hintergrund erkennen konnte. Die führerlose *MiG-17* ging in einen flachen Sturzflug über und explodierte wenige Sekunden später am Boden.

Das ganze Geschehen hatte nur eineinhalb Minuten in Anspruch genommen. Obwohl eine seiner beiden 3-cm-Kanonen Ladehemmung hatte, entschloß sich Yac, den Einsatz nicht abzubrechen. Im Steigflug auf 6500 Meter flogen die beiden *Mystère* über El Arish einen weiten Bogen zur Küste. Ein paar Minuten später entdeckten die beiden israelischen Piloten sieben Düsenjäger in enger Formation auf Nordkurs in Richtung Gaza. Yac ließ seinen Rottenflieger als Höhendeckung auf 6500 Metern und drückte an, um nachzusehen. Dieses Mal handelte es sich um *MiG-15*. Als sie ihn kommen sahen, verdrückten sich vier der Ägypter in eine dünne Wolkenschicht. Von den restlichen drei Flugzeugen kurvten zwei weg und versuchten, sich hinter Yac zu setzen, während er sich an ihren Kettenführer heranmachte. In der nächsten halben Minute folgten sich die vier Flugzeuge in einer verrückten Jagd, wie eine Schlange, die sich in den Schwanz beißt. Yac konnte einen kurzen Feuerstoß mit Vorhalt auf seinen Gegner abgeben, aber die Garbe ging mindestens einen Meter daneben. Als jetzt die beiden anderen *MiG* mächtig Boden gut machten und er immer noch auf der einen Kanone Ladehemmung hatte, entschloß er sich, den Kampf abzubrechen und nahm Kurs nach Osten. Die *MiG* schüttelte er ab, indem er über der Wüste scharf andrückte und schnell Fahrt aufnahm.

Als er zwei andere *Mystère* über sich erkannte, ging Yac auf Steigflug, um sich mit ihnen zu vereinigen. Plötzlich hörte er einen Warnruf über Sprechfunk. Es dauerte einen Augenblick, ehe er kapierte, daß der Ruf von den *Mystère* da oben ausging — und daß er ihm galt. Im gleichen Augenblick erkannte er die Umrisse zweier *MiG*, die auf ihn zurasten. Sie kamen nach der alten Jäger-Regel direkt aus der Sonne. Er kurvte ihnen entgegen, und sie schossen an ihm vorbei, eine rechts, die andere links, von seinem Manöver völlig überrascht. Yac zog seine Maschine in einer engen Kurve herum und fand sich direkt hinter einer der beiden *MiG*. Aber der ägyptische Pilot war kein Anfänger; er flog ausgezeichnet. Und der Israeli brauchte alle seine Tricks, um hinter seinem Gegner zu bleiben. Yac feuerte zweimal mit der einen Kanone, die noch mitmachte. Zuerst auf 500 Meter und dann auf 350 Meter. Er schoß beide Male vorbei. Die *MiG* kurvte in Richtung El Arish, und verlor langsam Höhe. Das war ein tödlicher Fehler. Yac schoß auf 180 Meter Distanz, und ein großes Stück Beplankung löste sich von der grün-weiß gestreiften Flächenspitze der *MiG*. Der israelische Jagdflieger schloß nun vollends zum Gnadenschuß auf und drückte noch einmal auf alle Knöpfe, als die Silhouette der *MiG* nahezu sein ganzes Reflexvisier ausfüllte. Entfernung 100 Meter. Aber nichts passierte. Er hatte seine Munition verschossen.

Die *MiG* flog nur noch mit etwa 400 km/h und war nun offensichtlich in Schwierigkeiten. Yac flog noch zweimal an und zog vor der gegnerischen Maschine steil hoch, um sie zu Ausweichmanövern zu zwingen. Er hoffte, daß die *MiG* dabei »verhungerte« und dann in den Boden trudelte, aber das passierte nicht. Kurz darauf waren Yac's Tanks fast leergeflogen, und er mußte die Jagd abbrechen. Fluchend machte er sich auf den Rückweg und überließ die angeschlagene *MiG* ihrem Schicksal.

Zwei Tage später entdeckte ein israelsicher Armeepilot, der mit einer *Piper Cub* in der Gegend unterwegs war, etwas Glitzerndes in den seichten Wassern des Sees Sirdon, westlich von El Arish. Als er niederging, erkannte er, daß es sich um ein Flugzeug handelte, das – anscheinend sogar intakt – da unten im Wasser lag. Später kehrte der Pilot mit einem Bergungsfachmann der Marine an die Stelle zurück und landete in der Nähe des Dorfes Bardarvil, um genauer nachzusehen. Sie kehrten mit der Nachricht zurück, daß es sich bei dem Flugzeug um eine brandneue, nahezu unbeschädigte *MiG-15* handelte, die nur etwa einen Meter unter Wasser lag. Der letzte Gegner von Hauptmann Yac hatte es also doch nicht mehr geschafft. Der Ägypter hatte anscheinend eine saubere Bauchlandung im See gemacht und war dann ausgestiegen.

Eine kombinierte Bergungsoperation, an der die Luftwaffe und die Marine beteiligt waren, wurde sofort in die Wege geleitet. Eine *Dakota* warf aufblasbare Gummiflöße ab, und die Bergungsmannschaft organisierte einige Fischerboote mit flachem Boden. Die Bergungsspezialisten arbeiteten von einem motorisierten Landungsfahrzeug aus. Es gelang, die *MiG* zu heben und auf die Fischerboote zu laden. Eine Nil-Barke schleppte dann diese ungewöhnliche Kombination mühselig 20 Kilometer weit dem Kanal entlang ab, bis offenes Wasser in der Nähe von El Arish erreicht wurde, wo das israelische Motorschiff M. S. Rimon bereits wartete. Man brauchte aber weitere 12 Stunden, um mühsam im starken Gegenwind an die Rimon heranzukommen. Die Rimon nahm die MiG in Schlepp und brachte sie nach Haifa.

Das ägyptische Jagdflugzeug wurde sofort zu einem nahegelegenen Flugplatz der IAF gebracht, wo es einer genauen Untersuchung durch Abwehrspezialisten der Luftwaffe unterzogen wurde. Die *MiG* wurde dann wieder in flugfähigen Zustand gebracht, die ägyptischen Kokarden wurden übermalt. Unter dem blauen Stern von Israel wurde die Maschine eingehend von israelischen Piloten nachgeflogen und in Scheinluftkämpfen gegen die *Ouragan* und *Mystère* auf ihre echten Eigenschaften geprüft. Als sie damit fertig waren, wußten die Israelis genausoviel über die technischen Aspekte dieses Typs und vielleicht noch eine ganze Menge mehr als die rechtmäßigen Eigentümer.

Die Bergung der *MiG* war nur durch die enge Zusammenarbeit zwischen der israelischen Marine und Luftwaffe möglich geworden: es war die gleiche Art Zusammenarbeit, die am 31. Oktober zu einem wichtigen israelischen Sieg auf dem Wasser geführt hatte. Um 03.30 Uhr an jenem Tag war das ägyptische Kriegsschiff »Ibrahim el Awal«, ein ehemaliger britischer Zerstörer der »Hunt«-Klasse, vor Haifa aufgekreuzt und hatte den Hafen aus einer Entfernung von zehn Kilometern mit 220 10,5 cm-Granaten belegt. Acht Minuten später wurde das Schiff von dem französischen Zerstörer »Crescent« beschossen, der in der Nähe kreuzte. Der Kontakt zu dem ägyptischen Schiff ging aber in der Dunkelheit wieder verloren.

Um 03.56 Uhr nahmen die israelischen Zerstörer »Jaffa« und »Eilat«, die zu diesem Zeitpunkt etwa 50 Kilometer westlich Haifa standen, Fahrt auf, um das feindliche Schiff abzufangen, das sich in Richtung Port Said zurückzog. Sie sichteten den Gegner gegen 05.27 Uhr und eröffneten das Feuer auf eine Distanz von acht Kilometern. Der ägyptische Kapitän erkannte, daß ihm der Rückzug nach Port Said abgeschnitten war, nahm Kurs nach Norden und lief mit voller Kraft auf den libanesischen Hafen Beirut zu. Die »Ibrahim el Awal« wurde von den beiden israelischen Zerstörern verfolgt und weiter beschossen. Auf dem ägyptischen Schiff entstand leichter Schaden.

Bei Tagesanbruch forderte das Oberkommando der Marine Luftunterstützung an. Um 05.46 Uhr erschien eine *Dakota* über der Szene und kreiste über dem feindlichen Schiff, das nun 60 Kilometer von der israelischen Küste entfernt war. Die Besatzung der *Dakota* identifizierte das Schiff eindeutig und führte zwei *Ouragan* an den ägyptischen Zerstörer heran. Die *Ouragan* flogen im Sturzangriff durch heftiges Flakfeuer und schossen 32 panzerbrechende Raketen auf das Kriegsschiff ab, auf dem das Vorschiff schwer beschädigt wurde, die Steuerung und die Elektrizitätsversorgung ausfiel und die Munitionsaufzüge unbrauchbar wurden. Die *Ouragan* flogen noch einigemale an, um das Deck mit Bordwaffen zu beschießen.

Um 07.10 Uhr hißte der ägyptische Kapitän nach kurzer Rücksprache mit seinem Liegeplatz Alexandria die weiße Flagge und befahl seinen Leuten von Bord zu gehen. Die Besatzung wurde von der »Jaffa« und der »Eilat« übernommen, die längsseits gegangen waren. Ein Versuch der Ägypter, das Schiff zu versenken, wurde durch die Bodenventile selbst verhindert, die so eingerostet waren, daß man die Handräder nicht mehr drehen konnte. Der ägyptische Zerstörer wurde durch die »Eilat« in Schlepp genommen. Er wurde später instandgesetzt und bei der israelischen Marine unter dem Namen »Haifa« in Dienst genommen.

Die Hauptlast der Lufttätigkeit an diesem Tage trugen unzweifelhaft die israelischen Jabo-Piloten. Sie flogen Einsatz um Einsatz gegen die ägyptischen Kolonnen auf der mittleren Straße bei Bir Gifgafa und richteten dort beträchtlichen Schaden an. Die ägyptische 1. Panzerbrigade bekam den Hauptteil ab; sie war besser unter dem Spitznamen »Sowjet-Brigade« bekannt, weil sie ausschließlich mit sowjetischen Panzern und Selbstfahrlafetten ausgerüstet war. Sie war dazuhin gegen Angriffe aus der Luft durch ihre motorisierte 4-cm-Flak recht gut gesichert. Jeder Jaboangriff mußte durch heftigen Flakbeschuß hindurch geflogen werden. Die *Mustang* waren dabei durch die langsamere Geschwindigkeit und den »lebenswichtigen« Kühler unter dem Rumpf besonders verwundbar. Die israelischen Piloten flogen jedoch sehr tief an, und die ägyptischen Flak-Kanoniere schienen Schwierigkeiten zu haben, mit so weit heruntergeschwenkten Rohren zu schießen. Mindestens bei zwei Gelegenheiten haben sie nämlich bei dem Versuch, einem tieffliegenden israelischen Flugzeug eine Ladung hinterherzujagen, einige eigene Fahrzeuge pulverisiert, die ihnen in die Schußlinie gekommen waren. Bei weiteren Angriffen im späteren Verlauf des Tages nahmen sich die *Mustang*-Piloten einige 4-cm-Flak vor und setzten sie außer Gefecht, indem sie die Geschützbedienungen mit ihren Browning-MGs aufs Korn nahmen. Die israelischen Piloten nahmen geradezu unglaubliche Risiken auf sich, um ihre Ziele zu zerstören – für einen *Mustang*-Piloten wäre ein Tiefangriff auf ein Munitionsfahrzeug beinahe katastrophal ausgegangen: er schoß und schoß und stellte das Feuer erst ein, als er auf kürzeste Entfernung an das Fahrzeug heran war. Genau in diesem Augenblick flog das Ding in die Luft, und die *Mustang* flog mitten in die Wolke aus Rauch und Splittern hinein. Wie ein welkes Blatt hob der Explosionsdruck die Maschine hoch. Nur um Zentimeter kam sie dabei an einer anderen

Mustang vorbei, sonst wäre sie mit dieser in der Luft zusammengestoßen. Von den sechs *Mustang*, die diesen Angriff flogen, kamen fünf mit Schäden zurück, die entweder auf Beschuß vom Boden her oder auf herumfliegende Trümmer zurückzuführen waren. Alle wurden im Schnellverfahren wieder zusammengeflickt und bepflastert und waren innerhalb einer Stunde wieder im Einsatz. Am Ende des Tages hatten die Vorausabteilungen der ägyptischen 1. Brigade die Gegend von Bir Rod Salim, 30 Kilometer westlich Dschebel Libni, erreicht, aber das Gros befand sich immer noch in der Gegend von Gifgafa. Die Straße dazwischen war mit ausgebrannten Panzern, Lastwagen und Mannschaftstransportwagen übersät: grimmiges Zeugnis dafür, daß die israelischen Piloten ihr Handwerk verstanden.

Eine zweite ägyptische Kolonne, bestehend aus zwei gemischten Brigaden Panzer und Panzergrenadiere, wurde beim Vormarsch auf der Küstenstraße, die nach Osten führte, angegriffen. Diese Kolonne war zuerst von den *F-84F Thunderstreak* des 1. französischen Jagdgeschwaders beehrt worden, die in Lydda stationiert waren. Zusammen mit den *Mystère* des 2. Geschwaders, das in Haifa lag, waren diese Flugzeuge in Reserve gehalten worden – als Sicherung gegen mögliche Bombenangriffe der *Il-28* auf israelische Städte. Das anglo-französische Ultimatum vom 30. Oktober, an Ägypten und Israel gerichtet (wonach britische und französische Truppen Schlüsselpositionen entlang dem Suezkanal einnehmen würden, falls die Feindseligkeiten nicht von beiden Seiten eingestellt und die Truppen auf jeder Seite des Kanals 16 Kilometer zurückgenommen würden, einer Forderung, der die Israelis gerne zugestimmt hatten, denn sie befanden sich immer noch weit östlich von diesem Ziel), war von den Ägyptern in den frühen Morgenstunden des 31. Oktober entrüstet zurückgewiesen worden. Die beiden französischen Jagdgeschwader, die in Israel lagen, wurden nun für Offensiv-Aufgaben freigegeben. Die andere französische Luftwaffeneinheit in Israel, das 64. Transportgeschwader, hatte den Vormarsch der israelischen Truppen mit seinen *Noratlas*-Flugzeugen bereits seit der ersten Nacht des Feldzugs unterstützt. An allen französischen Flugzeugen in Israel waren die blau-weiß-roten Kokarden überstrichen; einige trugen jetzt behelfsmäßig aufschablonierte blaue Sterne, andere führten überhaupt keine Kennzeichen. Die Mehrheit der *F-84F* und einige *Mystère* führten schwarze und gelbe Rumpfbänder, ähnlich wie die alliierten Flugzeuge bei der Invasion im letzten Jahr des Zweiten Weltkrieges. Dies führte natürlich zu einer gewissen Verwirrung und zu der Behauptung der Ägypter, zwischen England, Frankreich und Israel seien Pläne über eine Invasion Ägyptens abgesprochen worden. Die Ägypter hatten damals keine Ahnung, daß die französischen Flugzeuge tatsächlich von Israel aus operierten.

Am Mitla-Paß waren die Männer der Fallschirmjäger-Brigade inzwischen den ganzen Tag hindurch in heftige Kämpfe verwickelt, weil sie versuchen mußten, die Ägypter aus ihren Stellungen herauszuwerfen. Außerdem war die Brigade – trotz eigenem Jagdschutz – sporadischen Angriffen ägyptischer *Vampire* und *Meteor* ausgesetzt. Der heftigste fand etwa um 16.00 Uhr statt, als ein Teil der angreifenden Israelis in einer Schlucht abgeschnitten und immer wieder im Tiefflug von vier *Meteor* angegriffen wurde, wobei schwere Verluste entstanden. Eine *Meteor* wurde durch die israelischen *Mystère* abgeschossen, die damit an diesem Tage zwei Luftsiege für sich buchen konnten. Die Luftangriffe kamen in der Abenddämmerung zum Erliegen, als die Fallschirmjäger endlich die Höhe auf beiden Seiten des Passes erkämpft hatten. Es folgten drei Stunden erbitterter Nahkampf, als die Israelis die Ägypter aus den tiefer gelegenen Höhlen herauszuquetschen suchten. Als diese merkten, daß es keinen Ausweg gab, kämpften sie bis zur letzten Patrone. Um 19.00 Uhr hatten die erschöpften Fallschirmjäger ihre Säuberungsaktion abgeschlossen. 50 Mann waren gefallen und mindestens dreimal soviel verwundet worden.

Eine Stunde später erschien eine *Dakota* am abendlichen Himmel und warf Versorgung ab. Als die Transportflieger hörten, daß es viele Verwundete gegeben hatte, warfen sie Leuchtbomben und schwebten auf den schmalen Behelfslandestreifen an, obwohl sie strikten Befehl hatten, unter keinen Umständen zu landen. Alle *Dakota* landeten sicher, und etwa 100 Verwundete konnten verladen werden. Mehr konnten die Flugzeuge nicht aufnehmen. Sie waren so schon gefährlich überladen, und der Start war unter diesen Umständen eine äußerst riskante Angelegenheit. Aber die drei Flugzeuge schwankten schwerfällig in die Nacht hinein, ihre Räder bumsten beim Start noch ein paarmal auf, aber schließlich hoben sie ohne Zwischenfall ab.

Während sie mit Vollgas davondonnerten, bauten die Fallschirmjäger ihre neuen Stellungen aus und bereiteten sich auf einen mög-

lichen Gegenangriff der ägyptischen Panzer vor, die von Bir Gifgafa heranrückten.
So ging der dritte Tag zu Ende. Im Nordosten hatten die Israelis die Schlüsselstellung von Abu Ageila gewonnen und bereiteten sich nun darauf vor, Um Gatef im Sturm zu nehmen. Die 7. Panzer-Brigade stand bei Bir Hasana und konnte, wenn nötig, den Fallschirmjägern am Mitla-Paß zu Hilfe kommen. Rafah, das Tor zum Gaza-Streifen, lag unter schweren israelischen Angriffen. Auch dort wurde die Luftwaffe stark eingesetzt, hatte aber bei den Kämpfen des Tages keine so entscheidende Rolle gespielt. Die IAF hatte 3 *Vampire*, 3 *MiG-15* und 2 *Meteor* abgeschossen, aber sie hatte die ägyptische Luftwaffe nicht davon abhalten können, mit ihren Angriffen durchzukommen. Andererseits wurde eine Anzahl israelischer Versorgungsflüge verhindert, weil ägyptische Jagdflugzeuge auf dem Plan erschienen. Die Jaboangriffe auf die Marschkolonnen der Ägypter hatten die zugewiesenen Ziele erreicht und die ägyptischen Verbände behindert, aber es war nicht gelungen, sie aufzureiben. Trotzdem gab es bei Einbruch der Nacht am 31. Oktober keinen Zweifel daran, daß die israelische Luftwaffe ein gut Teil Luftüberlegenheit bewiesen hatte.
Aber gerade um diese Zeit nahmen die Dinge eine völlig neue Wendung. Kurz vor Mitternacht bombardierten *Canberra*-Düsenbomber der 10. und 12. Staffel und *Valiant*-Bomber der 148. Staffel der RAF im Einsatz von Malta aus die ägyptischen Flugplätze Almaza, Bilbeis, Kairo-West und Inchas. Die Bomber waren erst nach Einbruch der Dunkelheit gestartet, um nicht von ägyptischen *MiG-15* abgefangen zu werden, und warfen ihre Bomben aus einer Höhe von 13000 Metern. Der angerichtete Schaden war unwesentlich. Diese Bombenangriffe hatten aber eine unmittelbare Auswirkung: noch in der Nacht verlegten 30 *MiG-15* und *MiG-17* (einige gehörten Ägypten, die anderen waren auf dem Weg zur Übernahme durch die syrische Luftwaffe, aber alle wurden von sowjetischen oder tschechischen Fluglehrern geflogen) aus dem Gefahrengebiet auf Flugplätze in Syrien und Saudi-Arabien. Daneben wurden 20 *Il-28* von Kairo-West nach Luxor im Süden geflogen, wo man annehmen durfte, daß sie sicher vor Angriffen aus der Luft waren. Diese Flugzeuge gehörten zu den Staffeln Nr. 8 und Nr. 9 der ägyptischen Luftwaffe, die noch nicht voll einsatzfähig waren: die Besatzungen standen noch in der Umschulung auf den neuen Typ.

Am Morgen des 1. November befahl Präsident Nasser – mit der drohenden Invasion durch britische und französische Streitkräfte konfrontiert –, daß alle Einheiten, die nicht im Kampf mit den israelischen Verbänden auf der Halbinsel Sinai und im Gaza-Streifen standen, sich auf das Westufer des Suez-Kanals zurückziehen sollten. Der Rückzugsbefehl erreichte die meisten Kommandeure erst am Nachmittag; die Durchführung sollte in der Nacht von 1./2. November erfolgen.

In den frühen Morgenstunden des 1. November griffen die Israelis Rafah am südlichen Ende des Gaza-Streifens an. Die Aktion wurde eingeleitet durch eine Beschießung der ägyptischen Stellungen mit der Schiffsartillerie der beiden Zerstörer »Yafo« und »Eilat«. Sie begann um 02.00 Uhr, dauerte eine halbe Stunde und war völlig wirkungslos. Dann wurde die israelische Luftwaffe eingesetzt. Mit verheerender Wirkung. Um 02.35 Uhr warf eine *Mosquito* eine Anzahl Leuchtmarkierungen – direkt über den israelischen Stellungen. Bevor noch etwas getan werden konnte, hatten bereits ein halbes Dutzend *Mosquito* ihre Bomben auf die eigenen Leute abgeworfen. Glücklicherweise wurde niemand dabei getötet, und die Besatzungen der *Mosquito* bemerkten ihren Irrtum schnell. Aber kostbare Zeit war vertan. Die *Mosquito* flogen einen zweiten Angriff und warfen ihre Bomben dieses Mal an der richtigen Stelle ab. Die Bomben hatten aber die ägyptischen Stellungen nicht so sehr erschüttert, wie die Israelis geglaubt hatten, und sie trafen auf heftiges Feuer, als sie zum Angriff antraten. Erst bei Tagesanbruch ging es dann vorwärts, als *Mustang* und *Ouragan* erschienen und die ägyptischen Verteidiger mit Raketen und Napalmbomben belegten. Dann wurde eine Stellung nach der anderen im Nahkampf genommen. Um 08.00 Uhr befahl der ägyptische Kommandeur den Rückzug nach El Arish. Eine Stunde später war Rafah in israelischer Hand.

Um 10.00 Uhr rollte ein AMX-Panzer-Bataillon auf der Küstenstraße nach Westen auf El Arish zu. Zwei Stunden später stießen die Panzer auf eine Straßensperre und mußten unter heftigem Flak-Beschuß Gefechtsformation einnehmen. 15 Minuten später erschienen zwei Ketten *Ouragan* und schossen die Sperre in Fetzen.

Aber die Ägypter bekamen Verstärkung und hielten die israelischen Panzer nieder. Erst um 15.00 Uhr – nach einem weiteren Luftangriff und einem Handstreich der israelischen Infanterie – wurden die

ägyptischen Verteidiger überwältigt, und die Panzer konnten ihren Vormarsch fortsetzen.
Inzwischen griffen *Ouragan* und *Mustang* den Flugplatz von El Arish an, auf dem laut Meldungen vom Morgen eine Anzahl *Vampire* stehen sollte. Die *Vampire* waren in der Zwischenzeit verschwunden; aber es standen 3 *MiG-15* und eine *Mraz-Sokol,* eine tschechische dreisitzige Kuriermaschine, auf dem Platz herum. Die israelischen Flugzeuge griffen an und bemerkten, daß es sich bei den *MiG* um Scheinflugzeuge aus Holz und Pappe handelte. Aber die *Mraz-Sokol* war echt. Sie wurde mit Bordkanonen zusammengeschossen.
Im Mitla-Gebiet hielten die sporadischen Luftangriffe auf die israelischen Einheiten über den ganzen Vormittag des 1. November hinweg an. Eine ägyptische *Vampire* wurde abgeschossen. Vom frühen Nachmittag an ließ die Aktivität der ägyptischen Luftwaffe über der Halbinsel Sinai nach, um schließlich fast ganz aufzuhören. Um diese Zeit lagen die wichtigsten ägyptischen Flugplätze unter heftigen Tiefangriffen britischer Trägerflugzeuge bzw. Jagdbomber, die von Cypern aus operierten. Ein paar *MiG-15* und drei »Langnasen« *Meteor NF. 13* wurden während des frühen Nachmittags über der Sinai gesehen, aber sie blieben in großer Höhe und ließen sich auf keinen Kampf ein. Von jetzt ab konnte die israelische Luftwaffe sich ganz auf Erdkampfunterstützung konzentrieren. Während des restlichen Nachmittags hämmerten die *Mustang, Mystère, Ouragan* und selbst die alten *Harvard* die noch verbliebenen ägyptischen Stellungen bei Abu Agaila und Um Gatef zusammen. Die Ägypter führten nach Einbruch der Dunkelheit mit Panzern einen Gegenangriff in dem verzweifelten Versuch, die von den Israelis aufgebauten Straßensperren zu durchbrechen. Aber der Versuch brach im gezielten israelischen Feuer zusammen.
In der Morgendämmerung des 1. November standen die Männer des 1. Bataillons der Fallschirmjäger-Brigade in ihren nebelverhangenen Stellungen am Mitla-Paß bereit, um den Panzerangriff zu zerschlagen, der aus Richtung Bir Gifgafa zu erwarten war. Der kam nicht. Und auch die noch verbliebenen ägyptischen Stellungen in diesem Gebiet waren leer: die Ägypter hatten Befehl erhalten, die Stellungen noch während der Nacht zu räumen, und zogen sich, in kleinere Gruppen zerstreut, nach Westen zurück.
Im Lauf des Spätnachmittags berichteten israelische Aufklärer, daß

überall ägyptische Marsch- und Fahrkolonnen durch die Wüste zurück in Richtung Kanalzone strömten. Die Mehrheit der ägyptischen Kommandeure hatte in der Erkenntnis, daß ihre Position ohne Hoffnung auf Verstärkungen oder Unterstützung aus der Luft aussichtslos war, sich entschlossen, gar nicht erst die Nacht abzuwarten, um ihre Einheiten zurückzuziehen. Die zurückflutenden Verbände wurden bis zum Einbruch der Dunkelheit durch die israelische Luftwaffe heimgesucht.
Am Morgen des 2. November bestand Klarheit darüber, daß die Ägypter sich auf der Halbinsel Sinai in vollem Rückzug befanden.
Nur bei zwei größeren Einheiten war kein Zeichen einer Bewegung festzustellen: bei der 1. Panzer-Brigade, die immer noch bei Bir Gifgafa lag, und einer motorisierten Brigade, die die Straße zwischen El Arish und Kantara sperrte. Die Aufgabe dieser beiden Verbände lag offenbar darin, den Weg für den ägyptischen Rückzug offen zu halten. Die 1. Panzer-Brigade begann am Morgen mit dem Abmarsch: sie diente als Nachhutsicherung. Die vorrückenden Israelis erreichten Bir Gifgafa um die Mittagszeit. Der Platz war leer. Sie setzten die Verfolgung fort und holten die ägyptische Nachhut um 16.00 Uhr in der Nähe von Katib el Sabha, 45 Kilometer vom Suez-Kanal entfernt, ein. Es gab einen kurzen und heftigen Kampf, und drei T-34 lagen brennend am Rande der Straße.
Das war das letzte Gefecht zwischen den Israelis und der 1. ägyptischen Panzer-Brigade. Als es Nacht wurde, hatte die ägyptische Einheit den Übergang über den Kanal geschafft; sie hatte fast seit Tagesanbruch unter dauernden Angriffen der isaelischen Luftwaffe gestanden und hatte gewaltig Federn lassen müssen. Insgesamt hatten die *Mustang* und *Ouragan* 22 T-34-Panzer, 5 SU-100-Sturmgeschütze und mindestens 35 Schützenpanzer zerstört.
Auch über El Arish war die israelische Luftwaffe vom ersten Büchsenlicht an im Einsatz gewesen; die israelische 7. Panzer-Brigade befand sich entlang der Küstenstraße auf dem Vormarsch dorthin. Um 05.30 Uhr flogen *Ouragan* eine Reihe von Angriffen auf einzelne Einheiten am Westrand der Stadt. Diese Einheiten bildeten die Nachhut der 4. ägyptischen Brigade, die sich gerade von der Stadt absetzte. Die Israelis ließen sie ziehen, denn sie hatten kein Interesse daran, größere Zahlen von Kriegsgefangenen versorgen zu müssen. So besetzten sie die Stadt erst am späten Nachmittag.
Die IAF setzte ihre Tiefangriffe auf die ägyptischen Kolonnen fort,

die sich nun als desorganisierte Masse die Küstenstraße entlang wälzte. Viele Ägypter sprangen schon aus ihren Fahrzeugen, wenn die israelischen Flugzeuge am Himmel erschienen, und setzten ihre Flucht zu Fuß fort, indem sie in kleineren Grüppchen durch die Wüste marschierten. Als die Vorausabteilung der 27. Panzer-Brigade ihren Vormarsch auf der Küstenstraße in Richtung El Kantara fortsetzten, zählten sie 400 ägyptische Fahrzeuge aller Arten und 40 Panzer am Straßenrand. Einige waren von Bordkanonen und Raketen getroffen worden und brannten noch, aber die meisten waren von ihrer Besatzung völlig intakt zurückgelassen worden.

Inzwischen hatte am 2. November um 06.00 Uhr eine östliche Kampfgruppe, bestehend aus der israelischen 9. Infanterie-Brigade, El Nakeb verlassen, das nordwestlich von Eilat gelegen ist, und den langen Vormarsch nach Süden entlang dem Golf von Akaba in Richtung Sharm el Sheikh angetreten. Dieser Ort beherrschte, zusammen mit dem nahegelegenen Ras Nasrini, die Straße von Tiran; beide Orte waren stark befestigt und besaßen einen schweren Flak-Gürtel.

Der erste Schlag der IAF gegen Sharm el Sheikh fand um 13.00 Uhr statt, als ein Schwarm *Mystère* die ägyptischen Geschützstellungen mit Raketen angriff. Die unter Führung von Major Benjamin Peled stehenden Flugzeuge stießen auf heftiges Flakfeuer. Zwei Flugzeuge, darunter die Führermaschine, erhielten Treffer. Die *Mystère* von Major Peled fing sofort an zu brennen; der Major betätigte den Schleudersitz und kam zwei Kilometer vor dem äußeren Verteidigungsring der Stadt herunter. Bei der Landung verletzte er sich am Knie. Trotz schwerer Schmerzen humpelte er drei Kilometer über offenes Gelände, ohne gesehen zu werden, und flüchtete sich in die Deckung der Vorberge im Westen. Einige Zeit später erschien eine *Piper Cub* über ihm. Peled winkte verzweifelt, aber der Pilot sah ihn nicht, und das Flugzeug tuckerte wieder davon. Die gleiche Piper erschien noch einmal gegen 17.00 Uhr, und dieses Mal entdeckte ihn die Besatzung. Die *Cub* landete auf einem ebenen Stück Land in der Nähe eines ägyptischen Vorpostens, der den Vorgang mit gelangweilter Gleichgültigkeit beobachtete. Mit Peled an Bord startete die kleine Maschine wieder ohne Schwierigkeit.

Peled's Maschine war die einzige israelische *Mystère*, die während des ganzen Sinai-Feldzuges verloren ging: die andere beschädigte *Mystère* war sicher auf ihren eigenen Platz zurückgekehrt.

Um 17.00 Uhr trat das Transportkommando der Luftwaffe wieder in Tätigkeit, als sechs *Dakota* zwei Kompanien Fallschirmjäger bei El Tur, am Golf von Suez in der südlichen Sinai, absetzten. Es herrschte heftiger Wind, und die Fallschirmjäger erlitten einige Verluste, aber gegen Abend hatten sie ihren Kampfauftrag, die Besetzung eines kleinen Flugfeldes, fast ohne Gegenwehr erfüllt. Eine kleine Gruppe von Luftwaffenpionieren, Spezialisten für den Bau und Unterhalt von Flugplätzen, war mit abgesetzt worden und machte sich sofort daran, den Landestreifen für Transportflugzeuge herzurichten, die bereits mit Verstärkungen unterwegs waren. Während der folgenden Stunden machten die *Dakota*, *Noratlas* und eine beschlagnahmte *Constellation* der El Al insgesamt 23 Flüge nach El Tur und brachten ein Bataillon der 12. Infanterie-Brigade mitsamt den dazugehörenden schweren Waffen in einer Airlift-Operation her. Die Entscheidung, die beiden Fallschirmjäger-Kompanien bei El Tur abzusetzen, war im letzten Augenblick am späten Nachmittag des 2. November getroffen worden. Irrtümlich war berichtet worden, Sharm el Sheikh sei schon feindfrei. Eine Kompanie war bereits unterwegs, um dort abgesetzt zu werden, als die *Dakota* von einer *Meteor* überholt wurden, deren Pilot meldete, daß Sharm el Sheikh immer noch von den Ägyptern besetzt sei und hartnäckig verteidigt würde. Im letzten Moment änderten die *Dakota* ihren Kurs und setzten die Fallschirmjäger über El Tur ab.
Der 2. November, der Tag X+4, endete damit, daß die zwei Kompanien bei El Tur Vorbereitungen für den Angriff auf Sharm el Sheikh trafen, während die 9. Infanterie-Brigade mühselig über die Anhöhen entlang dem Golf von Akaba auf das gleiche Ziel vorging. Ein Bataillon Fallschirmjäger war vom Mitla-Paß aus im Vormarsch auf Ras Sudar am Golf von Suez. Am Ende sollten sich die beiden Kolonnen in El Tur treffen und damit die Einschließung der Halbinsel Sinai zum Abschluß bringen. Während dieses Tages war es nicht mehr zu Luftkämpfen gekommen, und die Einsätze der israelischen Luftwaffe hatten sich deshalb auf Jabo-Angriffe gegen die fliehenden ägyptischen Truppen, auf Nachschub- und Versorgungsflüge und auf Kurierflüge beschränkt.
Bei Tagesanbruch des 3. November hatten die Soldaten der 11. Infanterie-Brigade die Besetzung des Gaza-Streifens nahezu abgeschlossen. Nur die Stadt Khan Yunis hielt sich noch, aber als die Israelis um 06.30 Uhr mit Panzerunterstützung angriffen, trafen

sie nur auf Gewehr- und MG-Feuer. Um 08.30 Uhr befand sich die Stadt in den Händen der Israelis, mit Ausnahme eines Bunkers, dessen Besatzung sich nicht ergeben wollte. Drei *Ourangan* wurden angefordert. Sie bekämpften die Bunkerstellung mit Raketen und verwandelten sie in einen rauchenden Trümmerhaufen.
Im Süden war nun auch das Fallschirmjäger-Bataillon vor Ras Sudar angekommen und konnte die ägyptische Garnison nach heftigem Kampf überwältigen. Der Rest der Fallschirmjäger-Brigade am Mitla-Paß sammelte am Westausgang des Passes, um dann auf Port Tewfik zu marschieren. Dieser Plan wurde später aufgegeben, und die Brigade blieb in Bereitschaft, um die Besetzung der Südhälfte der Halbinsel Sinai zu vollenden.
Die israelische Luftwaffe konzentrierte ihre Anstrengungen nun auf die ägyptischen Verteidigungsanlagen von Sharm el Sheikh und Ras Nasrini: vom ersten Tageslicht an wurden die Stellungen einer Serie von schweren Luftangriffen ausgesetzt. Das Flakfeuer war immer noch beträchtlich, und eine *Ouragan* wurde abgeschossen. Der Pilot sprang mit dem Schleudersitz ab und geriet in Gefangenschaft.
Die IAF griff außerdem in der Straße von Tiran eine Anzahl kleinerer ägyptischer Schiffe mit Nachschub und Verstärkungen für Sharm el Sheikh an und versenkte sie. Die Piloten hatten außerdem Weisung, nach der Fregatte *Domiat* Ausschau zu halten, aber als sie über dem Gebiet eintrafen, kamen sie zu spät: Das ägyptische Kriegsschiff war bereits von dem britischen Kreuzer *Newfoundland* versenkt worden, der im Verband eines britischen Geschwaders die Zufahrt zum Golf von Akaba kontrollierte. Nachdem sie die Überlebenden aufgefischt hatten, fuhren die britischen Schiffe in die Straße von Tiran ein, wo sie von den Piloten eines *Mystère*-Schwarms gesichtet wurden, die gerade einige feindliche Landungsfahrzeuge vor Ras Nasrini angegriffen hatten. Die Israelis waren nicht in der Lage, die Kriegsschiffe zu identifizieren; außerdem hatten sie nicht mehr genügend Treibstoff, um etwas genauer rekognoszieren zu können. Sie mußten sich damit zufrieden geben, die Position der Schiffe an einen zweiten Schwarm *Mystère* durchzugeben, der bereits auf dem Weg ins Zielgebiet war.
Die vier Piloten dieses Schwarms konnten ein Kriegsschiff des Verbandes sofort ausmachen. Es machte hohe Fahrt — von der Küste weg — und zog eine deutlich wahrnehmbare Kielwasserschleppe hinter sich her. Die israelischen Flieger glaubten, die *Domiat* vor

sich zu haben. Tatsächlich handelte es sich um die britische Fregatte *Crane*. Aber für Piloten, die nicht im Schiffserkennungsdienst ausgebildet sind, sieht ein Kriegsschiff wie das andere aus. In diesem Fall war das Mißverständnis doppelt entschuldbar: die *Domiat* war früher in der britischen Flotte unter dem Namen *Nith* gefahren und wies wie die *Crane* dieselben klassischen britischen Linien auf.
Und so kippten die *Mystère* zum Angriff ab. Die Führermaschine ließ eine Salve von 38 Raketen los, die anderen drei Flugzeuge taten dasselbe. Das Schiff konnte die meisten Raketen durch Zickzackfahren ausmanövrieren. Die Raketen, die trafen, waren nicht panzerbrechend und richteten keinen besonderen Schaden an. Die letzten beiden *Mystère* mußten durch Flakfeuer anfliegen, aber glücklicherweise waren die Bedienungen der Schiffsflak anscheinend nicht so recht in Form, und die zwei Flugzeuge entkamen, ohne einen Kratzer abzubekommen.
Die Hauptsorge des israelischen Generalstabschefs Moshe Dayan war, die Besetzung der Halbinsel Sinai abzuschließen, bevor die Westmächte einen Druck ausüben konnten, der die israelischen Operationen zu einem Halt brachte. Am Nachmittag des 3. November befahl er den verfügbaren Kräften, die Einnahme von Ras Nasrini und Sharm el Sheikh mit allen Mitteln zu beschleunigen. Am folgenden Morgen verließ das Fallschirmjäger-Bataillon Ras Sudar und traf gegen mittag in El Tur ein. Die Einheit nahm an der abschließenden Zangenbewegung gegen die ägyptischen Befestigungen teil. Die beiden Kompanien Fallschirmjäger-Reserve und das Infanterie-Bataillon, die sich bereits in El Tur befunden hatten, wurden im Lauf des Vormittags vom Luftwaffentransportkommando evakuiert. Ein großer Teil der Ausrüstung, einschließlich der Jeeps, war beim Fallschirmabwurf ziemlich beschädigt worden; deshalb wären die Einheiten kaum ernsthaft einsatzfähig gewesen.
Die 9. Infanterie-Brigade war in der Zwischenzeit auf dem Marsch nach Ras Nasrini gut vorangekommen. Die israelischen Landser machten sich auf heftigen Widerstand gefaßt. Ras Nasrini mit seiner Batterie schwerer Marine-Artillerie war ein strategisch wichtiger Punkt, der die Straße von Tiran und die Einfahrt in den Golf von Akaba beherrschte. Um 12.00 Uhr warfen fünf *Mustang* Napalmbomben auf die ägyptischen Stellungen. Damit sollte eine gewisse »Aufweichung« der Verteidigung erreicht werden. Nach ihrer Rückkehr meldeten die Piloten, daß sonderbarerweise die Flak der Ägyp-

Von der israelischen Flugzeugindustrie in Lizenz gebaute *Fouga Magister* auf dem Flugplatz Lod.

Gloster Meteor F.8 — der erste Düsenjäger der IAF.

Eine *Mystère IV A.*

Israelische Luftlandetruppen werden mit Kampfhubschraubern vom Typ *Super Frelon* zum Einsatz gebracht.

ter keinen einzigen Schuß abgegeben hatte. Kein Wunder: die 400 Mann starke ägyptische Garnison hatte die Geschütze unbrauchbar gemacht und sich bereits nach Sharm el Sheikh abgesetzt. Die Israelis setzten ihren Vormarsch fort und trafen um 14.00 Uhr vor dem Verteidigungsring von Sharm el Sheikh ein. Die Vorhut wurde von einer Vorpostenstellung mit heftigem Feuer niedergehalten. Als eine Stunde später zwei *Mustang* 32 Raketen auf die Stellung abfeuerten, war dieses Teilproblem gelöst.

Im Verlauf des Nachmittags flog die IAF noch eine Reihe weiterer Angriffe, während sich die israelischen Armee-Einheiten umgruppierten und für den entscheidenden Angriff auftankten. Trotz des heftigen Flakfeuers hatten die israelischen Piloten gute Arbeit geleistet. Als die Nacht hereinbrach, war Sharm el Sheikh in eine dichte Rauchwolke gehüllt, die Verteidiger waren durch das andauernde Trommelfeuer zerschlagen und benommen. Eine *Ouragan* wurde abgeschossen; dieses Mal kam der Pilot über eigenem Territorium herunter. Die Beschießung fügte den Ägyptern empfindliche Verluste zu; die meisten Verwundeten wurden im Schutze der Nacht mit kleineren Booten evakuiert.

Am 5. November um 03.30 Uhr erfolgte der erste Angriff. Er brach in heftigem Abwehrfeuer zusammen. Die Israelis erlitten Verluste und zogen sich zurück. Der nächste Angriff erfolgte erst nach Tagesanbruch. Um 07.00 Uhr ging die Infanterie erneut vor. *Mustang, Ouragan und Mystère* machten durch Tiefangriffe den Weg frei. Unter Deckung durch die Flugzeuge kam die erste Welle der israelischen Infanterie an das Drahthindernis vor den ägyptischen Stellungen heran, wurde aber erneut durch mörderisches MG-Feuer niedergehalten. Für die nächste Stunde wurden die Israelis in die verbissensten Nahkämpfe des ganzen Feldzuges verwickelt. Schließlich sprengten sie sich einen Weg durch die Hindernisse und stürmten die ägyptischen Stellungen unter einem künstlichen Nebelvorhang. Um 08.30 Uhr traf das Fallschirmjäger-Bataillon von El Tur auf dem Schauplatz ein und begann mitzumischen. Damit war der Fall entschieden. Die feindlichen Stellungen wurden überrannt. Der Rest der geschlagenen Garnison ergab sich um 09.00 Uhr. Die Verluste der Verteidiger beliefen sich auf über ein Drittel der Gesamtstärke: 200 Gefallene und 400 Verwundete. Der größte Teil der Verwundeten kam auf Rechnung der Luftangriffe.

Um 11.30 Uhr flog die israelische Luftwaffe den letzten Einsatz des

Sinai-Feldzuges: *Mustang* und *Ouragan* griffen die kleine Insel Sanafir an, die in der Nähe von Tiran etwa drei Kilometer vor der Küste liegt. Sie beschossen sie 20 Minuten lang mit Raketen und Napalmbomben. Kurz darauf landeten israelische Truppen mit Landebooten und durchkämmten die Insel; sie war verlassen. Die kleine ägyptische Garnison, nicht mehr als zwölf Mann stark, hatte sich schon bei Tagesanbruch davongemacht.

Es wurde zwar noch ein weiterer Einsatz von israelischen Flugplätzen aus geflogen — aber dabei handelte es sich um *Thunderstreak* des französischen 1. Geschwaders. Am 5. November, um 15.00 Uhr — etwa acht Stunden nachdem die britische 16. Fallschirmjäger-Brigade und das französische 2. Fallschirmjäger-Regiment von einer Armada von Transportflugzeugen über ihren zugewiesenen Geländepunkten in der Kanalzone abgesetzt worden waren — fegten acht *F-84F* niedrig über die Wellen des Roten Meeres dahin. Ihr Ziel war der ägyptische Militärflugplatz Luxor, auf dem eine *Canberra* der RAF bei einem Aufklärungsflug die *Il-28*-Düsenbomber entdeckt hatte, die vor ein paar Tagen von Kairo-West nach Luxor verlegt worden waren. Diese Bomber, die für die anglo-französische Invasion eine latente Bedrohung darstellten, mußten neutralisiert werden: das französische 1. Geschwader war der Verband, der für diese Aufgabe am besten geeignet war.

Die *Thunderstreak*, mit Langstrecken-Zusatztanks ausgerüstet, flogen bei Quseir nach Ägypten ein und näherten sich ihrem Ziel in weiter Kurve aus dem Süden. Die Ägypter waren offenbar der Meinung, daß Luxor außerhalb der Reichweite alliierter Jagdbomber lag. Die französischen Piloten fanden die *Il-28* sauber in zwei Reihen ausgerichtet vor. Der konzentrierte Angriff mit Raketen und Bordwaffen dauerte nur fünf Minuten. Die *F-84F* flogen nach Nordosten ab. Hinter ihnen stiegen gewaltige schwarze Rauchwolken in den Nachmittagshimmel über Luxor, wo nur verbogene Flugzeugwracks in riesigen Lachen brennenden Treibstoffs zurückblieben.

Die ägyptischen Flakbedienungen hatten keinen Schuß aus den Rohren gebracht.

Modernisierung

Die israelische Luftwaffe wußte am 29. Oktober, daß sie in einen einseitigen Luftkampf von formidablem Ausmaß ging – nach dem Papier hatte sie kaum eine Chance. Acht Tage später war sie als klarer Sieger über ihren Gegner aus dem Sinai-Feldzug hervorgegangen. Zwar hatten die Israelis mehr Flugzeuge verloren als ihre Feinde – achtzehn, verglichen mit elf – aber alle ägyptischen Flugzeuge wurden im Luftkampf abgeschossen, wogegen die meisten israelischen Flugzeugverluste auf das Konto der Bodenabwehr kamen. Nur ein israelisches Flugzeug war von feindlichen Jagdfliegern abgeschossen worden: eine *Piper Cub*, die von einem Verband *MiG-15* erwischt wurde und sich immerhin 15 Minuten lang durch geschickt geflogene Ausweichmanöver gegen die Übermacht halten konnte.

Die israelischen Verluste beliefen sich auf 9 *Mustang*, 2 *Harvard*, 3 *Ouragan*, 1 *Mystère* und 3 *Piper Cub*, von denen zwei am Boden zerstört worden waren.

Auf der anderen Seite hatten die Ägypter 4 *MiG-15*, 1 *MiG-17*, 4 *Vampire* und 2 *Meteor* verloren. Die israelischen Jagdflieger machten sich nicht die Mühe, am Boden zerstörte feindliche Kurierflugzeuge, wie z. B. die *Mraz Sokol* aufzuführen, die bei El Arish zusammengeschossen wurde.

Während des Feldzuges hatte sich die *Mystère IVA* als Superlativ eines Jagdflugzeuges erwiesen und war der *MiG-15* in allen Punkten überlegen, außer dem Steigvermögen. Die israelischen Piloten waren voll des Lobes über das französische Flugzeug und seine fliegerischen Eigenschaften. Die Abschußzahlen wären sicher noch höher gewesen, wenn sie mehr Erfahrung auf diesem Typ gehabt hätten. So waren die meisten *Mystère*-Piloten mit nur 20 Stunden auf diesem Typ, manche sogar noch weniger, in den Krieg gezogen. Verglichen mit der *MiG-15* war die *Mystère* ein mehr als angenehmes Flugzeug. Die *MiG* hatte eine ganze Anzahl Mucken – nicht zuletzt zeigte sie bei hoher Geschwindigkeit eine ausgeprägte Neigung zum Gieren, was sie zu einer schlechten Waffenplattform stempelte. Sie war kein Flugzeug für Anfänger: aufgrund ihrer allgemeinen Instabilität ging sie allzu leicht aus einem engen Turn ins Trudeln über. Israelische Piloten konnten dies in mehreren Fällen beobachten. Trotz dieser Schwächen versuchten ägyptische Piloten immer wieder, die *Mystère* im Luftkampf auszukurven anstatt ihre überlegene Steigfähigkeit einzusetzen, um aus brenzligen Situationen wieder herauszukommen. Die ägyptischen Piloten hatten natürlich auch noch mit der zusätzlichen Schwierigkeit zu kämpfen, daß die *MiG-15* keine Servo-Unterstützung hatte, wodurch enorme Steuerdrücke bei Hochgeschwindigkeitsmanövern entstanden, die den Umgang mit diesem Flugzeug zu einer unheimlich kräftezehrenden Angelegenheit machten. Schließlich zeigten sich aber auch die zwei 3-cm-Kanonen der *Mystère* gegenüber der gemischten Bewaffnung der *MiG-15* (zwei 2,3-cm- und eine 3,7-cm-Kanone) deutlich überlegen. Die letzteren hatten eine verhältnismäßig langsame Schußfolge, lediglich etwa 400 Schuß/Min. verglichen mit den 1200 Schuß/Min. der 3-cm-DEFA-Kanonen der *Mystère*.

Bei wenigstens einer Gelegenheit war es einem *Mystére*-Piloten gelungen, den Geschossen seines Gegners dadurch zu entkommen, daß er Vollgas gab und ihnen davonflog!

Auch die *Ouragan* hatte bewiesen, daß sie in den Händen eines fähigen Piloten die *MiG-15* deklassieren konnte. Die erste *MiG*, die während des Feldzuges abgeschossen wurde, war einer *Ouragan* zum Opfer gefallen. Die drei *Ouragan*, die verloren gingen, sind alle von der Flak abgeschossen worden; und wenn das Flugzeug nicht so robust gewesen wäre, so wären die Verluste dieses Typs viel höher gewesen. Einige *Ouragan* waren mit schweren Beschädigungen sicher auf den eigenen Platz zurückgekehrt; bei einer steckte sogar ein 3,7-cm-Geschoß im Haupttreibstofftank, wo es hängen geblieben war, nachdem es den Hauptholm der Tragfläche durchschlagen hatte. Der Holm war zerfetzt, aber die Tragfläche hielt bis zur Landung. Abgesehen von ihrer Fähigkeit, eine Menge Treffer einstecken zu können, war die *Ouragan* aber auch eine ausgezeichnete Waffenplattform und war in dieser Hinsicht sogar der *Mystère* überlegen. Die *Ouragan*-Piloten knobelten ein paar Methoden aus, mit denen sich selbst so stark gepanzerte Fahrzeuge wie die russischen T-34 mit der 2-cm-Kanone abschießen ließen. Die außergewöhnliche Flugstabilität ermöglichte den Piloten ein genaues Zielen

auf verwundbare Punkte wie Reservetank, Kette oder Turmkranz. Die schwersten Verluste der IAF fielen auf die Propellermaschinen vom Typ *Mustang*. Abgesehen von der Verwundbarkeit, die mit der Auslegung dieses Flugzeugtyps zu tun hatte, verloren die *Mustang*-Verbände insgesamt 30 Prozent ihres Bestandes einfach deshalb, weil bei allen Kämpfen mehr *Mustang* als andere Typen eingesetzt waren. Wenn auch die Bewaffnung der *Mustang* — sechs Browning MG — wenig gegen Panzer ausrichten konnte, so hatte sie doch eine verheerende Wirkung gegen ungepanzerte Fahrzeuge und marschierende Einheiten. Trotzdem hatte der Feldzug gezeigt, daß dieser im Zweiten Weltkrieg bewährte Typ nun auch das Ende seiner Verwendbarkeit erreicht hatte.
Dasselbe galt für die *Meteor F. 8*, die bis zum Eintreffen der *Mystére* bei der IAF als Abfangjäger diente. Die *Meteor* hatten sich kein einziges Mal auf einen ernsthaften Kampf mit den *MiG-15* eingelassen. Während des 30. Oktober war es zwar zu einem kurzen Schußwechsel da oder dort gekommen, aber diese Feindberührungen waren unentschieden geblieben. Die *Meteor*-Piloten gingen wohl mit der Überzeugung in den Kampf, daß sie im allgemeinen bei einem Zusammenstoß mit *MiG-15* die Oberhand behalten könnten, indem sie die *MiG* in Höhen unter 5000 Metern auskurvten und die Ägypter zu einem Kampfstil zwangen, der aus Steigen und Stürzen (und weniger aus Schießen) bestand. Aber es ergab sich dann einfach keine Gelegenheit, diese Theorie in der Praxis auszuprobieren. Außerdem hatten die *Meteor* während des Feldzuges aber auch mit technischen Schwierigkeiten zu kämpfen. Am häufigsten kam es vor, daß sich die Zusatztanks nicht abwerfen ließen. Zugegeben, das war manchmal auch auf »Fingerschwierigkeiten« beim Piloten zurückzuführen: der Auslösehebel mußte ganz zurückgezogen werden — geschah das nicht, dann löste sich vielleicht der Tank auf einer Seite, während der andere Tank hängen blieb. Die Tragfläche, an der dieser Tank hing, ging nun automatisch nach unten und leitete damit eine ungewollte heftige Rolle ein. Dies passierte mindestens einem Piloten, der sich auf diese Weise in einer Höhe von rund 600 Metern plötzlich im Rückenflug befand.
Wegen der Veralterung der *Meteor* als Flugzeuge der ersten Linie, entschloß man sich, die restlichen *F.8* an die Einsatzschulung abzugeben, wo sie zur Übergangsschulung auf Düsenflugzeuge wie auch zur Schießausbildung im Luftkampf neben den zweisitzigen *T.7*

gute Dienste tat. Einige wurden sogar als Zielschleppflugzeuge eingesetzt und hielten sich in dieser Rolle bis weit in die sechziger Jahre. Zwei andere *Meteor*-Varianten blieben allerdings noch für einige Zeit nach Beendigung des Sinai-Feldzuges bei Einheiten der ersten Linie: es handelte sich um die sieben *FR.9*, die man ein paar Jahre vorher von der Flight Refuelling erworben hatte, und die Handvoll *NF.13* Nachtjäger. Zusätzlich zu den drei *NF.13*, die schon vor dem Sinai-Feldzug zur Bestandsliste der IAF zählten, wurden weitere *NF.13* bis März 1958 geliefert, um den dringenden Bedarf nach einem Allwetter-Abfangjäger abzuhelfen.

Die kritische Beurteilung des Einsatzes der israelischen Luftwaffe im Sinai-Feldzug führte zu drei wesentlichen Entscheidungen. Erstens, es waren alle Propellerflugzeuge mit Kolbenmotoren so schnell wie möglich aus den Verbänden der ersten Linie auszusondern und durch die modernsten Düsenflugzeuge zu ersetzen, die erhältlich waren. Zweitens, mit der Beendigung des Sinai-Konfliktes war nicht gleichzeitig auch jede weitere Bedrohung Israels durch Ägypten beseitigt: im Gegenteil sprach alles dafür, daß Nasser seine aggressiven Absichten gegen Israel mit erneuter Heftigkeit verfolgen würde, sobald er nur seine zertepperten Verbände wieder auf volle Stärke gebracht hatte — UNO-Beschlüsse hin oder her. Aus dieser Erkenntnis erwuchs der Entschluß, die israelische Luftwaffe progressiv soweit auszubauen, bis sie mindestens die doppelte Stärke erreicht hatte. Drittens, wegen der erkennbaren Schwierigkeiten, Flugzeuge anderswoher zu erhalten, sollten französische Flugzeugtypen die Basis dieses Modernisierungs- und Erweiterungsprogramms bilden.

Wegen der überzeugenden Rolle, die die *Ouragan* während des Feldzuges gespielt hatten, wurden weitere 45 Flugzeuge dieses Typs bei der französischen Regierung angefordert — zusammen mit drei *Ouragan,* die als Ersatz für die verlorengegangenen Flugzeuge gedacht waren. Diese Lieferung traf Anfang 1957 in Israel ein. Es handelte sich dabei durchweg um Flugzeuge, die man bei der französischen Luftwaffe bereits als überzähligen Bestand geführt hatte. Sie bildeten nun die Ausrüstung von vier Erdkampfunterstützungs-Staffeln der IAF. Während der gleichen Zeit wurden auch noch weitere *Mystère IV A* erworben. Damit verfügte die IAF über 50 Abfangjäger der ersten Linie.

Einen Ersatz für die vielseitige *de Havilland Mosquito* zu finden, war aber ein Problem. Bis zu dieser Zeit war die *Mosquito* das einzige Flugzeug der israelischen Luftwaffe gewesen, das sowohl als leichter Bomber wie auch als Nachtjäger eingesetzt werden konnte. Die in England gekauften *NF.13* halfen die Lücke einigermaßen zu überbrücken, die durch die Aussonderung der *Mosquito* entstehen mußte, aber sie waren doch reine Abfangjäger. Die Israelis hatten immer noch keinen Düsenbomber. Wenn also die *Mosquito* und die alten *B-17* verschwanden, dann stand die IAF ohne Bombenflugzeug irgendwelcher Art da, und die Notwendigkeit für ein wahres Mehrzweckflugzeug, eine Art Düsenzeitalter-Mosquito, wurde unübersehbar.

Es gab nur ein Flugzeug, mit dem sich diese Lücke möglicherweise stopfen ließ: die *Sud Aviation Vautour.* Dieses bemerkenswerte Flugzeug – der Prototyp hatte 1952 seinen Erstflug gemacht – besaß genau die Eigenschaften, die die israelische Luftwaffe suchte. Es besaß zwei Triebwerke (SNECMA Atar 101), hatte eine Steigleistung, die jedem damals im Dienst befindlichen einmotorigen Jagdflugzeug gleichkam, und verfügte über eine Einsatzreichweite von über 1 100 Kilometern. Außerdem konnte dieses Flugzeug von kurzen, behelfsmäßig eingerichteten Start- und Landestreifen aus eingesetzt werden. Im flachen Sturzflug flog es schneller als der Schall, seine Höchstgeschwindigkeit auf Seehöhe betrug 1 055 km/h – und damit konnte man sogar der *MiG-15* davonfliegen. Zu all diesen Attributen kam noch, daß die *Vautour* im Vergleich mit anderen Flugzeugen ihrer Klasse – wo diese auch auf der Welt in Dienst standen – bei weitem am schwersten bewaffnet war: außer der Standard-Bewaffnung mit zwei 3-cm-Kanonen konnte sie zwei *Matra 104A* Raketenbehälter mit insgesamt 232 6,8-cm-Luft-Luft-Raketen im Rumpf oder vier Behälter mit je 19 Raketen unter den Flächen mitführen. Die Abfangjäger-Variante trug die Bezeichnung *Vautour II N.* Es gab zwei weitere Varianten, die *II A* und die *II B,* die für Erdkampfunterstützung bzw. für Bombenabwurf im Horizontalflug ausgerüstet waren. Beide Typen konnten bis zu 1 500 kg Bomben im Rumpf oder 2 000 kg Bomben als Außenlasten aufnehmen. Die *Vautour II A* wurde einsitzig geflogen; die anderen Varianten hatten eine Besatzung von zwei Mann.

Außer den imponierenden Flugleistungen und der Tragfähigkeit hatte die *Vautour* noch andere Eigenschaften, die die Israelis reizten: wie die kleinere *Ouragan* war auch die *Vautour* ein unkompliziertes und robustes Flugzeug; bereits beim Entwurf trug man der Forde-

rung nach möglichst einfacher Wartung Rechnung – die Konstrukteure mußten berücksichtigen, daß dieses Flugzeug wahrscheinlich einmal von vorgeschobenen Einsatzplätzen aus operieren mußte, wo nur beschränkte Wartungseinrichtungen zur Verfügung standen.
Im Sommer 1957 placierte die israelische Regierung eine weitere Order auf vier *Vautour II N* und zwanzig einsitzige *Vautour II A* Gegen Ende des Jahres wurde eine Anzahl Besatzungen zur Übergangsschulung und zum Einsatztraining an das Centre d'Instruction de Bombardement gesandt, wo französische Besatzungen an der *Vautour II A* ausgebildet wurden. Schon bald traf weiteres fliegendes Personal der IAF in Tours ein, wo die ersten zwei französischen Staffeln, die mit *Vautour II N* ausgerüstet werden sollten – Groupes de Chasse 1/30 und 3/30 – gerade ihre Einweisung erhielten.
Als die *Vautour* im Frühjahr 1958 in Israel eintrafen, hatte die IAF zum ersten Mal in ihrer Geschichte die Mittel in die Hand bekommen, um harte und wirksame Schläge gegen jedes Ziel in ganz Ägypten führen zu können – oder falls das notwendig werden sollte – gegen jedes feindliche Land im Mittleren Osten.
Zur selben Zeit, als im Sommer 1957 Verhandlungen über die Lieferung neuer Flugzeuge wie der *Vautour* zwecks Bildung reiner Düsenflugzeug-Kampfverbände stattfanden, erkannte der israelische Generalstab, daß nunmehr auch eine Revision des Ausbildungssystems notwendig wurde, wenn man den höheren Anforderungen gerecht werden wollte, die mit dem Modernisierungsprogramm verbunden waren. Zu jener Zeit begann ein Flugschüler seine Anfangsschulung noch auf den alten *Boeing PT-17 Kaydet* Schulflugzeugen, um dann die Fortgeschrittenenschulung auf einer *Harvard* fortzusetzen und schließlich auf einer *Meteor* für Düsenflugzeuge umschulen. Dieser Prozeß war zu umständlich: zuviel Zeit ging bei der Ausbildung auf alten Propellermaschinen verloren, bevor ein Pilot schließlich auf ein Düsenflugzeug kam. Was jetzt gebraucht wurde, war ein Flugzeug, mit dem man einen Flugschüler nach der Anfangsschulung – unter Weglassung der *Harvard* und der *Meteor* – direkt an die Einsatzausbildung heranführen konnte. Dieses Verfahren, nach der Anfängerausbildung gleich auf Düsenflugzeuge überzugehen, wurde jetzt bei allen größeren Luftstreitkräften der Welt engeführt, ja die RAF ließ das Propellerflugzeug als erste Phase ganz aus und bildete die jungen Flugschüler gleich von Anfang an auf Düsenflugzeugen aus. Der Generalstab der

israelischen Luftwaffe konnte sich allerdings nicht für das Vorgehen der RAF erwärmen: seiner Meinung nach machte man sich die Sache dabei zu einfach – eine gründliche Anfangsausbildung auf einem leichten Propellerflugzeug hielt er immer noch notwendig als Voraussetzung für eine Ausbildung auf Düsenflugzeugen. Die RAF hat später ebenfalls eine Revision vorgenommen und verlangt, daß grundsätzlich jeder Flugschüler eine Anzahl von Pflichtstunden auf der *Chipmunk* hinter sich bringen mußte, bevor er auf den Düsentrainer *Jet Provost* umsteigen durfte.
Und wieder einmal war es die französische Luftfahrtindustrie, die das auf die israelischen Wünsche passende Muster quasi von der Stange liefern konnte: die *Air-Fouga CM 170 R Magister*, einen eleganten leichten Düsentrainer, von dem seine Schöpfer behaupteten, er sei das einzige Flugzeug in der Welt, das einen Flugschüler direkt von der Anfangsschulung über das Fortgeschrittenenstadium direkt zur Einweisung auf ein modernes Einsatzflugzeug bringen könne. Die französische Luftwaffe hatte bereits 350 Stück bestellt, einige andere Länder zeigten ausgesprochenes Interesse. Israelische Piloten, die die *Magister* im französischen Flugversuchszentrum Mont de Marsan geflogen hatten, legten begeisterte Berichte über den Typ vor. Abgesehen von seinen Qualitäten als voll kunstflugtauglicher Düsentrainer, konnte man dieses Flugzeug offensichtlich auch als Erdkampfflugzeug einsetzen, denn es konnte mit Luft-Boden-Raketen wie auch mit zwei 7,5-mm-MG ausgerüstet werden. Nach einer gründlichen Untersuchung und Auswertung der Einsatzmöglichkeiten der *Magister* sowohl als Schulflugzeug wie auch als Erdkampfunterstützungsflugzeug, wurde 1958 zwischen der israelischen Regierung und der Firma Air-Fouga ein Lizenzvertrag abgeschlossen, der den Nachbau des Typs in Israel ermöglichte. Dieser Nachbau sollte bei der Firma Bedek Aircraft Ltd. erfolgen, die bisher ausschließlich mit der Überholung von Zivil- und Militärflugzeugen und Flugzeugtriebwerken beschäftigt war. Die einzigen kompletten Flugzeuge, die Bedek bisher hergestellt hatte, waren Segelflugzeuge: 1957 hatte die Firma die Fertigung von *Slingsby* Segelflugzeugen aufgenommen und die israelische Luftwaffe und den israelischen Fliegerclub damit beliefert. Die Übereinkunft über den Nachbau der *Magister* bedeutete einen gewaltigen Sprung nach vorne. Pläne für die Erweiterung der Werksanlagen am Flughafen Lod (Lydda) wurden sofort in Angriff genommen.

Die erste in Israel zusammengebaute *Magister* verließ im Juni 1960 die Hallen, ein paar Tage nachdem die Bedek Aircraft Ltd. ihren Namen in Israelische-Flugzeug-Industrie geändert hatte. Elf weitere *Magister* wurden aus Original-Einzelteilen aus Frankreich zusammengebaut. Bereits das dreizehnte Flugzeug, das Anfang 1961 das Werk verließ, bestand ausschließlich aus Teilen, die in Israel selbst produziert worden waren – genau wie alle folgenden Maschinen auch.

Von den 82 *Magister,* über die die IAF schließlich verfügte, stammten 60 ausschließlich aus der israelischen Fertigung. Die einzigen Teile, die noch importiert werden mußten, waren die Triebwerke und die Bewaffnung. Die in Israel gebauten Maschinen wiesen sogar einige Verfeinerungen auf wie z. B. einen verstärkten Tragflügel, der gemischte Außenlasten in Form von Bomben oder Raketen aufnehmen konnte.

In der Zwischenzeit zeigte sich der israelische Generalstab ab 1958 mehr und mehr beunruhigt durch die massive Anhäufung von sowjetischen Waffen und Gerät in arabischen Ländern. Besonders gravierend waren Berichte, wonach die ägyptische Luftwaffe eine beträchtliche Anzahl von *MiG-19* Überschalljägern erhalten sollte, die alles in den Schatten stellten, was die Israelis aufzuweisen hatten. Um dieser neuen Drohung begegnen zu können, bestellte die israelitische Regierung bei Marcel Dassault 24 Überschalljäger vom Typ *Super Mystère B 2.* Die *Super Mystère* war eine Weiterentwicklung der *Mystère IV;* sie war das erste in Westeuropa in größeren Zahlen hergestellte Flugzeug, das im Horizontalflug Überschallgeschwindigkeit erreichte. Mit zwei 3-cm-Kanonen und 55 6,8-cm-FFAR-Luft-Luft-Raketen ausgerüstet, konnte die Maschine 1 000 kg Bomben als Außenlast mitführen und verfügte damit über die so wichtige Eigenschaft – vom israelischen Standpunkt aus –, die Doppelrolle als Abfangjäger und Schlachtflugzeug spielen zu können. Die erste IAF *Super Mystère*-Staffel mit 12 Flugzeugen war 1959 einsatzfähig, eine zweite kaum ein Jahr später. Diese beiden Einheiten übernahmen nun von den *Mystère IV A* die Rolle der Luftverteidigung der ersten Linie.

Die *Super Mystère* sollte jedoch nur eine Zwischenrolle spielen und die Lücke zwischen der Unterschall-*Mystère IV* und einem echten Überschallflugzeug mit zweifacher Schallgeschwindigkeit füllen. Der Prototyp eines solchen Flugzeugs – *Mirage III* – hatte den Erstflug erfolgreich im November 1956 hinter sich gebracht; die Entwicklung war auf private Initiative von Dassault zurückzuführen — ein geschäftliches Abenteuer von beträchtlichen Ausmaßen. Zwei Monate später erreichte die *Mirage* in 13 000 Meter Höhe Mach 1,5. Diese Geschwindigkeit konnte später mit Hilfe eines zusätzlichen Raketenmotors auf Mach 1,9 gesteigert werden. Im September 1958 hatte die französische Luftwaffe 100 *Mirage III C* fest bestellt, und es war mehr als wahrscheinlich, daß bald weitere Bestellungen — auch aus dem Ausland — eingehen würden.

Das war keineswegs mehr so überraschend: die *Mirage III* hatte sich inzwischen als ein potentes Waffensystem erwiesen und konnte mit phänomenalen Leistungsdaten aufwarten. Sie erreichte in 13 000 Meter Höhe eine Geschwindigkeit von Mach 2,2, konnte in sechs Minuten auf 16 800 Meter steigen — auf dem Schubstrahl des Atar 9C Strahltriebwerkes —, und diese Zeit konnte mit Hilfe des zusätzlichen SEPR Raketenmotors, der eine Brennzeit von 80 Sekunden hatte, auf fünf Minuten verringert werden. Die Dienstgipfelhöhe konnte mit Hilfe des Raketenmotors auf 25 000 Meter angehoben werden, im Steigflug »mit Anlauf« kam die *Mirage* sogar auf 33 000 Meter. Die Einsatzreichweite betrug bei Flug in Bodennähe bei Unterschallgeschwindigkeit und in Gefechtsformation 900 Kilometer; sie konnte auf 1 200 Kilometer erweitert werden bei Einsätzen, die in 12 000 Meter Höhe durchgeführt werden konnten. In der Rolle des Abfangjägers war die *Mirage III C* mit zwei 3-cm-Kanonen, zwei *Sidewinder* und einer *Matra R.530* Luft-Luft-Lenkwaffe ausgestattet. Für Erdkampfunterstützung bestand die Bewaffnung aus der Kanone und zwei 500-kg-Bomben oder wahlweise zwei 500-kg-Bomben unter den Tragflächen und einer *AS.30* Luft-Boden-Rakete unter dem Rumpf. Wie der Vorgängertyp *Super Mystère* konnte auch die *Mirage III* von Behelfsplätzen aus eingesetzt werden.

Eine Auswertung der *Mirage III C*, die 1959 von israelischen Luftwaffen-Piloten vorgenommen wurde, schlug sich in der festen Bestellung von 26 Maschinen dieses Typs mit einer Option auf weitere 14 Maschinen nieder. Später, als auch Ägypten Mach 2 + Flugzeuge wie die *MiG-21* erhielt, wurden die Bestellungen auf eine Gesamtzahl von 72 *Mirage* für die IAF erhöht. Die erste israelische *Mirage*-Staffel wurde Anfang 1963 aufgestellt, und am 15. Mai dieses Jahres zeigten 27 dieser Jagdbomber bei einer Flugvorführung über

Haifa, zu Ehren des Jahrestages der Gründung des Staates Israel, was sie konnten.
Die an Israel gelieferten Flugzeuge erhielten die offizielle Bezeichnung *Mirage III CI* und waren mit Ausnahme der Elektronik identisch mit der *Mirage III C*. Zu der Gesamtzahl an Einsatzflugzeugen der IAF kamen noch drei *Mirage III B I* als zweisitzige Schulflugzeuge.
Ende der fünfziger Jahre machten die Israelis auch beträchtliche Anstrengungen, eine kleine aber effektive Hubschrauber-Truppe zu bilden. Der Sinai-Feldzug hatte den dringenden Bedarf für Fluggerät dieser Art für Verbindungsaufgaben, Nahaufklärung und Rettungseinsätze nur zu deutlich bewiesen. Obwohl die kleinen *Piper Cub* bei diesen drei Aufgaben großartige Arbeit geleistet hatten, waren doch auch die Schwächen deutlich geworden. Die Hauptschwäche lag aber darin, daß sie nicht da landen konnten, wo sie unter Umständen am meisten gebraucht wurden — weil das Terrain die Landung unmöglich machte: wegen Israels kleinem Staatsgebiet mußten die meisten Übungseinsätze über See gemacht werden, und obwohl die Marine Rettungsmöglichkeiten stellte, genügten diese den Anforderungen schon längst nicht mehr. Um diesem Mangel abzuhelfen, wurden zwei *Sikorsky S-55* Hubschrauber erworben und bildeten nun den Kern einer Seenotrettungsstaffel.
Die Hauptstütze des Hubschraubergeschwaders der IAF wurden dann die sieben *Sikorsky S-58*, die aus den USA kamen. 1960 wurden weitere 24 Maschinen dieses Typs als überzähliges Gerät der Bundesluftwaffe von der Regierung der Bundesrepublik Deutschland als Teil eines gegenseitigen Liefervertrages erworben, bei dem Israel Uzi-Maschinenpistolen für die Bundesrepublik lieferte. Obwohl in erster Linie als Transport- oder Kampfhubschrauber gedacht, wurden die *S-58* dann für eine große Zahl von anderen Aufgaben eingesetzt — einschließlich Frachtflügen zu den Kibbutzim entlang Israels bedrängten Grenzen.
Für leichte Beobachtung und Verbindungsaufgaben erhielt die israelische Luftwaffe acht *Sud Aviation Alouette II* Hubschrauber. 1963 bestellte die IAF, auch bei der Sud Aviation, fünf große dreimotorige *Super Frelon;* außer Fracht konnten diese massiven Hubschrauber 30 voll ausgerüstete Soldaten transportieren. Daneben bestand die Möglichkeit, die großen Maschinen mit Vorrichtungen zur U-Bootbekämpfung auszurüsten — eine Dreingabe, für die die

IAF dankbar war. Die Auslieferung der *Super Frelon* begann 1965 – sie waren ein willkommener Zuwachs zur Transportkapazität der IAF.
Die Hauptstütze des Transportkommandos in den frühen sechziger Jahren bestand immer noch aus den angejahrten *C-47 Dakota* und zwölf *Noratlas.* Außerdem waren noch fünf *Boeing Stratocruiser* da, die Schwerlasten übernehmen konnten, nachdem sie von der israelischen Luftfahrtindustrie für militärische Zwecke umgebaut waren. Abgesehen von den Umbauten der Kabine, unterschieden sich die Flugzeuge von den Passagierflugzeugen dieses Typs, denn das Heck ließ sich als Ganzes wegschwenken, so daß Fahrzeuge bzw. sperrige Lasten direkt geladen werden konnten.
Das alles war nun die Grundausstattung der israelischen Luftwaffe, die sich darauf vorbereitete, der Herausforderung der sechziger Jahre gerecht zu werden. Bei Beginn dieser Dekade zeichnete sich bereits ab, mit welcher Geschwindigkeit die Drohung wuchs – zur größten Gefahr, der Israel bisher gegenüberstand. In den fünf Jahren seit dem Ende des Sinai-Feldzuges hatte Ägypten gewaltige Fortschritte im Hinblick auf Ausrüstung und Befähigung des fliegenden Personals gemacht. Und nicht nur das: Ägypten stand nicht mehr allein. Gegen Israel standen nun auch Ägyptens Alliierte, die jetzt mit einem direkt furchterregenden Arsenal sowjetischer Waffen ausgerüstet waren. Die Frage, vor der das israelische Oberkommando nun stand, war einfach: wann fühlten sich die arabischen Staaten wohl stark genug, um anzugreifen?

Die andere Seite des Zaunes — 2

Am Nachmittag des 6. November 1956, als die anglo-französischen Kampfflugzeuge ihre letzten Einsätze zum Schutze der Landungen in der Kanalzone flogen, hatte die ägyptische Luftwaffe praktisch aufgehört zu existieren. Die Flugplätze in der Kanalzone und um Kairo herum waren mit den Wracks ausgebrannter Flugzeuge übersät. Es waren die zerschlagenen Überbleibsel einer mächtigen Luftwaffe, mit der Nasser — nur ein paar Tage vorher noch — gehofft hatte, den Himmel über dem Mittleren Osten zu beherrschen.

Im Januar 1957, nach dem Rückzug der französischen und britischen Truppen aus der Kanalzone, hatte das ägyptische Oberkommando sofort Pläne für den beschleunigten Wiederaufbau der Streitmacht erstellt. Die etwa 40 *MiG-15*, *MiG-17*, *Il-28* und *Il-14*, die man nach Syrien und Saudi Arabien geflogen hatte, wurden zurückgeholt und mußten nun den Kern der wiedererstehenden ägyptischen Luftwaffe bilden. Es waren bereits Verhandlungen mit dem Sowjetblock im Gange, die die Lieferung weiterer Flugzeuge zum Ausgleich der verheerenden ägyptischen Verluste zum Ziele hatten.

Die sowjetische Antwort ließ nicht lange auf sich warten. Schon in der ersten März-Woche legten drei rumänische Frachter in Alexandria an. Sie hatten 15 *MiG-17* und 10 *Il-28* geladen. Alle sauber zerlegt und in Kisten verpackt. Die Kisten wurden sofort zur Reperaturwerft und Wartungsbasis der Luftwaffe in Almaza transportiert, wo die Flugzeuge unter der Aufsicht sowjetischer Techniker zusammengebaut wurden. Im Laufe der folgenden Wochen traf ein stetiger Strom von osteuropäischen Frachtern in Alexandria ein, die große Mengen Kriegsmaterial geladen hatten. Bis Ende April erhielt die ägyptische Luftwaffe auf diese Weise insgesamt 50 *MiG-17*. Ende Juni war diese Zahl bereits auf 100 angestiegen. Außerdem waren noch 40 *Il-28* Düsenbomber mitgeliefert worden. Als der Generalstabschef der ägyptischen Luftwaffe, Vizeluftmarschall Mohamed Sidki, am 23. Juli 1957 anläßlich des 5. Jahrestages der Machtübernahme Nasser's eine Rede hielt, konnte er darauf hinwei-

sen, daß die Verbände der ersten Linie gegenüber dem Stand bei der Suez-Krise auf die doppelte Stärke angewachsen waren.
Um die Behauptung aber auch beweisen zu können, hatte Sidki eine enorme Flugschau geplant, bei der mehr als hundert neuerworbene Flugzeuge zu gleicher Zeit über die Köpfe der in Kairo versammelten Volksmenge hinwegfliegen sollten. Unglücklicherweise ging die Sache in die Hosen, um es grob zu sagen — hauptsächlich aufgrund der typischen Unfähigkeit des ägyptischen Bodenpersonals. Als der große Tag heraufdämmerte, konnten mit Mühe 52 flugklare Maschinen zusammengekratzt werden: 21 *MiG-15*, 18 *MiG-17* und 13 *Il-28*. Diese Flugzeuge flogen nun pflichtschuldig Kette hinter Kette in einer lang auseinandergezogenen Formation über Kairo hinweg, und es war fast peinlich mit anzusehen, daß die ägyptischen Piloten in diesen drei Jahren anscheinend nichts zugelernt hatten und immer noch keinen sauberen Verbandsflug fliegen konnten. Aber die Menge geriet trotzdem in eine fast hysterische Begeisterung: für sie war der Vorbeiflug genügend Beweis, daß mit der ägyptischen Luftwaffe wieder ernsthaft zu rechnen war.
Am 1. Februar 1958 kam es zur Vereinigung von Ägypten und Syrien in der VAR. Fünf Wochen später kam noch der Yemen hinzu. Obwohl jeder Mitgliedsstaat sein eigenes Regierungssystem beibehielt, wurde die Planung eines gemeinsamen Verteidigungskommandos angeregt. Die Union bedeutete für Nasser einen gewaltigen Schritt vorwärts im Hinblick auf seine Ambitionen, die militärische Vorherrschaft im Mittleren Osten zu erreichen. Abgesehen von der geographischen Lage Syriens im Norden von Israel und als Durchgangsland der Öl-Pipelines vom Persischen Golf, bedeutete die Aufnahme des Landes in die Vereinigte Arabische Republik, daß Nasser nicht mehr nur auf die Seewege angewiesen war, um Waffen ins Land zu holen. Flugzeuge und anderes Kriegsmaterial konnte man nun »durch die Hintertüre« über Land transportieren: es gab einen Weg von der Sowjetunion direkt nach Syrien — er überquerte die nördliche Spitze des Irak und die Bergausläufer an der Südostgrenze der Türkei.
Das ganze Jahr 1957 über war Syrien das bevorzugte Objekt sowjetischer Infiltration gewesen. Schon Monate vor der Bildung der VAR waren zahlreiche sowjetische Militärberater nach Syrien gekommen. Es handelte sich in der Hauptsache um Ausbilder, um Radar- und Luftabwehr-Experten und um Ingenieure, die sich auf

die Anlage und den Ausbau von Flugplätzen spezialisiert hatten. Unter Einsatz örtlicher Arbeitskräfte waren die letzteren dabei, einen Komplex moderner Militärflugplätze im Norden von Syrien zu vollenden, die nicht nur als Depots für die großen Zahlen sowjetischer Flugzeuge gedacht waren, die nun laufend im Mittleren Osten eintrafen. Sie waren gleichzeitig als direkte Bedrohung der Südflanke der NATO geplant.

Vor der Ankunft sowjetischer »Berater« hatte die syrische Luftwaffe einen belämmernd niedrigen Ausbildungsstand und eine unzureichende Ausrüstung. Sie war im April 1946, nach dem Rückzug der alliierten Streitkräfte, gebildet worden und hatte die Flugplätze übernommen, die die Franzosen während der Mandatszeit gebaut hatten. Die Erstausstattung war hauptsächlich italienischen Ursprungs – es handelte sich um *Fiat G. 55 B* und *G. 49* Schulflugzeuge. Ein paar *Chipmunk* und *Harvard* waren auch noch da, für »Schulung und Polizeiaufgaben«. Aber es dauerte dann bis 1950, bis die syrische Luftwaffe den Kern einer einsatzfähigen Jagdfliegertruppe, mit dem Kauf von 30 *de Havilland Vampire* in Italien, zu bilden begann. Diese Flugzeuge waren jedoch gar nicht für die syrische Luftwaffe bestimmt: kaum waren sie angekommen, da wurden sie auch schon an Ägypten übergeben, das auf diese Weise das Waffenembargo umging.

Ende 1954 hatte die syrische Luftwaffe aber doch 63 Einsatzflugzeuge auf der Bestandsliste. Im einzelnen handelte es sich um 40 aufpolierte *Spitfire Mk.22* und 23 *Meteor* verschiedener Varianten. Im folgenden Jahr schloß Syrien wie auch Ägypten eine Vereinbarung mit der Sowjetunion über eine Belieferung mit Waffen ab. Diese sah die Lieferung von 25 *MiG-15* und einer kleineren Zahl von *MiG-15 UTI* (zweisitzigen Trainern) vor. Diese Flugzeuge wurden zerlegt und in Kisten verpackt zusammen mit einer ähnlichen Lieferung für Ägypten in Alexandria ausgeladen und in Almaza von tschechischen Mechanikern zusammengebaut. Anfang 1956 wurde eine Gruppe syrischer Piloten, die etwas Flugerfahrung auf *Meteor* hatten, auf die Fortgeschrittenen-Schule der ägyptischen Luftwaffe zwecks Übergangsschulung und Einweisung auf die *MiG-15* nach Abu Sueir geschickt. Aber die Syrer erwiesen sich als noch ungeeigneter als ihre ägyptischen Kollegen. Sie hatten ihren Kurs noch nicht beendet, als die Invasion der Kanalzone im Oktober begann. Während den alliierten Luftangriffen mußten die Syrer das beschämende

Ein Erdkampfunterstützungsflugzeug vom Typ *Vautour IIA* über der Altstadt von Jerusalem.

Einer der *S-58* Hubschrauber, die die IAF aus überzähligen Beständen der Luftwaffe der BRD erworben hat.

Eine *MiG-17*, auf dem Flugplatz Dschebel Libni (Sinai) am Morgen des 5. Juni 1967 von israelischen *Mystère* am Boden zerstört. Der Pilot hatte Sitzbereitschaft, konnte aber nicht mehr starten, weil die israelischen *Mystère* zuerst die Startbahn unbrauchbar gemacht hatten.

Erlebnis hinnehmen, daß ihre brandneuen *MiG-15* vor ihren Augen in brennende, verbogene Wracks verwandelt wurden; die einzigen vier Maschinen, die diesem Massaker entkamen, waren *MiG-15 UTI* Trainer, die tschechische Piloten auf den syrischen Flugplatz Hama geflogen hatten.

Die syrische Regierung verlor keine Zeit und schloß einen weiteren Waffenlieferungsvertrag mit der Sowjetunion ab. Gegen Ende November 1956 bestellte sie 60 *MiG-17* von der Sowjetunion. Im Dezember fuhren 20 syrische Piloten zur Umschulung auf diesen Typ nach Rußland. 18 weitere Piloten begaben sich zum selben Zweck nach Polen. Zu den letzteren gehörte auch Oberstleutnant Musafaz Asasa, der später Kommodore des syrischen Jagdgeschwaders werden sollte. Die ersten 12 *MiG-17* trafen Mitte Januar 1957 in Syrien ein, die Lieferung der restlichen 48 war im August beendet. Die Übergangsschulung auf *MiG-17* wurde nun in Syrien selbst unter Anleitung durch 10 sowjetische Fluglehrer durchgeführt, die durch weitere 60 sowjetische Offiziere – darunter sogar einen General – unterstützt wurden, die für den technischen Unterricht verantwortlich waren.

Als im Februar 1958 die VAR gegründet wurde, verfügte die syrische Luftwaffe über 5 Jagdstaffeln, die mit russischem Gerät ausgestattet waren. Sie waren auf den Flugplätzen Hama, El Rasafa, Sahl-es-Sahra und Damaskus-Mezze stationiert. Um diese Zeit waren die *Gloster Meteor* aus den Frontverbänden bereits ausgesondert und an die Einsatzschulung abgegeben worden. Lediglich eine Handvoll *Meteor NF.13* war noch da und bildete die einzige Nachtjagd-Staffel. Sie blieben als Flugzeuge der ersten Linie im Einsatz, bis sie schließlich durch die Allwetter-Version der *MiG-17* ersetzt werden konnten. Die buntscheckige Sammlung alter westlicher Schulflugzeuge wurde nun Zug um Zug durch russische *Jak-11* und *Jak-18* ersetzt.

Inzwischen waren im Lauf der zweiten Hälfte des Jahres 1957 die Lieferungen sowjetischer Flugzeuge an die ägyptische Luftwaffe merkbar zurückgegangen. Der Grund war leicht zu finden: die Ausbildung der ägyptischen Piloten machte so langsame Fortschritte, daß es nicht einmal genügend ausgebildete Flugzeugführer gab, um die bereits gelieferten Flugzeuge besetzen zu können. Die russischen Ausbilder mußten sich immer noch mit dem alten Problem herumschlagen, das in der natürlichen Aversion der ägyptischen Piloten gegen das Fliegen bei schlechtem Wetter und bei Nacht lag, wie auch mit ihrem offensichtlichen Unvermögen, ein Flugzeug am richtigen Punkt auf dem Runway zu landen. Als Ägypten Teil der VAR wurde, erwies sich dieser fast schon peinlich langsame Fortschritt als Hindernis für die Pläne Nassers, der die ägyptische Komponente innerhalb der VAR-Luftwaffe auf 30 Einsatzstaffeln anheben wollte, die in sechs Jabo-Gruppen, drei leichte Bomber-Gruppen, und eine Allwetter-Abfangjäger-Gruppe gegliedert sein sollte. Jede Gruppe sollte aus drei Staffeln zu je 12 Flugzeugen bestehen. Die Luftwaffe der VAR war auf eine Gesamtstärke von 40 Staffeln der ersten Linie ausgelegt, was für Israel ein Kräfteverhältnis von 1:4 darstellen würde.

Obwohl die russischen und tschechischen Ausbilder auf einem gründlichen Ausbildungsprogramm bestanden und damit Nassers Pläne bremsten, kam das angestrebte Resultat schließlich doch zustande. Zu guter Letzt begann es auch den ägyptischen Kommandeuren so langsam zu dämmern, daß Qualität der Quantität auf jeden Fall vorzuziehen war. Von diesem Augenblick an war eine allgemeine Verbesserung des ägyptischen Standards festzustellen. Während den nächsten beiden Jahren wurden enorme Anstrengungen in dieser Hinsicht unternommen, und ab Mitte 1959 entließen die ägyptischen Flugzeugschulen qualifizierte Flugzeugführer in genügender Zahl, um das Erweiterungsprogramm in Angriff zu nehmen.

Ende 1960 verfügte der ägyptische Teil der VAR-Luftwaffe bereits über mehr als 200 *MiG-17* Abfangjäger und 70 *Il-28* Bomber, hinter denen eine Transportkapazität von 50 zweimotorigen *Il-14* Transportflugzeugen und *Mi-1*-Hubschraubern stand. Die Syrer hatten ein Dutzend *Il-28* und *Il-14* erworben; der Bestand an *MiG-17* belief sich so um die 60 herum. Der Einfluß der sowjetischen Ausbilder in den beiden Teilstreitkräften trat nunmehr klar in Erscheinung: zu der Routine-Ausbildung gehörten auch Unterrichtsstunden in kommunistischer Ideologie. Die gesamte Struktur der VAR-Luftwaffe folgte dem sowjetischen Vorbild; die Ägypter hatten das von der RAF übernommene System von Geschwadern und Gruppen durch Flieger-Divisionen und Flieger-Regimenter ersetzt.

Obwohl ägyptische und syrische Offiziere, dem ägyptisch-syrischen Verteidigungsabkommen entsprechend, paritätisch in den Kommandopositionen vertreten sein sollten, sah die Praxis anders aus. Seit der Einsetzung des vereinten Kommandos hatten die Ägypter keine

Chance ausgelassen, soviel ägyptische Offiziere wie möglich in verantwortliche Positionen zu bringen. Diese Taktik entbehrte ja auch nicht einer gewissen Berechtigung: Nasser konnte sich noch daran erinnern, daß viele syrische Offiziere vor der Gründung der VAR eine feindliche Einstellung gegen Ägypten eingenommen hatten. Und es gab keinen Grund anzunehmen, daß sich das plötzlich geändert haben sollte. Nassers Politik bestand also darin, die syrische Komponente sicher im Griff zu behalten, und dafür zu sorgen, daß alle militärischen Entscheidungen in Kairo und nicht in Damaskus getroffen wurden. Die syrischen Offiziere, die für eine Verwendung in Kommandostellen heranstanden, wurden sorgfältig auf politische Zuverlässigkeit und Loyalität gegenüber Nasser überprüft. Um den syrischen Teil noch mehr von Ägypten abhängig zu machen, wurde die Fliegerschule in Aleppo geschlossen; von nun an mußten alle Flugschüler in Ägypten ausgebildet werden, wo man sich ein Bild von ihrer Haltung und von ihren Fortschritten machen konnte.
Mit der zunehmenden Qualität des vorhandenen Materials begannen jetzt auch ägyptische Fluglehrer einen Teil der Flugausbildung zu übernehmen — wenn auch immer noch unter der Kontrolle von Nassers ausländischen »Beratern« (dazu gehörten jetzt Polen, Ostdeutsche und Inder, neben Russen und Tschechen). Alle Kadetten durchliefen die Zentrale Schule in Bilbeis, wo sie insgesamt 300 Flugstunden auf *Jak-18* und *Jak-11* hinter sich brachten, bevor sie zu Offizieren befördert wurden, ihre Flugzeugführerabzeichen erwarben und zur Übergangsschulung auf Düsenflugzeuge bereit waren. Es gab auch eine zentrale technische Schule, auf der Kadetten einen Dreijahreskurs in Flugzeug- und Triebwerkswartung, Elektronik und Bewaffnung durchliefen; die Lehrer an dieser Anstalt waren in der Hauptsache Osteuropäer.
Um die Mitte des Jahres 1961 war der ägyptische Teil der VAR-Luftwaffe auf dem besten Wege zu einem relativ hohen Leistungsstand. Die Unfallrate — vor fünf Jahren noch verantwortlich dafür, daß mindestens 50 Prozent der Flugzeuge nicht flugklar waren — war drastisch zurückgegangen: endlich zeigte das ägyptische fliegende Personal wie auch das Bodenpersonal einen gewissen Sinn für Verantwortung und schien unter der Anleitung der Lehrkräfte aus dem Sowjetblock nun auch die instinktive Scheu vor allem, was technisch ist, verloren zu haben.
Da kam im September der Rückschlag. Syrien, von inneren Unruhen

zerrissen, hatte die Beziehungen zu Ägypten über die tragbare Grenze hinaus beansprucht — es war zum Bruch gekommen. Syrien hatte sich von der VAR losgesagt, und die ägyptischen Militärs, die sich in Syrien in hohe Stellungen hineinmanipuliert hatten, fanden sich plötzlich auf dem Weg zurück nach Kairo — mit wenig mehr, als was sie auf dem Leib trugen.

Für Ägypten bestand der schwerstwiegende Aspekt der Sezession darin, daß nun niemand mehr da war, der die immensen Kosten mittragen half, die durch den mühseligen Aufbau der Militärmacht in den letzten Jahren entstanden waren. Syrien hatte nämlich einen weit größeren finanziellen Beitrag geleistet, als dem Stärkeverhältnis der Teilstreitkräfte entsprach. Nach dem Wegfall dieser Zahlungen hatte Ägypten die ganze Last allein zu tragen — ein verheerender Schlag für die Wirtschaft des Landes.

Ägypten hatte jetzt eine militärische Stärke erreicht, die weit über die Bedürfnisse des eigenen Landes hinausging, und konnte nun nicht mehr zurück. Der Versuch einer Reduzierung der Streitkräfte hätte zu diesem Zeitpunkt ruinöse Auswirkungen für die Regierung Nasser bedeutet, und für Nasser selbst einen persönlichen Prestigeverlust in der gesamten arabischen Welt. Nasser hatte sich zu sehr festgelegt. Die ägyptischen Streitkräfte erhielten gerade eine neuere und gleichzeitig auch kostspieligere Ausrüstung aus der Sowjetunion. Ägypten konnte aus diesem Geschäft nicht aussteigen, und wenn es den nationalen Bankrott bedeutete.

Im Sommer 1961 waren die Luftwaffenverbände der ersten Linie durch die Lieferung der ersten *MiG-19* verstärkt worden; insgesamt 80 Maschinen dieses Typs sollten an die Staffeln gehen. Die *MiG-19*, im Oktober 1955 bei der sowjetischen Luftwaffe in Dienst gestellt, war der erste in Großserie hergestellte Abfangjäger der Sowjetunion, der im Horizontalflug die Schallgeschwindigkeit überschritt. Obwohl als Tagjäger ausgelegt, hatte der Typ eine beschränkte Allwettertauglichkeit und konnte auch für Tiefangriffe eingesetzt werden. In der Sowjetunion wurde die *MiG-19* gerade durch die mit doppelter Schallgeschwindigkeit fliegende *MiG-21* abgelöst. 1962 erklärten sich die Russen bereit, 40 Maschinen dieses Typs an Ägypten zu liefern, um damit ein gewisses Gegengewicht für die *Mirage III CI* zu schaffen, die Israel in Auftrag gegeben hatte. Die *MiG-21* war der *Mirage* jedoch nicht gleichzusetzen: obwohl sie ein ausgezeichnetes Steigvermögen besaß (10 000 Meter pro Minute),

war sie doch ein Schönwetter-Objektschutzjäger mit geringer Reichweite – ohne Allwettereigenschaft und ohne Einsatzmöglichkeiten für Tiefangriffe. Um dem Mangel an einem modernen Allwetter-Abfangjäger abzuhelfen, hatte Nasser die Russen gebeten, ihm einige zweistrahlige *Jak-25* zu überlassen. Aber dieser Typ war nicht für den Export außerhalb den Warschauer-Pakt-Staaten freigegeben, weil er eine Menge geheimer Elektronik enthielt, und so wurde die Bitte abgeschlagen.
Im Frühjahr 1962 konnten die Ägypter Verhandlungen über die Belieferung mit einem sowjetischen Flugzeug abschließen, das die bisher stärkste Bedrohung Israels darstellen sollte. Es handelte sich um den mittleren Düsenbomber Tupolew *Tu-16,* der – in großen Zahlen in der sowjetischen Luftwaffe geflogen – bisher nur in geringen Zahlen an Indonesien geliefert worden war. Mit einer Höchstgeschwindigkeit von über 930 km/h und einer Reichweite von 4700 Kilometern konnte die *Tu-16* insgesamt 9 Tonnen Bomben mitführen. Obwohl die Maschine in ihrer normalen Einsatzflughöhe zwischen 11000 und 13500 Metern noch verwundbar gegen Überschalljäger blieb, würde der Erwerb dieser Maschinen für die ägyptische Luftwaffe bedeuten, daß Nasser nun über eine beträchtliche strategische Bomberflotte verfügte und damit auch nukleare Waffen abwerfen konnte – sollte es den Ägyptern gelingen, sich in der Zukunft einmal einen kleinen Bestand an Atomwaffen aufzubauen. Ende 1963 befanden sich 30 *Tu-16* in Ägypten und bildeten ein strategisches Bomber-Regiment.
1960 hatte Nasser den verspäteten Versuch unternommen, sich durch den Aufbau einer eigenen Luftfahrtindustrie ein gewisses Maß von Unabhängigkeit von der Sowjetunion zu verschaffen. Die Grundlage dazu war ja bereits vorhanden; eine allgemeine ägyptische Aero-Organisation bestand seit 1950. Das Werk 72 in Heliopolis hatte einige Versionen des aus der Vorkriegszeit bekannten deutschen Schulflugzeugs *Bücker Bestmann Bü 181 D* unter der Bezeichnung Gomhuria (Republik) in Serie für die ägyptische Luftwaffe gebaut.
Das Werk 72 verfügte jedoch weder über die Vorrichtungen noch über das Fachpersonal, um moderne Projekte zu realisieren. 1960 starteten die Ägypter deshalb eine Aktion zur Anwerbung von Flugzeugkonstrukteuren und Flugzeugbauern in Westeuropa, hauptsächlich in Deutschland, um diesen Industriezweig ausbauen zu können.

Shin Bet, der israelische Geheimdienst kam schnell dahinter, was hier vor sich ging. Im März 1960 entdeckten israelische Agenten, daß ein Büro der United Arab Airlines in der Königstraße Nr. 20 in Stuttgart als Anwerebungsbüro für deutsche Wissenschaftler diente, und daß beachtlich viele bereits mit den planmäßig zwischen Frankfurt/Main und Kairo verkehrenden Comet der UAA in Ägypten eintrafen. Die Wissenschaftler wurden von einem Mann angeheuert, der sich Mahmud nannte, der aber von den Israelis schnell als der Oberst Al Din Mahmud Khalil, Chef des Nachrichtendienstes der ägyptischen Luftwaffe, identifiziert wurde.
Oberst Khalil war bereits in Spanien ziemlich aktiv gewesen, wo eine größere Anzahl von deutschen Luftfahrtingenieuren nach dem Krieg eine Stellung gefunden hatte. 1959 war eine gemischte Gruppe von spanischen und deutschen Ingenieuren in Ägypten eingetroffen, um beim Aufbau eines zweiten Flugzeugwerkes in Heluan bei Kairo mitzuhelfen. Dort planten die Ägypter eine Lizenzfertigung des SAETA-Düsentrainers *Ha-200,* eines robusten kleinen Flugzeugs, das bei der spanischen Luftwaffe eingesetzt war und von Professor Willy Messerschmitt entworfen war.
Die Israelis waren durch die Verwicklung des Messerschmitt-Hispano-Teams mit ägyptischen Plänen nicht sonderlich beunruhigt, da sich die ganze Sache nur auf die Produktion des Düsentrainers bezog. Auch daß die Ägypter das von den Spaniern abgebrochene Projekt des Überschalljägers *Ha-300* wieder aufnehmen wollten, regte sie nicht weiter auf. Sie wußten, daß die *Ha-300* eigentlich nur als Status-Symbol zu werten war: Nasser wollte beweisen, daß auch Ägypten in der Lage war, ein modernes Jagdflugzeug zu produzieren. Selbst wenn die *Ha-300* sich als zukunftsträchtig erweisen sollte, dann mußte es noch Jahre dauern, bis die Produktion aufgenommen werden konnte. Und dann war dieses Flugzeug der russischen *MiG-21* immer noch unterlegen, von Israels *Mirage* ganz zu schweigen.
Als 1960 und 1961 aber immer mehr deutsche Wissenschaftler eintrafen, erfuhr die Situation eine dramatische Wendung. Von dem Augenblick an, in dem sie ägyptischen Boden betraten, paßte Shin Bet genau auf, was sie taten. Zuerst beschäftigten sich die deutschen Spezialisten mit Grundsatzfragen auf einigen ausgesuchten Gebieten. Was die Israelis dabei nun doch beunruhigte, war die Tatsache, daß Wolfgang Pilz diese Arbeiten leitete. Pilz hatte während des

Zweiten Weltkrieges zum Stab von Wernher von Braun in Peenemünde gehört und an der Entwicklung der V-2 gearbeitet. Ebenfalls in Ägypten eingetroffen – und anscheinend als Assistent von Pilz tätig – war der Radar- und Steuerungsspezialist Paul Goercke, ehemaliger Luftwaffen-Oberst, der in Frankreich an der Entwicklung der Forschungsrakete *Véronique* mitgearbeitet hatte.
Daß diese beiden Männer nun für Nasser arbeiteten, hatte eine düstere Bedeutung. Nach den Vorschlägen dieser Männer schufteten arabische Bauarbeiter Tag und Nacht an der Errichtung ausgedehnter Werksanlagen in der Wüste, 15 Kilometer südlich von Kairo. Das Projekt lief unter der Bezeichnung Werk 333 und war mit dem internationalen Flughafen Kairo durch eine neugebaute Straße verbunden, auf der Material, das von Westeuropa eingeflogen wurde, bequem zum Werksgelände transportiert werden konnte. Auf dem anderen Ufer des Nil, nicht weit von Kilometer 62 auf der Hauptstraße nach Alexandria, begann nach den Berichten von Shin Bet ein Bauwerek langsam Formen anzunehmen, das nur eine Raketenabschußplattform werden konnte.
Die Agenten von Shin Bet verstärkten nun Bemühungen in dieser Gegend.
Im Juni 1962 konnten sie melden, daß Raketentests begonnen hatten.
Wenig später, am 21. Juli, war Nasser persönlich beim Abschuß von vier einstufigen Raketen vom Raketenschießplatz Kilo 62 anwesend. Bald darauf wurden die Raketen bei einer Parade durch Kairo gefahren und lösten bei der hysterischen Menge frenetischen Beifall aus – Nasser konnte sich jetzt damit brüsten, im Besitz von Raketenwaffen zu sein, mit denen »jedes Ziel südlich von Beirut« bekämpft werden könne. Das sollte heißen, daß ganz Israel im Wirkungsbereich dieser Waffen lag.
Die größte der bei dieser Parade gezeigten Raketen trug den Namen *Al Kahir* (der Bezwinger). Sie war etwa 13 Meter lang und erinnerte in ihrer Form stark an die V-2. Dei Reichweite war mit 600 Kilometer angegeben – aber Experten entdeckten kein Zeichen irgendeines Lenksystems. Die andere Raketenwaffe trug den Namen *Al Zafir* (der Sieg), war ähnlich im Aufbau und viel kleiner. Die Reichweite wurde mit 360 Kilometer angegeben. Eine dritte Rakete, die *Al Ared* (die Vorhut), trat zum erstenmal am 23. Juli 1963 bei einer Militärparade in Erscheinung. Die Zwei-

stufenrakete schien eine Weiterentwicklung der *Al Kahir* zu sein und sollte eine Reichweite von 960 Kilometern haben.
Keine dieser Raketen schien zu diesem Zeitpunkt bis zur Einsatzreife durchentwickelt, aber die potentielle Bedrohung gegenüber Israel durfte nicht auf die leichte Schulter genommen werden. Im Herbst 1962 gab Shin Bet einen von höchster Regierungsseite kommenden Auftrag an die Agenten, die in Ägypten und in Westeuropa eingesetzt waren. Dieser Auftrag lautete in brutalster Einfachheit: die wichtigsten für Nasser arbeitenden Wissenschaftler aufspüren und umbringen. Es war der Beginn einer systematischen Terror-Kampagne, die das ganze Jahr 1963 hindurch fortdauerte, einer Kampagne, die am 20. Februar mit der versuchten Ermordung des Dr. Kleinwächter begann, dessen Auto mit Maschinenpistolen beschossen wurde, als er auf dem Weg zum Flughafen war, um nach einem kurzen Besuch bei seiner Familie wieder nach Kairo zurückzufliegen. Kleinwächter kam mit dem Leben davon. Es fanden auch einige Attentatsversuche auf Personal des Werks 333 statt: am 28. November explodierte eine Kiste mit Ersatzteilen in der Hauptmontagehalle des Werks, wobei fünf Techniker ums Leben kamen und weitere neun zum Teil schwere Verletzungen davontrugen.*
Im einzelnen handelte es sich um folgende Terrorakte:

7. Mai 1962: Absturz eines Privatflugzeugs bei Riesenbeck in Westfalen. Besitzer: der ägyptische Waffeneinkäufer Hassan Khamil, der jedoch nicht mitgeflogen ist. Seine Frau, Herzogin Helene zu Mecklenburg, und der Pilot verbrennen im Wrack.

11. Sept. 1962: Dr. Heinz Krug, Geschäftsführer einer Zulieferfirma für den ägyptischen Raketenbau, verschwindet spurlos aus München. Ehefrau und 2 Kinder hören nie wieder von ihm.

27. Nov. 1962: Die Sekretärin von Prof. Dr. Ing. Wolfgang Pilz öffnet einen an ihren Chef adressierten Luftpostbrief aus Hamburg, wobei der Inhalt des Briefes explodiert und sie schwer verletzt und des Augenlichts beraubt.

28. Nov. 1962: Ein Unbekannter gibt in Hamburg ein Luftpostpaket auf. Bei der Öffnung des Pakets in der Haupthalle des Werks 333 explodiert es und tötet 5 ägyp-

tische Techniker und verletzt b weitere schwer.
Ein zweites am 29. Januar 1963 abgesandtes »Bücherpaket« kann abgefangen und entschärft werden.

28. Dez. 1962: Die in Stuttgart lebende Ehefrau eines in Kairo arbeitenden deutschen Spezialisten erhält die Drohung, ihr Mann sei seines Lebens nicht mehr sicher, wenn er nicht nach Deutschland zurückkehre.

20. Febr. 1963: Auf Prof. Dr. Kleinwächter wird ein Mordanschlag verübt, als er zum Flugplatz nach Stuttgart fahren will. Die Attentäter verfehlen ihr Ziel.

2. März 1963: Die Kinder des Elektronik-Fachmanns Prof. Goercke in Freiburg erhalten Drohungen. Sie sollen ihren Vater beeinflussen, seine Tätigkeit in Ägypten einzustellen, wenn ihm sein Leben lieb sei.

Diese Terrorakte erregten auch die israelische Öffentlichkeit. Bekannt ist, daß Ministerpräsident Ben Gurion seinen damaligen Geheimdienstchef Isser Harel im September 1963 seiner Ämter enthob. In dem Buch von Steve Eytan „Das Auge Davids" (Molden-Verlag) wird jetzt die Behauptung aufgestellt, Isser Harel sei für die Verbrechen persönlich verantwortlich und habe seine damaligen Befugnisse überschritten.

Als direkte Auswirkung dieser Aktivität des Shin Bet ergab sich unter den rund 250 deutschen Wissenschaftlern und Technikern, die in Nassers Diensten standen, eine Beunruhigung, die das Leben in Ägypten nahezu unerträglich machte. Aus Gründen der Sicherheit waren sie nun gezwungen, in einer völlig in sich abgeschlossenen, selbständigen »Wissenschaftler-Stadt« zu bleiben, die ihre eigenen Einkaufsmöglichkeiten, ja sogar ein eigenes Kino hatte. Diese ganze »Stadt« war mit Stacheldraht umgeben und wurde Tag und Nacht durch patrouillierende Doppelposten bewacht. Aber selbst diese Extra-Vorsichtsmaßnahmen genügten nicht, um die Wissenschaftler vollständig zu schützen: drei weitere mußten ihr Leben lassen. Zwar sah alles wie ein Unfall aus, aber die Ägypter und Shin Bet wußten es besser. Die ständige Drohung einer Liquidaton, zusammen mit internen Meinungsverschiedenheiten, die mit den Ägyptern aufgekommen waren, brachte es mit sich, daß einzelne deutsche Techniker Ägypten Anfang 1964 wieder verließen. Mehr und mehr Kollegen folgten. Mitte 1965 war die Evakuierung nahezu restlos abgeschlossen. Nassers Raketenentwicklung war zum Stillstand gekom-

men. Am 23. Juli 1965 wurden sechs Raketen vom Typ *Al Ared* bei der Parade durch die Stadt mitgeführt, aber das war nicht mehr als eine Geste. Man hat nie wieder etwas von ihnen gesehen; und Nassers Traum, aus sicherer Entfernung einen Regen von Sprengstoff über den Städten von Israel auslösen zu können, zerrann in nichts. Die israelische Drohung erstreckte sich jedoch nicht auf diejenigen Techniker, die mit der Entwicklung von Flugzeugen und Flugzeugtriebwerken zu tun hatten, und die Mehrheit dieser Spezialisten blieb in Nassers Diensten. Die Arbeit am Prototyp der *Ha-300* ging weiter. Der Zellenbau im Werk 36 stand unter der Leitung des österreichischen Ingenieurs Hans Schönbaumfeld und die Entwicklung des Strahltriebwerks lag in den Händen eines anderen Österreichers, des Dipl.-Ing. Ferdinand Brandner, und fand im Werk 35 statt.
Vier Prototypen der *Ha-300* wurden fertiggestellt, aber nur zwei sind jemals geflogen. Der Erstflug war am 7. März 1964. Keiner der Prototypen konnte Überschallgeschwindigkeit erreichen, aber in der Endstufe der Entwicklung war eine Geschwindigkeit von Mach 2,2 durchaus möglich. Die Arbeiten wurden fortgeführt, obwohl die ägyptische Luftwaffe jedes Interesse an diesem Typ verloren hatte. Erst zu Beginn des Jahres 1969 wurde das ganze Projekt gestoppt und gestrichen – nach neun Jahren und wechselhaftem Glück. Das achtköpfige deutsche Entwicklungsteam der *Ha-300* wurde aufgelöst, und das Rüstungsministerium, dessen Aufgabe es gewesen war, mit der *Ha-300* die Grundlage für eine technologisch fortschrittliche Luftfahrtindustrie aufzubauen, wurde gestrichen. Die Werksanlagen in Heluan wurden dem Industrieministerium unterstellt.
Inzwischen war im Jahr 1965 ein Teil der ägyptischen Verteidigungspolitik durch einen neuen Faktor beeinflußt worden: durch den Assuan-Damm. Von diesem Projekt hing, in den Augen der ägyptischen Bevölkerung, der wesentliche Teil des Nasser noch verbliebenen Prestiges ab, denn dieser Staudamm brachte immerhin die Aussicht auf eine gewisse Prosperität der ägyptischen Wirtschaft, die ja auf Jahre hinaus unter der Last der Hypotheken für die massiven sowjetischen Waffenlieferungen zu tragen hatte. Das Aufstauen des Nils hinter diesem gewaltigen Damm bedeutete, daß man den Strom das ganze Jahr hindurch so regulieren konnte, wie es die Landwirtschaft benötigte. Der Assuan-Damm war das einzige Symbol des Fortschritts, die einzige Hoffnung für die Zukunft, die Nasser seinem Volk noch bieten konnte. Das Projekt im Falle von Feindselig-

keiten gegen israelische Luftangriffe zu schützen, wurde zur dringlichen Notwendigkeit. Zu diesem Zweck forderte Nasser 1964, als sich der Damm der Vollendung näherte, eine Anzahl sowjetischer Boden-Luft-Raketen vom Typ *SAM-2* (NATO-Bezeichnung: Guideline). Diese wurden auch tatsächlich geliefert — als Teil eines umfassenden Waffensystems, das Radaranlagen. computergesteuerte Ausrüstung und die letzte Version des Düsenjägers *MiG-21* einschloß. Zwei Jahre lang war eine Armee von sowjetischen Ingenieuren damit beschäftigt, Lenkwaffenstellungen und Feuerleitstände um die Zugangswege zum Damm und an anderen strategisch wichtigen Punkten zu errichten. Im Sommer 1966 waren 150 *SAM-2* Boden-Luft-Raketen einsatzbereit in 25 Batterien zu je 6 Stellungen, die sich auf die vier Hauptluftverteidigungenzonen verteilten. Wie die späteren Ereignisse dann beweisen sollten, haben diese Raketenwaffen nicht die abschreckende Wirkung gehabt, die sich Nasser wohl von ihnen versprochen hat: sie waren zwar wirkungsvolle Waffen gegen Flugzeuge, die in großen und mittleren Höhen flogen, aber gegen tief anfliegende Angreifer waren sie im allgemeinen nutzlos.

So viele Einschränkungen man bei diesem neuen sowjetischen Gerät auch machen konnte, es versah Ägypten mit dem modernsten Luftverteidigungssystem im gesamten Mittleren Osten, und ab 1965 wuchs die akute Bedrohung der isrealischen Sicherheit mit erschreckender Geschwindigkeit. Die ägyptische Luftwaffe zeigte sich zunehmend aggressiver, ihre Piloten lernten immer besser mit ihren ultramodernen Flugzeugen umzugehen. Rechnete man aber Mann gegen Mann, dann lag die Luftüberlegenheit immer noch bei den Israelis, was sich bei einer Serie von bewaffneten Zusammenstößen zu Anfang der sechziger Jahre geradezu demonstrativ erwies. Um 1965 herum hatten die Israelis aber keinen Zweifel mehr, daß die Ägypter ihre Klauen schärften für einen neuen Versuch, den Staat Israel von der Oberfläche der Erde wegzukratzen.

Kraftprobe ...

25. Mai 1960. 10.00 Uhr.
Selbst bei geöffnetem Kabinendach war es erstickend heiß im engen Cockpit der *Super Mystère B.2*. Die starke Morgensonne sandte die Hitze in Wellen über den Asphalt, auf dem das Flugzeug stand. Sitzbereitschaft. In seinen Druckanzug eingeschnürt saß der 25 Jahre alte Hauptmann Aharon auf dem Schleudersitz, blätterte durch ein Taschenbuch und versuchte seine Gedanken davon abzulenken, daß ihm der Schweiß unter dem Hemd den Rücken herunterrann. Es war kein besonderer Trost zu wissen, daß es seinem Rottenkameraden, dem Leutnant Yadin, in der zweiten *Super Mystère* ein paar Meter weiter um kein Jota besser ging.
Die Unbequemlichkeit und die Langeweile war ja wohl bald vorbei. Aber nicht in der Art, auf die sich Aharon und Yadin schon lange freuten. Sie sollten in 15 Minuten durch zwei andere Piloten abgelöst werden. Aber sie wußten noch nicht, daß in diesem Augenblick zwei schimmernde »blips« auf dem Bildschirm einer IAF-Radar-Station in der Negev-Wüste auftauchten. Das war an sich noch kein Grund zur Unruhe; ägyptische Düsenjäger hatten während den vergangenen Monaten immer wieder die Grenze nach Israel kurz überflogen. Aber sie waren dabei nie weiter als sechs bis acht Kilometer auf israelisches Gebiet vorgestoßen. Dieses Mal war es anders: die ägyptischen Flugzeuge behielten einen stetigen Nordost-Kurs bei, drangen tiefer in die Negev ein.
Im Einsatzraum in Hatzerim wurde die Stille durch das plötzliche Schrillen des Telefons durchbrochen. Es war der »heiße Draht«, der den Liegeplatz der Jäger mit dem Kontrollturm des Luftverteidigungskommandos der IAF verband. Die Meldung war kurz: »Zwei Bogeys (= Feindjäger) in Sektor Fünf, Höhe eins-fünf-null, Kurs null-vier-null. Alarmstart.«
Sekunden später liefen die Strahltriebwerke der beiden *Super Mystère* heulend an. Aharon und Yadin schlossen das Kabinendach, und das Röhren der Triebwerke wurde zum gedämpften Brummen. Das

Bodenpersonal zog die Bremsklötze weg, die beiden Düsenjäger begannen zu rollen, als die Piloten den Leistungshebel ein wenig nach vorn geschoben hatten und nun ihren Blick über die Instrumente gehen ließen. Die zwei Maschinen schwenkten am Haltepunkt ein. Ohne zu stoppen gingen die Piloten auf volle Leistung. Die *Super Mystère* beschleunigten unheimlich rasch bei eingeschalteten Nachbrennern. Ein leichtes Ziehen am Steuerknüppel – die beiden Maschinen hoben sauber ab, gingen in den Steigflug und waren dann nur noch als schnell kleiner werdende silberne Pfeile zu erkennen, die im tiefen Blau des Himmels verschwanden.
Die israelischen Piloten gingen in 5000 Meter Höhe in den Horizontalflug, mit Kurs West, und suchten nach ihrem Ziel. Drei Minuten später erkannte Aharon zwei glitzernde Punkte auf »zwei Uhr«, etwas tiefer. Die *Super Mystère* kurvten sofort auf die Gegner ein. Die Distanz verringerte sich schnell. Die »Bogeys« waren zwei *MiG-17*. Die ägyptischen Piloten schienen nicht die geringste Ahnung einer Gefahr zu haben. Sie flogen gelassen weiter ihren Kurs. Aharon schoß über die hintere *MiG* weg, überließ sie seinem Rottenkameraden, und flog auf die Führermaschine zu. In diesem Augenblick erkannte ihn der ägyptische Pilot und kurvte im letzten Moment nach rechts. Aber es war bereits zu spät. Ein kurzer Feuerstoß aus den beiden 3-cm-Kanonen riß Löcher in die linke Flächenwurzel; Stücke flogen im Fahrtwind weg, und eine kleine Stichflamme flackerte nach hinten. Die *MiG-17* legte sich auf den Rücken, ging trudelnd nach unten und zog eine lange schwarze Rauchspirale hinter sich her.
Aharon zog seine Maschine in einem engen Turn herum und suchte nach der zweiten *MiG*. Sie flog mit hoher Fahrt nach Südwesten. Yadin hing dicht dahinter. Während Aharon zusah, eröffnete Yadin das Feuer. Die *MiG* flog Ausweichmanöver, Yadins Schüsse gingen weit daneben. Sie befanden sich jetzt über ägyptischem Territorium, und ungern befahl Aharon, die Verfolgung abzubrechen – aber so lauteten nun einmal die Instruktionen. Die beiden *Super Mystère* kehrten zu ihrem Platz zurück. Die *MiG-17* war der erste Abschuß, den eine *Super Mystère* erzielt hatte. Bei einem zweiten schweren Zusammenstoß zwischen ägyptischen und israelischen Jagdflugzeugen über der Wüste Negev, nahezu ein Jahr später, blieben die *Super Mystère* von Hatzerim erneut Sieger. Es passierte am 28. April 1961, als zwei *MiG-17* in den israelischen Luftraum eindrangen und

von israelischen Jägern gestellt wurden. Eine *MiG* entkam. Die andere wurde von den beiden *Super Mystère* in die Zange genommen und durch Zeichen zur Landung aufgefordert. Statt dessen versuchte der Ägyter auszubrechen und ebenfalls auf ägyptisches Territorium zu entkommen. Die Maschine wurde prompt abgeschossen. Der Pilot konnte abspringen und landete sicher mit dem Fallschirm. Trotz solcher Rückschläge setzte die ägyptische Luftwaffe diese sporadischen Einflüge fort. Während der nächsten zwei Jahre gab es noch mehrere Zwischenfälle — sie gingen allerdings ohne klares Ergebnis aus. Meistens flogen die ägyptischen Flugzeuge schon schleunigst auf die eigene Seite zurück, wenn sie die israelische Jagdabwehr auch nur von ferne sahen.

Echte Bedrohung ging um diese Zeit aber nicht von Ägypten aus, sondern von Syrien. Die Schwierigkeiten begannen damit, daß die Israelis im Juli 1964 ein Projekt fertig hatten, das unter dem Namen »Nationaler Wasserweg« bekannt wurde. Es handelte sich um eine Bewässerung der Wüste Negev durch Wasser aus dem See Kinneret. Bald danach kamen die arabischen Führer auf einer Gipfelkonferenz überein, die Israelis wenn nötig mit Gewalt daran zu hindern, dieses Wasser zu nutzen, denn der See Kinneret erhielt sein Wasser vom Jordan, auf den die Israelis nach ihrer Ansicht kein Recht hatten. Die Syrer wollten dieses Projekt als Anlaß benützen, um Israel den Krieg zu erklären, aber dieser Gedanke wurde von den anderen arabischen Führern verworfen. Präsident Nasser hatte darauf hingewiesen, daß die arabischen Nationen noch nicht stark genug waren, um eine totale Offensive mit einiger Aussicht auf einen Sieg beginnen zu können.

Syrien arbeitete daraufhin sofort mit Jordanien an Plänen, die Wasser des Flusses Jordan abzuleiten und damit das israelische Projekt seiner Grundlage zu berauben. Zugleich steigerten die Syrer ihre militärischen Überfälle entlang den Grenzen. Kibbutzim in Grenznähe wurden mit Artilleriefeuer belegt; israelische Patrouillen wurden beschossen. Das am meisten betroffene Gebiet war Tel Dan, das von starken syrischen Artilleriestellungen beherrscht wurde, die bei Tel Azaziyat und Nukheila lagen. Israelische Traktoren und Planierraupen, die in diesem Gebiet arbeiteten, wurden durch syrische Kanonen bedroht. Als Schutzmaßnahme verlegten die Israelis eine Panzerkompanie an die Grenze. Die Panzer hatten den Befehl, die syrischen Stellungen anzugreifen, falls diese zuerst schossen.

Am Nachmittag des 3. November 1964 – es war ein Dienstag – eröffneten syrische Maschinengewehre das Feuer auf israelische Pioniere, die ein Stück Feldweg gegenüber den Stellungen von Nukheila planierten. Die *Centurion*-Panzer der Israelis erwiderten das Feuer sofort, und für eine Stunde war die Hölle los, denn beide Seiten schossen mit allen verfügbaren schweren Waffen aufeinander. Die Sache ging unentschieden aus: den israelischen Panzern war es nicht gelungen, die syrischen Waffen zum Schweigen zu bringen, denn die syrischen Panzer und die »bazooka«-Stellungen waren auf den Höhen von Nukheila gut eingegraben.

Zehn Tage später flammten die Schießereien bei Nukheila erneut auf, und diesmal war es eine andere Geschichte. Am Freitag, dem 13. November, um 13.30 Uhr eröffneten die Syrer von Nukheila aus das Feuer auf eine israelische Patrouille. Eine gemischte Gruppe von israelischen *Sherman* und *Centurion* Panzern griff ein. Dann fingen auch die syrische Artillerie und die Granatwerefer bei Tel Hamra, Banias und Tel Azaziyat an zu schießen und belegten die Kibbutzim Dan und Shaar Yishuv mit 12-cm-Granaten, während an den bewaldeten Hängen nördlich davon eine heftige Panzerschlacht im Gange war. Einige syrische Panzer gingen in Flammen auf, aber die syrische Artillerie deckte die Kibbutzim weiterhin mit starkem Feuer ein. Da entschied sich der israelische Stabschef, Generalmajor Itzhak Rabin, die Luftwaffe einzuschalten.

Um 15.00 Uhr erschienen zwei *Vautour* über der Szene und griffen die syrischen Stellungen im Sturzflug an. Fünf Minuten später kamen noch zwei Schwärme *Mystère IV A* und *Super Mystère* dazu, die mit Raketen und Napalm angriffen, während vier *Mirage* Höhendeckung flogen. Um 15.15 Uhr war die syrische Artillerie zum Schweigen gebracht.

Während der Angriff noch im Gang war, tauchten drei syrische *MiG-21* auf. Bevor sie noch eingreifen konnten, wurden sie bereits von den *Mirage* angegriffen und kurvten weg. Dann flogen sie mit hoher Geschwindigkeit nach Osten davon.

Während den folgenden Monaten gab es noch einige Zusammenstöße zwischen syrischen und israelischen Panzern. Am 12. August 1965 entbrannte dabei eine richtige Panzerschlacht. Israelische *Centurion* hatten über die syrische Grenze hinweg auf syrische Traktoren geschossen, die bei Erdarbeiten eingesetzt waren, die die Ableitung des Jordan-Wassers zum Ziel hatten. Man wollte Israel dieses Wasser streitig machen. Die israelische Luftwaffe war nicht direkt in diese Aktion verwickelt. Der Staatschef scheute sich, sie einzuschalten, denn er wollte eine Eskalation vermeiden. Und außerdem hatten die Panzer ja bewiesen, daß sie mit der Situation ganz gut selber fertig werden konnten. Auch die syrische Luftwaffe hielt sich vom Schauplatz des Kampfes fern — was die Aufgabe der Israelis erleichterte. Ein paar *Mirage* flogen Patrouille über der israelischen Seite der Grenze, um notfalls eingreifen zu können, falls *MiG*-Jäger auftauchten.

Während der ersten Hälfte des Jahre 1966 verschlechterte sich die Situation weiter: die Syrer verlegten den Schwerpunkt der Erdarbeiten in den Südosten von Almagor, in die Nähe des Sees Genezareth. Am 14. Juli 1966 gab der Stabschef — teilweise auch als Repressalie für einen syrischen Überfall, bei dem zwei Israelis getötet wurden — der Luftwaffe die Erlaubnis, einen Schlag gegen das syrische Projekt zu führen. Um 11.00 Uhr griffen vier *Mystère*, gedeckt von einem Schwarm *Mirage*, die syrische Anlage mit Raketen und Bordkanonen an und richteten beträchtlichen Schaden an. Beim Abflug aus dem Zielgebiet wurden sie von vier syrischen *MiG-21* angegriffen, die aus der Sonne kommend beim ersten Anflug eine *Mystére* durch leichte Treffer beschädigten. Es entwickelte sich ein heftiger Kurvenkampf über dem See Genezareth. Er dauerte nicht ganz drei Minuten. Eine *MiG* erhielt Treffer, und der Pilot sprang ab. Die anderen brachen den Luftkampf ab und nahmen schleunigst Kurs Heimat.

Am 15. August war der See Genezareth erneut Szene eines syrisch-israelischen Zusammenstoßes. Kurz vor Tagesanbruch lief ein israelisches Patrouillenboot nahe dem Ostufer des Sees auf einer Sandbank auf Grund. Als es hell wurde, beschossen die Syrer das Boot mit Handfeuerwaffen und verwundeten zwei Besatzungsmitglieder. UNO-Beobachter, die sich in der Nähe befanden, appellierten dringend an die Syrer, nicht einzugreifen, während die Israelis versuchten, das Boot wieder flott zu machen, aber die Syrer ignorierten die Aufforderung. Kurz darauf erschienen zwei *MiG-21* über dem See und flogen einige Tiefangriffe auf das gestrandete Boot. Der Bordwaffenbeschuß richtete natürlich weiteren Schaden an, aber eine *MiG-21* geriet in das Feuer der einzigen 2-cm-Kanone, über die das israelische Boot verfügte, und stürzte in den See. Die zweite *MiG* kurvte ein und flog wiederum an. Der Pilot war so auf das Boot

Der Chef der IAF, General Mordecai Hod, der zusammen mit Ezer Weizmann die israelische Luftoffensive während des Sechs-Tage-Krieges geplant und zur Durchführung gebracht hatte.

Ein *Dornier Do 27* Verbindungsflugzeug auf dem ehemals ägyptischen Flugplatz Dschebel Libni, der nach der Einnahme durch die Israelis in »IAF Station Livnat« umbenannt wurde.

Eine *C-47* der IAF auf dem Flugplatz Sharm el Sheikh am südlichen Zipfel der Halbinsel Sinai in der Nähe der Straße von Tiran, über die es zum Krieg gekommen war.

Eine *Skyhawk* im Tiefflug über der Halbinsel Sinai mit Kurs auf die Kanalzone, um ägyptische Ziele anzugreifen.

konzentriert, daß er die *Mirage* nicht bemerkte, die sich hinter ihn gesetzt hatte. Es wäre auch so zu spät gewesen. Von den 3-cm-Granaten getroffen, stürzte die Maschine fast senkrecht ab und zerschellte auf syrischem Gebiet am Ostufer des Sees. Die *Mirage*, zu der sich noch zwei andere gesellten, griff dann die syrischen MG-Stellungen auf den Höhen von Massoudiye an und setzte sie außer Gefecht. Die Luftwaffe war aber doch etwas zu spät gekommen, um das Boot zu retten. Von Treffern durchlöchert sank es kurze Zeit später. Die Besatzung mußte einige Minuten im See herumschwimmen, bevor sie durch die Rettungsboote aufgenommen werden konnte.

Am 13. November führten die Israelis die größte Vergeltungsaktion durch, die sie bisher gegen ein angrenzendes arabisches Land gerichtet hatten. Diesmal ging es gegen Jordanien. Kurz nach Tagesanbruch preschten zwei israelische Kolonnen, durch Panzer und Flugzeuge unterstützt, über die jordanische Grenze und nahmen Kurs auf die Siedlungen im Gebiet des Berges Hebron, südlich von Jerusalem. Die Israelis hatten die Absicht, in den Dörfern Samu, Khirbet Markaz und Khirbet Kinawa etwa 40 Häuser zu zerstören, die als Stützpunkte arabischer Saboteure gedient hatten, welche in den vorangegangenen Wochen 13 Überfälle auf israelisches Gebiet verübt hatten. Die Jordanier reagierten schnell und warfen Verstärkungen nach vorne, um den israelischen Angriff abzublocken. Die Israelis stießen bei dem Polizeiposten Rajaa el Madfaa auf der Straße nach Samu auf heftigen Widerstand.

Der befestigte Posten wurde durch Panzer und Artillerie zerschossen, und der Vormarsch ging weiter, aber wenige Minuten später durchbrachen zwei Königlich Jordanische *Hunter* resolut die aus *Mirage* bestehende israelische Höhendeckung und griffen die vorrückende Kolonne mit Bordwaffen an. Sie richteten einigen Schaden an, bevor die israelischen Düsenjäger sie eingeholt hatten. Eine *Hunter*, hervorragend geflogen, entkam im Tiefflug. Die zweite hatte weniger Glück – von Treffern durchlöchert, stürzte sie brennend ab und schlug mit einer gewaltigen Explosion auf. Die jordanischen Flugzeuge ließen sich daraufhin bei dem weiteren Verlauf des israelischen Unternehmens nicht mehr blicken; aber einige Flugzeuge der IAF wurden während des Angriffs auf Bodenziele durch jordanisches Flakfeuer schwer beschädigt.

Nach diesem Vorstoß verlagerte sich die Aktivität mehr auf die

Wüste Negev, wo ägyptische Flugzeuge immer häufiger in Erscheinung traten. Am Morgen des 29. November befanden sich zwei *Mirage II* unter Führung von Hauptmann Michael auf einem Patrouillenflug in 8000 Meter Höhe über dem Südzipfel der Negev, als sie zwei ägyptische *MiG-19* erkannten, welche gerade in israelisches Territorium einflogen. Die *Mirage*-Piloten manövrierten sich sofort in eine günstige Angriffsposition und flogen die Ägypter von hinten an. In einer Entfernung von etwa 800 Metern löste Michael eine seiner zwei *Matra 530* Luft-Luft-Raketen mit Zielrichtung auf die führende *MiG-19* aus. Wie ein Komet flog die Rakete unbeirrbar auf den heißen Schubstrahl des ägyptischen Jagdflugzeuges zu, explodierte und riß dabei den ganzen linken Tragflügel weg. Die zweite *MiG* holte sich Michaels Rottenkamerad mit einem Feuerstoß aus der 3-cm-Kanone. Es war das erste Mal, daß eine *Matra 530* im scharfen Einsatz abgeschossen wurde. Die Israelis waren beeindruckt von dem Resultat. Später allerdings sollte sich die Lenkwaffe bei der Mehrzahl der Luftkämpfe als weniger zuverlässig als die Bordkanone erweisen. Sie war nur voll wirksam, wenn der Pilot seinen Gegner direkt von hinten anflegen konnte.

Im Frühjahr 1967 verlagerte sich der Schwerpunkt der Zwischenfälle wieder an die Nordgenze von Israel, wo es am 7. April zu einem größeren Zusammenstoß zwischen syrischen und israelischen Luftwaffenverbänden kam. Angefangen hatte es mit einem syrischen Feuerüberfall auf israelische Traktoren, die im Grenzgebiet zur Arbeit eingesetzt waren. Daraufhin erhielt die israelische Luftwaffe den Auftrag, die feindliche Artillerie zum Schweigen zu bringen. Die eingesetzten *Mystére* wurden von syrischen *MiG-21* angegriffen, eine wurde abgeschossen. Dann trafen *Mirage* auf dem Schauplatz ein, und innerhalb weniger Minuten stürzten zwei *MG-21* brennend ab. Damit war die Auseinandersetzung beendet, soweit es sich um die Luftwaffe handelte. Auf dem Boden entwickelte sich eine Panzerschlacht, die einige Stunden dauerte. Zwei weitere *MiG-21* wurden während den nächsten 48 Stunden abgeschossen, als sie israelisches Gebiet verletzten.

Angesichts der zunehmend massiveren Vergeltungsaktionen Israels, wurde die Position von Präsident Nasser als Führer der arabischen Welt immer schwieriger. Er wurde besonders deshalb angegriffen, weil Ägypten während den Zwischenfällen im November Jordanien nicht zu Hilfe gekommen war. In der ersten Maiwoche kam ein

neuer Faktor hinzu: die Sowjetunion warnte Syrien und Ägypten davor, daß Israel etwa 13 Brigaden an der syrischen Grenze massiert habe und sich anschicke, eine Offensive zu starten – mit dem Ziel, die linksgerichtete syrische Regierung zu stürzen.
Diese Alarmmeldung entbehrte jeder Grundlage, vor allem weil Ägypten ein Verteidigungsbündnis mit Syrien hatte und verpflichtet war, in Übereinstimmung mit den Wünschen der anderen arabischen Länder zu handeln. Am 14. Mai 1967 bezogen ägyptische Truppen und Panzer Bereitstellungsräume auf der Halbinsel Sinai. Jetzt bedurfte es nur eines kleinen Anstoßes, und der ganze Mittlere Osten versank im Abgrund des Krieges.

Vorbereitung auf den Krieg

Im Frühjahr 1967 war die israelische Luftwaffe unter dem neuen Generalstabschef, Brigadegeneral Mordecai Hod, bei einer Gesamtstärke von 350 Flugzeugen angelangt. 250 davon waren Jagdflugzeuge oder Jagdbomber. Im einzelnen waren einsatzfähig: Drei Abfangjäger/Jagdbomber-Gruppen zu je 24 *Mirage III CI,* eine Abfangjäger-Gruppe mit 18 *Super Mystère B.2,* vier reine Jagdbomber-Gruppen — zwei zu je 20 *Mystère IV A* und zwei zu je 20 *Ouragan,* eine leichte Bomber-Gruppe mit 24 *Vautour II A* und *II N;* drei leichte Erdkampf-Unterstützungs-Gruppen zu je 20 *Magister* (einige davon wurden auch als Schulflugzeuge eingesetzt und fanden nur dann im scharfen Einsatz Verwendung, wenn sie dazu gebraucht wurden), zwei Transport-Gruppen mit 15 *Dakota,* 18 *Noratlas* und 5 *Stratocruiser,* eine Hubschrauber-Gruppe mit 5 *Super Frelon,* 8 *Alouette II,* 30 *Sikorsky S-58* und eine Handvoll *Bell 47 G* und *Hiller 12.* Zwei *Sikorsky S-55* bildeten eine Seenot-Rettungs-Rotte. Zu den übrigen Flugzeugen gehörten ein halbes Dutzend *Meteor T. 7* und *NF. 13,* die noch als Zielschleppmaschinen und für sonstige Zwecke geeignet waren. Etwa 25 *Piper Cub,* die normalerweise zur Anfangsschulung benutzt wurden, konnten falls notwendig auch als Kurier- oder Sanitätsflugzeuge eingesetzt werden.

Gegen diese Ausrüstung der Israelis standen auf Seiten der arabischen Anrainer Ägypten, Syrien, Jordanien und Libanon ungefähr 500 Jagdflugzeuge und Jagdbomber. Diese Zahl konnte leicht auf 800 anwachsen, wenn man den Irak mit ins Bild brachte. Bei weitem den größten Anteil stellte die VAR-Luftwaffe (wie die ägyptische Luftwaffe immer noch genannt wurde — trotz der vor über sechs Jahren erfolgten Auflösung der VAR). In der ersten Jahreshälfte 1967 hatte die ägyptische Luftwaffe einen Kern, der aus drei Regimentern Abfangjägern bestand, die mit insgesamt 100 *MiG-21 F* und *MiG-21 PF* ausgerüstet waren und in enger Zusammenarbeit mit dem bereits im vorigen Kapitel erwähnten Luftverteidigungs-

system standen. Dann kamen zwei Jagdbomberregimenter, eines mit drei Staffeln *MiG-19*. Außerdem gab es noch fünf Jagdbomberstaffeln mit *MiG-15bis* und *MiG-15 F*, die unabhängig von der Luftwaffe operierten und bestimmten Armee-Einheiten direkt unterstellt waren.
Rückgrat der ägyptischen Bomberwaffe war immer noch die alte *Il-28* — es gab ein leichtes Bomberregiment mit drei Staffeln taktischen Bombern *Il-28* und taktischen Fotoaufklärern *Il-28 R*, insgesamt rund 35 Maschinen. Viel leistungsfähiger aber als die ältlichen *Il-28* waren die *Tu-16*, von denen etwa 30 jetzt die Ausrüstung eines strategischen Bomber-Regimentes bildeten. Als eine Art Versicherung gegen den Einsatz dieser Maschinen bei Angriffen auf ihre Städte und andere strategische Ziele in Israel — im Falle eines Krieges — hatten die Israelis eine Anzahl *Hawk* Flugabwehrraketen von den USA erhalten. Die *Hawk* — bei den US-Streitkräften im Dienst und von einigen anderen Ländern bestellt — war den schwerfälligen sowjetischen *SAM-2*-Raketen, die Ägypten erhalten hatte, um vieles überlegen: sie besaß eine »schräge Reichweite« von 35 Kilometern und konnte Flugzeuge abfangen, die in Höhen zwischen 25 Metern und 13 500 Metern und mit Geschwindigkeiten bis zu Mach 2,5 flogen. Bei Schießversuchen hatten *Hawk* sogar Überschallraketen wie »Honest John« erfolgreich abgefangen. Die Israelis hatten jetzt mehrere *Hawk*-Batterien, die entweder zum Schutz von Flugplätzen fest eingebaut waren oder auf motorisierten Abschußrampen bereit standen, um der Front im Ernstfall wirksame Gegenwaffen gegen tief anfliegende Jagdbomber bzw. Erdkampfunterstützungsflugzeuge in die Hand zu geben.
Die Fähigkeit der *Hawk*, Lenkwaffen wie Flugzeuge abzufangen, war ein lebenswichtiger Aspekt, denn die *Tu-16* war nun zusätzlich zu ihrer Bombenlast mit einem sowjetischen Luft-Boden-Geschoß ausgerüstet, das unter der NATO-Bezeichnung »Kennel« bekannt war. Diese Waffe hatte eine Reichweite von 45 Kilometern, war etwas länger als 9 Meter und trug einen hochexplosiven Sprengkopf. Den Antrieb besorgte ein Strahltriebwerk, und das Ganze sah aus wie eine verkleinerte *MiG-15*. Es handelte sich primär um eine Waffe gegen Schiffsziele, aber natürlich konnte man sie genausogut gegen Landziele verwenden, wobei das Trägerflugzeug außerhalb der Reichweite der Objektverteidigung bleiben konnte. Jede *Tu-16* trug zwei »Kennel« unter den Tragflächen.

In allem verfügte die ägyptische Luftwaffe über 20 Staffeln der ersten Linie, mit 330 modernen Kampfflugzeugen und beträchtlichen Reserven. Zu den vorgenannten Kampfverbänden kamen drei Transport-Staffeln, wovon zwei mit *Il-14* und eine mit *An-12* ausgerüstet waren. Die Transportkapazität wurde durch eine rasch anwachsende Hubschrauberflotte erweitert — es gehörten sogar einige große *Mil Mi-6* Hubschrauber dazu.

Als Teil des gegenseitigen Beistandspaktes, der der Wiederherstellung freundlicher Beziehungen mit Syrien folgte, wurden mindestens drei ägyptische Staffeln in Syrien stationiert — auf einer Basis der Rotation, so daß indirekt die 150 Flugzeuge der ersten Linie der Syrer einen Zuwachs an Effektivität buchen konnten. Die Bitte um ägyptische Hilfe kam, als die syrischen Bemühungen zur Ableitung des Jordan-Wassers im Juli 1966 durch die israelischen Kommandounternehmen zerschlagen wurden. Drei Wochen später lagen dann drei ägyptische Staffeln *MiG-17* und *MiG-19* in Dumeyr, nördlich von Damaskus.

Zwei syrische Jagdstaffeln waren inzwischen auch auf *MiG-21 PF* umgerüstet worden — etwa 40 Maschinen waren von den Sowjets geliefert worden. Die übrigen drei Staffeln flogen immer noch ihre *MiG-17*, etwa 60 Stück an der Zahl. Außerdem bestand eine Transportstaffel mit einem gemischten Bestand von *Il-14, Dakota* und *Beechcraft D-18* sowie eine kleinere Zahl von *Mi-1* und *Mi-4* Hubschraubern. Syrien hatte, wie Ägypten, eine Anzahl von *SAM-2* (»Guideline«) erhalten, die in der Nähe von Damaskus unter der direkten Kontrolle der syrischen Armee in Batteriestellungen zu je 6 Abschußvorrichtungen eingesetzt waren. Der Ausbildungsstand der gesamten syrischen Streitkräfte war immer noch beklagenswert schlecht. Versuche, dies zu bessern, waren zu einem großen Teil wieder durch die acht Staatsstreiche gehemmt worden, die das Land in den vergangenen 17 Jahren erschüttert hatten. Die Kampfmoral befand sich auf einem Tiefstand — selbst beim Offizierskorps.

Im Gegensatz dazu war die Kampfmoral der Streitkräfte von Syriens südlichem Nachbar — Jordanien — vielleicht die beste, die irgendein arabisches Land aufzuweisen hatte. Und auch der Ausbildungsstand und Einsatzwert war höher einzustufen als der von Ägypten oder Syrien. Trotz eines gewaltigen Drucks von Seiten Nassers, hatte König Hussein mit aller Macht versucht, außerhalb des sowjetischen Einflußbereichs zu bleiben und eine neutralistische

Politik zu verfolgen. Die Ausstattung der königlich jordanischen Luftwaffe war nahezu ausschließlich britischen Ursprungs, und ihre Verbände der ersten Linie wurden durch zwei Staffeln mit je 12 *Hawker Hunter F.Mk.6* dargestellt. Dazu kam als Reserve ein Verband von 16 *Vampire FB.9.* Außerdem war noch eine einsame *Hunter FR.6* für Fotoaufklärung vorhanden und eine zweisitzige *Hunter T.66B* zur Übergangs- und Einsatzschulung. Für Ausbildungszwecke standen vier *Chipmunk,* drei *Harvard* und zwei *Vampire T.55* zur Verfügung. Die weitaus überwiegende Mehrheit der königlich jordanischen Piloten übte und schulte jedoch in England zusammen mit Flugschülern der RAF. Sie waren durchweg gute Piloten und erzielten hohes Können; oft überragten sie sogar ihre britischen Kameraden in einer Disziplin wie dem Kunstflug.

Wenn auch die Ausrüstung der königlich jordanischen Luftwaffe rasch veraltete, so wies König Hussein wiederholte sowjetische Angebote für die Lieferung von *MiG-21* zu äußerst günstigen Preisen und Bedingungen immer wieder zurück. Er akzeptierte jedoch — nach dem israelischen Überfall vom 13. November 1966 — ein amerikanisches Angebot, 36 aufpolierte *F-104 A Starfighter* zu herabgesetzten Preisen zu übernehmen. Die Flugzeuge, die im Sommer 1967 ausgeliefert werden sollten, waren als Ausstattung von drei Staffeln gedacht. Piloten und Bodenpersonal hatten bereits in den USA mit der Übergangsschulung begonnen, und der Flugplatz Mafrag in Jordanien wurde für die Aufnahme der *Starfighter* vorbereitet.

Der vierte Anrainer Israels, der Libanon, flog ebenfalls englische *Hunter.* Das Land verfügte nur über eine einzige Staffel. 1965 bestellte jedoch auch die libanesische Regierung 12 *Dassault Mirage III EL* in Frankreich, zusammen mit einer ausreichenden Zahl von *Matra R.530* Lenkwaffen. Die *Mirage III EL* konnte sowohl als Abfangjäger wie auch für Erdkampfunterstützung eingesetzt werden. Die libanesischen Pläne sahen 24 Maschinen für zwei Staffeln vor. Libanesische Piloten hatten bereits mit der Übergangsschulung auf den neuen Typ im Frühjahr 1967 in Frankreich begonnen, aber die Auslieferung der Flugzeuge war erst für später vorgesehen.

Nach Ägypten mußte man den Irak als die nächststarke und ernstzunehmende arabische Nation ansehen, wenn man von militärischer Macht als Maßstab ausging. Der Irak nahm dabei eine einmalige Stellung ein: die aktiven Einheiten waren mit Waffen und Gerät ausgerüstet, das sowohl aus dem Westen wie auch aus dem Osten stammte. Die Luftwaffe des Irak war am Vorbild der RAF orientiert. Bis zum Sommer 1958 hatten ausgesprochen gute Beziehungen zwischen den beiden Teilstreitkräften bestanden. Als dann ein blutiger Staatsstreich die Errichtung der Republik brachte, führte dies zum Rückzug der britischen Streitkräfte aus dem Lande. Als Ergebnis dieses Rückzugs der Engländer fand sich die irakische Luftwaffe plötzlich im Besitz der bestausgestatteten Luftstützpunkte im Mittleren Osten: Habbaniya, Shaiba, Rashid, Mosul, Basra und Kirkuk. Die irakische Luftwaffe war um einen Kern von 50 *Hunter F.Mk.6* herum aufgebaut, die in den Jahren 1957/58 geliefert worden waren. Zwischen 1964 und 1966 trafen weitere *Hunter* ein, einschließlich 18 *F.Mk.59* und sechs zweisitzigen *T.Mk.69.* Ende 1969 bestanden vier Erdkampfstaffeln zu insgesamt 44 einsitzigen *Hunter* und ein Schwarm *Hunter FR.MK.10* Aufklärer. Das erste sowjetische Fluggerät traf Ende 1958 ein; es handelte sich um 19 *MiG-15 bis,* die via Ägypten kamen. Im darauffolgenden Jahr erschien eine große Abordnung der sowjetischen Luftwaffe im Irak und richtete sich in Shaiba, Rashid und Habbaniya häuslich ein (in Wirklichkeit hatte sie das Kommando übernommen), wo irakische Piloten auf *MiG-15* und einer kleineren Zahl von *Il-28* eingewiesen wurden, die um dieselbe Zeit im Irak angekommen waren.

Anfang der sechziger Jahre unterzog sich die Luftwaffe des Irak einem großen Reorganisations- und Modernisierungsprogramm. Die Staffeln erhielten weitere sowjetische Zuweisungen. Diese bestanden hauptsächlich in 20 *An-2* und acht *An-12* Transportflugzeugen, einigen *Jak-11* Schulflugzeugen sowie *Mi-4* Hubschraubern, 15 *MiG-21 F* Tagjägern und 20 *MiG-17 PF* Abfangjägern mit begrenzten Allwettereigenschaften. Weitere 60 *MiG-21* wurden im Herbst 1966 geliefert. Um die gleiche Zeit waren auch eine Anzahl *SAM-2* Batterien einsatzbereit. Eine Staffel von 10 *Il-28* gab dem Irak eine bescheidene Bomberkapazität. Aus den 20 britischen *Jet Provost T.Mk.52* wurde eine leichte Erdkampfunterstützungsstaffel aufgebaut. Diese ersetzten eine kleinere Zahl von *Hawker Fury* Propellermaschinen, die bis Mitte 1965 als Einsatzreserve zur Niederschlagung von gegenrevolutionären Aktionen gedient hatten. Anfang 1967 erfuhren die Bomber eine Verstärkung durch die Ankunft von sechs *Tu-16,* aus denen eine strategische Bomber-Staffel gebildet wurde.

Das brachte die Gesamtstärke der ersten Linie der irakischen Luftwaffe auf 10 Gruppen, insgesamt 300 Fugzeuge. Das war immerhin eine Kampfstärke, mit der zu rechnen war, aber das Ganze litt eben unter den unvermeidlichen Folgen von 10 Jahren Revolution und Gegenrevolution — die Zuverlässigkeit eines bestimmten Teils des Personals war immer in Frage gestellt. Am 16. August 1966 flog ein irakischer Pilot eine *MiG-21 F* nach Israel. Das Flugzeug wurde von der israelischen Radarüberwachung bereits aufgenommen, als es noch über dem Irak war, und eine *Mirage*-Rotte der IAF fing es an der Grenze ab und geleitete es zu einer sicheren Landung. Die israelische Luftwaffe flog die Maschine dann ausführlich in Scheinluftkämpfen mit der *Mirage*, um die Stärken und Schwächen exakt festzustellen. Anschließend nahmen Techniker den Apparat Stück für Stück auseinander. Nachdem sich der Irak — technisch gesprochen — noch in einem Kriegszustand mit Israel befand, wurden die wiederholten Forderungen nach Rückgabe des Flugzeugs glattweg abgelehnt. Bald darauf begingen drei weitere *MiG-21* Piloten Fahnenflucht nach Jordanien. Dieses Mal wurden die Flugzeuge zurückgegeben. Den Piloten wurde politisches Asyl gewährt. Als direkte Konsequenz dieser mehrfachen Flucht belegte die Sowjetunion den Irak mit einer Liefersperre, die jedoch im Januar 1967 mit der Zuteilung weiterer *MiG-21* wieder aufgehoben wurde.
Das unerwartete Eintreffen einer *MiG-21* aus dem Irak bedeutete einen wertvollen »Zugang« für die Israelis, denn die Ereignisse in der arabischen Welt und die zunehmende Säbelrasselei von Nasser deutete auf die Möglichkeit hin, daß ein richtiger Krieg — mit allem Drum und Dran — zwischen den Arabern und den Israelis in den nächsten Monaten zu erwarten war. Es war also geradezu lebenswichtig, das Potential der Ausrüstung des Gegners genau einschätzen zu können. Die Israelis hatten auch die Vorgänge im Yemen sorgfältig beobachtet, wo das Land seit dem Tode des Imam Ahmad im Jahr 1962 durch einen Bürgerkrieg zerrissen war und wo die Republikaner von Ägypten massiv unterstützt wurden. Anfang 1967 waren etwa 60000 ägyptische Soldaten im Kampf gegen die Royalisten eingesetzt. Und ägyptische *MiG-17 F* und *Il-28* operierten von yemenitischen Flugplätzen aus: von Hodeida, Taiz und San'a. Die kleine Fliegertruppe des Yemen bestand aus *Jak-11* Trainern, *Il-14* Transportflugzeuge und *MiG-4* Hubschraubern, die von der VAR zur Verfügung gestellt waren und von ägyptischem Personal

geflogen und gewartet wurden. Obwohl der nun fünf Jahre andauernde Krieg bereits ein gewaltiges Loch in die sowieso schon überbeanspruchten ägyptischen Reserven gerissen hatte, hatte andererseits die ägyptische Luftwaffe auch von dem Einsatz profitiert: nicht nur hatten die ägyptischen Piloten beträchtliche Erfahrungen in der Bekämpfung schwer zu fassender, ausweichender Bodenziele gewinnen können, sondern sie waren imstande gewesen, eine ganze Reihe von Waffen und Gerät unter Kampfbedingungen zu testen. Möglicherweise die fürchterlichste Waffe schien eine Art Gasbombe zu sein, wie sie in einzelnen Exemplaren auf das royalistische Bollwerk bei Ketaf geworfen wurden. Man munkelte, daß es sich dabei um Teile einer Lieferung von insgesamt 600 Stück handelte, die die Ägypter aus Rotchina erhalten hatten. Ketaf wurde von neun *Il-28* angegriffen, die in drei Ketten anflogen und 27 Bomben aus einer Höhe von 1600 Metern abwarfen. Nach Augenzeugenberichten explodierten die Bomben beim Aufschlag und verbreiteten grau-grüne Gaswolken, die sich langsam in einer Höhe von einem Meter über dem Boden ausbreiteten. Als sich diese Wolken verzogen hatten, waren 120 Einwohner von Ketaf und der größte Teil ihres Hausviehs tot. Die einzigen Überlebenden waren die Leute, die sich während des Angriffs auf einer Anhöhe außerhalb der Stadt befunden hatten. Als sie von dort herabstiegen, um nachzusehen, entdeckten sie, daß die Vegetation an den Einschlagstellen der Bomben eigenartig verdorrt und daß Lebensmittel im Dorf vergiftet waren. Der Schauplatz wurde später von einer Delegation des Roten Kreuzes untersucht, aber sie konnte nichts Definitives mehr feststellen.
Nasser hatte sich im Yemen hauptsächlich aus zwei Gründen engagiert. Erstens betrachtete er die ägyptische Herrschaft über dieses Gebiet als notwendigen Schritt in Richtung auf eine Expansion, die Südarabien einschließen sollte, sobald sich die Engländer wie angekündigt aus Aden zurückzogen. Zweitens hoffte er, daß ein republikanischer Sieg im Yemen möglicherweise im benachbarten Saudi-Arabien eine sozialistische Revolution auslösen könnte – und falls das passierte, dann befanden sich die reichsten Ölfelder des Mittleren Ostens in Reichweite von Ägypten. Aber Saudi-Arabien hatte sich entschlossen, die Royalisten im Yemen mit aktiver militärischer Hilfe zu unterstützen. Und damit blieb die Revolution im Dreck stecken. Mehr noch: Saudi-Arabien hatte mit der britischen Regierung einen Vertrag abgeschlossen, der die Belieferung mit einem

völlig neuen Verteidigungssystem zum Gegenstand hatte. Es handelte sich um die Ausstattung mit Frühwarn-Radar, Nachrichtenmitteln modernster Art, Überschalljägern vom Typ *Lightning*, und *Thunderbird* Boden-Luft-Raketen. Eine kleinere Zahl *Lightning* war bereits eingetroffen und wurde von britischen Piloten geflogen — Angestellten von Airwork — während saudi-arabisches Personal in England ausgebildet wurde. Die *Lightning*-Piloten hatten strenge Anweisung, nicht in den Luftraum des Yemen einzufliegen, aber die saudi-arabische Regierung hatte es andererseits auch nicht unterlassen, Nasser klarzumachen, daß jedes ägyptische Flugzeug, das die Grenze nach Saudi-Arabien überflog, unweigerlich abgeschossen würde. Mit der respektverschaffenden *Lightning* in Händen war das keine leere Drohung.

Nachdem also seine Ambitionen gegen Saudi-Arabien auf diese Weise durchkreuzt waren und seine beträchtliche Expeditionstruppe im Yemen den Widerstand der Royalisten nicht brechen konnte, mußte Nasser einen ernsthaften Prestigeverlust hinnehmen, der seine Stellung als Führer der arabischen Welt in Frage stellte. Die haupsächliche Herausforderung kam aus der Ecke der neuen extrem linksgerichteten Regierung Syriens, die im Februar 1966 nach einem Militärputsch an die Macht gekommen war und sofort unter Nutzung von Stützpunkten in Jordanien einen Guerrillakrieg gegen Israel begonnen hatte.

Nasser wußte, daß er handeln mußte, daß er sogar schnell handeln mußte, wenn er das Heft wieder in die Hand bekommen wollte. Obwohl seine Streitkräfte keineswegs soweit waren, daß man einen uneingeschränkten Krieg wagen konnte, faßte er im Mai 1967 den Entschluß, Israel anzugreifen. Am 17. Mai 1967 ersuchte die ägyptische Regierung die UNO-Sicherheitskräfte, die die Sinai-Grenze mit Israel überwachten, sich zurückzuziehen, wenn sie nicht im Falle des Ausbruchs eines Krieges zwischen die Fronten geraten wollten. Innerhalb von 48 Stunden verließen sie auf eine Anordnung des UNO-Generalsekretärs U Thant das Grenzgebiet. Während diesen 48 Stunden waren sowohl die ägyptischen wie auch die syrischen Streitkräfte für den Fall in höchste Alarmstufe versetzt worden, daß Israel die Chance für einen Präventivschlag wahrnahm. Am 21. Mai wurden in Ägypten und Israel die Reservisten einberufen. Am folgenden Tag gab Nasser bekannt, daß der Golf von Akaba für die israelische Schiffahrt gesperrt sei. Am 24. Mai machten die Ägypter ernst: die Küstenbatterien waren besetzt und alarmbereit, die ägyptische Marine und die Luftwaffe patrouillierte in dem Gebiet rund um die Uhr.

Die Ereignisse strebten mit beängstigender Geschwindigkeit ihrem Höhepunkt zu. Während der diplomatische Krieg noch im Gange war, gingen britische und amerikanische Kriegsschiffe planmäßig auf ihre für den Ernstfall vorgesehenen Positionen im Mittelmeer, um einer möglichen sowjetischen Intervention begegnen zu können. Gleichzeitig aber stellten sich die Israelis – mit einem Verständnis für die Dringlichkeit, wie es seit dem Unabhängigkeitskampf nicht mehr festzustellen war – darauf ein, kämpfen zu müssen. Bei El Al machte man Überstunden, um Touristen und andere Ausländer schleunigst zu evakuieren und auf dem Rückflug jeweils Freiwillige nach Israel einzufliegen: in zunehmendem Maße meldeten sich Mitglieder jüdischer Jugendorganisationen.

Am 24. Mai flog der israelische Außenminister Abba Eban nach Paris, London und Washington. Es war der letzte Versuch, die Krise auf diplomatischem Wege und nicht mit Waffengewalt zu beenden. Am gleichen Tag verschlechterte sich aber die Situation weiter, als Truppen aus dem Irak und Saudi-Arabien in Jordanien einmarschierten, als der Libanon mobilisierte und die sogenannte Palästina-Befreiungsarmee unter Ahmed Shukeiry Artillerie und andere schwere Waffen von Ägypten erhielt und sich entlang der Grenze des Gaza-Streifens einzugraben begann.

Während dieser Periode ebbte die israelische Lufttätigkeit stark ab, weil das Bodenpersonal der IAF mit allen verfügbaren Kräften dabei war, die Einsatzbereitschaft der Luftwaffe möglichst nahe an die 100-Prozent-Marke heranzubringen.

Zwischen dem 21. und 27. Mai unternahmen jedoch einzelne *Vautour* und *Mirage*, hauptsächlich von Hatzerim aus, Aufklärungsflüge über ägyptischem Gebiet, um die Reaktionszeit der ägyptischen Luftverteidigung herauszufinden. Die Flüge wurden aber am 27. Mai wieder eingestellt; kein einziges Fugzeug war verloren gegangen, obwohl ägyptische Abfangjäger ein- oder zweimal fast zum Erfolg gekommen wären.

Die israelischen Vorbereitungen für den Ernstfall gingen unauffällig weiter. Es bestand ja auch keine Notwendigkeit für eine letzte Überprüfung der Einsatzfähigkeit unter simulierten Kampfbedingungen, denn die ganze Ausbildung der IAF während der letzten fünf Jahre war ja auf der Annahme aufgebaut, eines Tages einen Präventivschlag größten Ausmaßes auf Flugplätze in Ägypten oder anderen arabischen Staaten führen zu müssen. Fünf Bombenzielplätze waren in der Wüste Negev aufgebaut worden, um feindliche Ziele darzustellen. Außer routinemäßigen Übungseinsätzen waren sie mindestens einmal im Jahr das Objekt großer Übungen gewesen, an denen praktisch sämtliche Verbände der ersten Linie teilnahmen. Dabei wurde die Technik, mit der ein solcher Überraschungsschlag geführt werden sollte, immer wieder durchgeübt oder verbessert, um alle Möglichkeiten zu berücksichtigen, die durch neues Gerät und modernere Ausrüstung gegeben waren.

Der Einsatzplan der IAF, der in seiner letzten Form Ende Mai vom Oberbefehlshaber Brigadegeneral Hod und dem Einsatzchef Brigadegeneral Ezer Weizmann der Lage angepaßt wurde, sah Überraschungsangriffe auf 19 ägyptische Flugplätze vor. Der erste Schlag sollte von den *Mirage* geführt werden, die zur Täuschung einen Haken über dem Mittelmeer fliegen sollten, um sich dann zu trennen und Kairo West, Kairo International, El Mansura, Inchas, Abu Sueir, Fayid, Kabrit, Heluan, Beni Suef und El Minya einzeln anzufliegen. Dabei bildete Kairo West das wesentlichste Ziel überhaupt: dort waren die 30 *Tu-16* des strategischen Bomberregiments stationiert. Kairo International war im ursprünglichen Plan ausgeklammert worden, wurde dann aber einbezogen, als eindeutig festgestellt war, daß eine Staffel *MiG-21* dorthin verlegt war. Die drei südlichsten Flugplätze — Hurghada, Luxor und Ras Banas — sollten von den *Vautour*-Staffeln angegriffen werden, die in Hatzerim lagen. Drei Erkundungsvorstöße über das Rote Meer hatten das ägyptische Oberkommando zu der Ansicht verleitet, daß ein etwaiger israelischer Luftangriff wahrscheinlich nicht in der Form eines linken Hakens zu erwarten war, wobei dann die wichtigsten Flugplätze von Süden angegriffen würden. Deshalb wurde ein gemischter Verband Abfangjäger *MiG-21* und *MiG-19* rasch nach Hurghada verlegt.

Gamil und Deversoir in der Kanalzone sollten durch *Mystère,* direkt von den Einsatzplätzen in Israel aus, angegriffen werden, während die vier ägyptischen Flugfelder auf der Halbinsel Sinai, nämlich Al Arish, Dschebel Libni, Bir Gifgafa und Bir Thamada, den restlichen *Mystère* und *Ouragan* zugewiesen wurden. Die Angriffe auf die zuletzt genannten Plätze verlangten eine außergewöhnliche

Präzision, denn die Israelis wollten die Runways soweit wie möglich intakt erhalten, da sie diese Plätze ja später selbst nutzen wollten. Die israelischen Piloten mußten aber die dort abgestellten Flugzeuge völlig vernichten, damit diese die nur wenige Flugminuten entfernten israelischen Städte nicht mehr bedrohen konnten.

Abgesehen von dem entscheidend wichtigen Moment der Überraschung, hing der israelische Plan von einer präzisen Zeitabstimmung ab. Die drei Wellen *Mirage*, die für den Angriff auf die wichtigsten Flugplätze der ägyptischen Luftwaffe ausgesucht waren, mußten in Abständen von 10 Minuten fliegen — sie hatten jeweils 20 Flugminuten bis zu ihren Zielen. Das hieß also, daß die dritte Welle im gleichen Augenblick über den eigenen Plätzen sammelte und auf Kurs ging, in dem die erste ihr Ziel angriff, während die zweite Welle gerade die ägyptische Küste überflog. Jede Welle blieb sieben Minuten über dem Ziel, bevor sie wieder zurückflog. Auf dem eigenen Platz hatte das Bodenpersonal dann gerade sieben Minuten Zeit, um die Flugzeuge für den zweiten Angriff aufzutanken und aufzumunitionieren. Auf dem Papier sah das so aus:

08.25 Uhr: Erste Welle nimmt Kurs auf Zielgebiet
08.35 Uhr: Zweite Welle nimmt Kurs, während erste Welle in den ägyptischen Luftraum einfliegt
08.45 Uhr: Erste Welle greift ihr Ziel an; zweite Welle fliegt in den ägyptischen Luftraum ein; dritte Welle nimmt Kurs auf Zielgebiet
08.52 Uhr: Erste Welle verläßt Zielgebiet nach sieben Minuten Verweildauer
08.55 Uhr: Zweite Welle greift ihr Ziel an; dritte Welle dringt in den ägyptischen Luftraum ein
09.02 Uhr: Zweite Welle verläßt ihr Zielgebiet
09.05 Uhr: Dritte Welle greift an
09.12 Uhr: Dritte Welle verläßt Zielgebiet; erste Welle trifft wieder auf eigenem Platz ein
09.22 Uhr (etwa): Erste Welle (jetzt vierte Welle) nimmt Kurs auf Zielgebiet
09.42 Uhr Erste (vierte) Welle greift Ziel zum zweitenmal an.

Dieser Plan bedeutete, daß die ägyptische Verteidigung nur eine Atempause von drei Minuten oder noch weniger zwischen den Schlägen der aufeinanderfolgenden Wellen haben würde, denn aufgrund des eng gestaffelten überschlagenden Einsatzes konnten die ersten Angreifer innerhalb einer Stunde erneut über ihrem Ziel sein – es gab nur eine kurze Verzögerung von 30 Minuten zwischen dem letzten Schlag der ersten Serie und dem ersten Schlag der zweiten Serie.

Der Beginn des Angriffes war aus zweierlei Gründen auf 08.45 Uhr Kairoer Zeit festgelegt worden. Erstens hatte der israelische Geheimdienst festgestellt, daß die Mehrheit der ägyptischen Kommandeure – beim Heer wie bei der Luftwaffe – nicht vor 09.00 Uhr zum Dienst erschienen; und die Erfahrung hatte gezeigt, daß die jüngeren ägyptischen Verbandsführer untätig zusahen, wie ihre Flugzeuge zu Schrott verbrannten – einfach, weil sie darauf warteten, daß ihnen eine vorgesetzte Stelle sagte, was sie tun sollten. Der zweite Grund lag darin, daß die übliche morgendliche ägyptische Jagdflieger-Patrouille gewöhnlich um 08.35 Uhr landete und die zweite Patrouille nicht vor 09.10 Uhr startete, weil die Piloten erst frühstückten. Die Israelis waren der Meinung, daß mit ägyptischer Jagdabwehr auf diese Weise während den ersten Angriffen kaum zu rechnen sei; diese Angriffe wiederum sollten aber den größten Teil der ägyptischen Luftwaffe am Boden zerstören und die ägyptische Verteidigung so verwirren, daß auch die zweite Serie noch unter einem wertvollen Vorteil ablaufen konnte.

Unabhängig von diesen Überlegungen war einer der wichtigsten Faktoren für die Zeitwahl aber auch das Wetter. Im Frühjahr und auch im frühen Sommer liegt schwerer Morgennebel übere dem Nil-Delta und dem Suez-Kanal. Dieser Morgennebel wird dann immer so um 08.30 Uhr herum von der höher steigenden Sonne aufgelöst. Auf die Auflösung des Nebels folgt regelmäßig eine Periode der Windstille bei ausgezeichneten Sichtverhältnissen; die Luft ist ruhig – es gibt noch keine Turbulenz. Der letztere Punkt ist besonders wichtig für einen genauen Zielanflug und die Auslösung der Bomben. Die israelischen Piloten machten sich demgegenüber wenig Gedanken, daß sie dabei gegen die Sonne angreifen mußten: jeder Nachteil, der vielleicht aus der Blendung resultieren konnte, wurde mehr als wettgemacht durch den festen Glauben der Ägypter, daß kein Pilot, der seine fünf Sinne noch beieinander hat, gegen die blendende Sonne angreift. Für die Ägypter konnte ein Angriff am Morgen also nur aus Richtung Ost kommen.

Die feindliche Radarerfassung bildete ein beträchtliches Problem für die Angreifer, aber kein unüberwindliches. Die Hauptgefahr ging von der jordanischen *Marconi 547-Anlage* aus, einem Überwachungs-Radar, das fast das ganze israelische Zentralgebiet von einem ideal gelegenen Punkt bei Ajlun aus bestreichen konnte. Wenn sich die Flugzeuge aber im Schatten der Berge von Judäa hielten, dann konnten sie von dieser Radarstation erst erfaßt werden, wenn sie schon 150 Kilometer auf das Mittelmeer hinausgeflogen waren. Und selbst dann dauerte es noch einige Zeit, bis sie eindeutg identifiziert und ihre Absichten interpretiert waren. Da die 6. US-Flotte in der Nähe von Cypern lag, wurde über dem östlichen Mittelmeer eine ganze Menge Lufttätigkeit abgewickelt. Wegen der niedrigen Flughöhe der *Mirage* würden die Jordanier vielleicht gar kein sauberes Bild von der Größe der Formation bekommen. Und mit hoher Wahrscheinlichkeit würde man die *Mirage* für Flugzeuge der US-Navy halten – bis sie die ägyptische Küste überflogen. Aber dann würde das sowieso nicht mehr viel ausmachen: die ägyptische Luftwaffe würde um diese Zeit herum einfach nicht mehr genügend Zeit haben, zu reagieren, bevor die *Mirage* ihr Ziel erreicht hatten.

Hod und Weizman hatten zwei getrennte Serien von Schlägen geplant, wobei die eine Serie unmittelbar auf die andere folgen sollte. Sie hatten ausgerechnet, daß es mit diesen beiden Aktionen gelingen müßte, mindestens 70 Prozent der Flugzeuge der ersten Linie außer Gefecht zu setzen. Dabei war bereits berücksichtigt, daß die Ergebnisse der Aktionen – unter echten Kampfbedingungen – wahrscheinlich 25 Prozent unter den Übungsresultaten liegen würden. Der israelischen Luftwaffe standen also zwei Stunden zur Verfügung, um das Gros der ägyptischen Luftwaffe zu erledigen, bevor sie sich um Jordanien, Syrien und den Irak kümmern konnte. Die israelischen Strategen waren der Meinung, daß die eingeplante Zeit ausreichen würde. Wenn man davon ausging, daß die Überraschung gelang, dann waren die Jordanier, die Syrer und die Iraki bei der unausbleiblichen Verwirrung sicher ncht mehr in der Lage, innerhalb der ersten drei Stunden nach dem israelischen Überraschungsangriff auf Ägypten nun ihrerseits gegen Israel aggressiv zu werden. Die beiden hauptsächlichen Ziele auf jordanischem Gebiet waren Mafrag und Amman, wo die beiden *Hunter*-Staffeln der jordanischen Luftwaffe lagen. Fünf Flugplätze waren in Syrien als Ziele festgelegt worden: Dunmeyr, Saigal, Marj Rhiyal, Damaskus-Mezze und Tango Vier. Die primären Ziele waren hier Dunmeyr, wo drei *MiG-17-* und *MiG-19*-Staffeln der Ägypter lagen, und Tango Vier,

Eine *McDonnell Phantom* in den Farben der IAF.

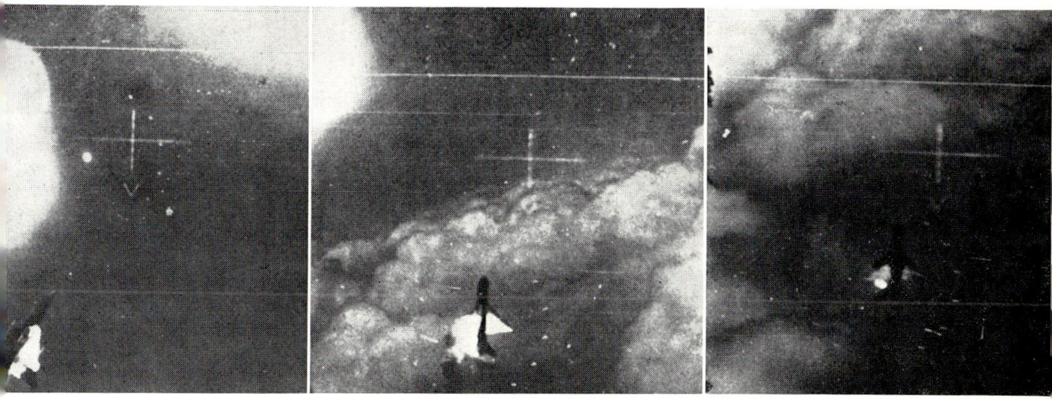

Bordkamera-Aufnahmen, die (von rechts nach links) zeigen, wie eine ägyptische *MiG-21* von 3-cm-Granaten einer IAF *Mirage* getroffen wird und über dem Suezkanal brennend abstürzt (10. Juli 1970).

Bei ihrem ersten Einsatz gegen einen ägyptischen Düsenjäger vom Typ *MiG-19* war die franzöissche Luft-Luft-Rakete *Matra R-530* ein Volltreffer. Später wurde sie von der zuverlässigeren 30-mm-Kanone in der Sympathie der israelischen Piloten überrundet.

Acht Hubschrauber vom Typ *»Super Frelon«*, besetzt mit 160 israelischen Fallschirmjägern, führten am Abend des 29. Dezember 1968 den vernichtenden Schlag gegen den Internationalen Flughafen Beirut.

der Zwischenlandeplatz für sowjetische Flugzeuge, die für den Mittleren Osten bestimmt waren. Im Irak war das Hauptziel der ehemalige RAF-Flugplatz Habbaniya, wo die kleine strategische *Tu-16*-Flotte der Irakis postiert war. Das andere irakische Ziel, das angegriffen werden sollte, war ein neugebauter Flugplatz mit der Code-Bezeichnung *Hotel Drei,* auf dem der größte Teil der irakischen *MiG-21* untergebracht war.
Bei den Angriffen, die die Israelis gegen diese Stützpunkte geplant hatten, sollten zuerst die Startbahnen unbrauchbar gemacht werden. Nicht alle Jagdbomber waren für diese Aufgabe mit der von Matra entwickelten »Betonklopfer«-Bombe ausgerüstet. Die Bestände waren verhältnismäßig knapp und wurden hauptsächlich für Einsätze gegen Bomberplätze freigegeben. Etwa 40 Prozent der angreifenden Flugzeuge konnten damit ausgerüstet werden. Der Rest mußte seine Ziele mit ordinären 250-kg- und 500-kg-Brisanzbomben angreifen — im Sturzflug aus 1800 Metern Höhe, um der geforderten Genauigkeit zu entsprechen. Der durch diese Waffen hervorgerufene Schaden war sicher verhältnismäßig leicht zu reparieren. Dies gehörte mit zu dem Plan, denn die Israelis benötigten dann einige Flugplätze auf der Halbinsel Sinai innerhalb kürzester Zeit für den eigenen Gebrauch. Die Aufgabe der ersten Welle bestand also darin, die Startbahnen der Flugplätze des Gegners unbrauchbar zu machen und damit die Einsatzflugzeuge solange auf dem Boden festzuhalten, bis sie durch die nachfolgenden Wellen mit Bordwaffen zusammengeschossen werden konnten.
Am 29. Mai, eine Woche nach Beginn der Blockade der Straße von Tiran, hatte die israelische Regierung noch keinen Entschluß gefaßt. Im Knesset tobten heftige Auseinandersetzungen zwischen den »Falken« und den »Tauben« über die Entscheidung, die Leben oder Tod für Israel bedeuten konnte.
Demnach konnte der Krieg morgen oder erst in einer Woche kommen. Kam er, dann war die israelische Luftwaffe auf ihn vorbereitet. Am 29. Mai um Mitternacht hatten die Kommandeure der Verteidigungsstreitkräfte die letzten offenen Fragen erledigt.
An diesem Tag landeten gegen 22.00 Uhr drei *Boeing 707-320 B* der El Al kurz hintereinander auf dem Flugplatz Bordeaux-Merignac in Frankreich. Die Boeing rollten an den Fabrikhallen von Marcel Dassault vorbei, drehten auf der Abstellfläche dahinter und stellten die Triebwerke ab. Während der nächsten sechs Stunden war der

Flugplatz Szene ungewöhnlicher nächtlicher Tätigkeit. Ein Konvoi von Lastwagen fuhr neben den Flugzeugen auf. Geheimnisvolle Kisten wurden in die großen Flugzeuge umgeladen, aus denen man die Bestuhlung entfernt hatte, um Platz für je 30 Tonnen Fracht zu schaffen.

Zwei Boeing starteten am 30. Mai bei Tagesanbruch; die dritte machte sich gegen Mittag auf den Rückweg. Die geheimnisvolle Fracht bestand aus Luft-Luft-Lenkwaffen vom Typ *Matra 530*. Sie waren teilweise montiert. Am Morgen des 3. Juni trafen sie bei den Jagdfliegereverbänden der israelischen Luftwaffe ein. Bereits vor elf Jahren – vor Beginn des Sinai-Feldzuges -- hatte eine in letzter Minute erfolgte Lieferung französischer Waffen die IAF befähigt, mit einem ausreichenden Vorrat in den Kampf zu gehen. Nun hatte sich dies wiederholt, buchstäblich fünf Minuten vor Zwölf.

Am Abend des 3. Juni – es war ein Samstag – berichtete der neuernannte Verteidigungsminister Moshe Dayan dem israelischen Kabinett über den Stand der militärischen Vorbereitungen. Die israelische Armee stand bereit, in drei Marschsäulen die etwa 80 000 Mann umfassenden ägyptischen Truppenkonzentrationen auf Sinai anzugreifen, die geschlagen werden mußten, wenn man die gesamte Halbinsel besetzen wollte. Die auf dem rechten Flügel operierenden Teile sollten auf den Gaza-Streifen vorstoßen, gegen Khan Yunis und Rafah; der Stoß in der Mitte zielte auf Abu Ageila; und auf der linken Flanke war ein schneller Panzervorstoß über die Wüste auf Dschebel Libni und Bir Lahfan zu geplant, der schließlich auch bis Abu Ageila führen sollte.

Die Luftwaffe wartete lediglich auf das Startsignal; 98 Prozent der Flugzeuge waren flugklar. Auch die Flotte war – bis auf ein paar Retuschen an ihrem Einsatzplan – bereit, die ägyptischen Flottenstützpunkte in Port Said und Alexandria anzugreifen. Das Hauptgewicht der israelischen Offensive war gegen Ägypten gerichtet. Jordanien sollte nur angegriffen werden, wenn von dort der erste Schuß fiel; die israelischen Verbände im Nordosten hatten vorläufig nur dafür zu sorgen, daß die Syrer auf der syrischen Seite der Grenze blieben. Für den Augenblick wenigstens.

Am Sonntag, dem 4. Juni, gab die israelische Regierung ihre Zustimmung zu diesem Kriegsplan. Das bedeutete, daß von jetzt an allein das Wort des Premierministers oder des Verteidigungsministers genügte, um einen massiven israelischen Angriff auszulösen, falls ihrer Meinung nach die arabische Drohung weiter wuchs und dies verlangte. Die Zustimmung war gerade zur rechten Zeit gekommen. Ägyptische Flugzeuge drangen immer wieder in den israelischen Luftraum vor. Ägyptische Truppen sickerten bereits in israelisches Territorium ein; bei den arabischen Führern war das Wort von der Invasion vom Traum zur Wirklicheit geworden. Es gab keinen Zweifel mehr: Israel mußte jetzt kämpfen — oder untergehen.

Sechs schicksalhafte Tage

Am Morgen des 5. Juni 1967, um 08.15 Uhr, Kairoer Ortszeit, dröhnte eine zweimotorige *Il-14* in 3000 Meter Höhe über den Suez-Kanal mit Kurs auf die Halbinsel Sinai. Das Flugzeug war als fliegender Gefechtsstand eingerichtet. An diesem Morgen befanden sich außer der normalen Besatzung drei hohe Offiziere an Bord: General Mohamed Sidki, Oberkommandierender der ägyptischen Luftwaffe, General Amer, der ägyptische Generalstabschef, und ein sowjetischer Luftwaffen-Brigadegeneral, der der ägyptischen Luftwaffe als Verbindungsoffizier beigegeben war.
Sidki fühlte sich während der letzten beiden Tage von schweren Sorgen bedrückt. Er war überzeugt davon, daß die Israelis einen Präventivschlag planten, abere er wußte nicht wann. Seiner Ansicht nach war es logisch, diesen Schlag am frühen Morgen zu führen. Der sowjetische Berater war derselben Meinung. Deshalb hatte Sidki Befehl gegeben, daß zwei Staffeln *MiG-21* und *MiG-17* ab Sonnenaufgang Israels Grenze an der Sinai-Halbinsel kontrollieren sollten. Von da an flogen jeden Morgen zwischen 05.00 und 08.00 Uhr ägyptische Jagdflieger die ganze Länge des Suez-Kanals ab. Am 5. Juni um 8.05 Uhr, ein paar Minuten, nachdem die letzte Patrouille abgehoben hatte, starteten auch Sidki und Amer in ihrer *Il-14*, um sich persönlich ein Bild von der Situation zu machen. In der Maschine saßen vier Elektronik-Spezialisten über ihren Geräten und stellten die israelischen Frequenzen ein, um aus stärkerem Funkverkehr Hinweise auf ungewöhnliche Lufttätigkeit herleiten zu können. Es war nichts zu hören: auf den israelischen Militärfrequenzen blieb es still. Die *Il-14* dröhnte in einem weiten Bogen über die Halbinsel Sinai, während die mitfliegenden Offiziere die ägyptischen Stellungen aus der Luft beobachteten. Die Besatzung der *Il-14* konnte nicht wissen, daß sie vom israelischen Radar erfaßt war und daß das weitere Vordringen der Maschine von den israelischen Offizieren im Gefechtsstand mit Spannung verfolgt wurde. Wenn sich die *Il-14* nach Norden wandte — auf den Gaza-Streifen zu — und sich dann

an der israelischen Grenze herumtrieb, dann mußten die Insassen der Maschine die Armada von Flugzeugen erkennen, die in Kürze in wenigen Metern Höhe über die Halbinsel auf ihre Ziele zufliegen sollte. Ein hörbares Aufatmen ging durch den Raum, als auf dem Bildschirm zu erkennen war, wie die *Il-14* nach Süden abdrehte und Kurs auf den Golf von Akaba nahm: die Gefahr der Entdekkung war vorüber.

08.40 Uhr, Kairoer Ortszeit. Die *Il-14* kurvte nach Beendigung des Kontrollfluges nach Nordwesten ein und nahm Kurs auf Kabrit, wo sie stationiert war. Der Pilot rief den Kontrollturm in Kabrit an und gab die voraussichtliche Ankunftszeit durch. Kabrit bestätigte den Spruch. Keine besondere Flugtätigkeit, alles war normal. Plötzlich, um 08.45 Uhr, war ein konfuses Stimmengewirr auf den Kopfhörern zu vernehmen. Der Pilot rief noch einmal den Turm in Kabrit. Keine Antwort. Alle ägyptischen Frequenzen waren plötzlich belegt mit zusammenhanglosen, aufgeregten Gesprächsfetzen, in denen aber immer wieder die Worte: »wir werden angegriffen« zu verstehen waren.

Die Minuten verrannen. Sidki, zur Tatenlosigkeit verdammt, wußte, daß seine schlimmsten Befürchtungen eingetroffen waren, aber er hatte nicht die geringste Idee von dem Ausmaß der Situation. Dann sah die Besatzung, immer noch 40 Kilometer vom Suez-Kanal entfernt, die ersten schwarzen Brandwolken am Horizont.

Die ganze Kanalzone schien in Flammen zu stehen. Die ägyptischen Flugplätze waren übersät mit Flugzeugwracks und Trümmern. Der *Il-14*-Piloten flog die ganze Länge des Kanals ab, fand aber nirgends einen Platz zum Landen. Auf Sidkis Befehl hin kurvte er wieder nach Osten und nahm Kurs auf den Flugplatz von Bir Gifgafa. Aber der war inzwischen auch zerstört, wie die Nachbarplätze – die Runways waren von den Bombenkratern wie von Pockennarben durchsetzt. Jetzt blieb nichts mehr übrig, als über den Kanal zurückzufliegen und darauf zu hoffen, daß irgendwo noch ein brauchbarer Landestreifen übrig geblieben war.

Endlich bekam die *Il-14* Landeerlaubnis auf Kairo International. Es war inzwischen 10.45 Uhr – genau zwei Stunden nach dem ersten Angriff. Verzweifelt versuchte Sidki noch etwas aus dem Chaos zu retten, eine kleine, einsatzfähige Gruppe aus den Überbleibseln seiner Staffeln zusammenzukratzen. Aber mit dem Eintreffen weiterer Lageberichte mußte er erkennen, daß die Situation bereits hoff-

nungslos war: es war nichts übrig geblieben. Die gesamte ägyptische Luftwaffe war innerhalb von nur zwei Stunden zu Schrott und Asche geworden. Sidkis sorgfältig ausgearbeitete Einsatzpläne waren durch Raketen, Bomben und Bordwaffen ihrer Grundlage beraubt; mit einem Schlag hatte sich die israelische Luftwaffe die uneingeschränkte Luftherrschaft im Mittleren Osten verschafft.
Schon der erste massive Angriff hatte gründliche Arbeit geleistet. Der Erfolg überstieg selbst die kühnsten Hoffnungen von General Hod. Wie geplant, war Kairo West als erster Flugplatz getroffen worden, wo die *Mirage*-Piloten die 30 *Tu-16* des strategischen Bomberregiments, schön in ihren Splitterboxen abgestellt, vorgefunden hatten. 16 Maschinen wurden innerhalb von fünf Minuten erledigt, die restlichen 14 Stück wurden das Opfer einer zweiten Welle *Mirage,* die drei Minuten, nachdem die letzten Maschinen der ersten Welle abgeflogen waren, über dem Platz erschienen.
Auf Kairo International fanden die *Mirage*-Piloten eine Staffel *MiG-21,* sauber in Reihe am anderen Ende des Flugplatzes aufgestellt. Mit dem ersten Feuerstoß aus den Bordwaffen wurden vier Maschinen am Boden zerstört: die erste getroffene *MiG* explodierte und deckte die Nachbarmaschinen mit brennendem Treibstoff ein. Auf Abu Sueir überraschten die *Mirage* vier *MiG-21* gerade beim Rollen auf die Startbahn und schossen sie zusammen. In Inchas war es dieselbe Geschichte.
Während die erste Welle *Mirage* auf dem Weg zu den verschiedenen Zielgebieten war, hoben 15 zweistrahlige *Vautour* in der Negev-Wüste vom Flugplatz Hatzerim ab. Jedes Flugzeug trug zwei 250-kg-Bomben. Die Bombenlast hatte man deshalb so drastisch beschränkt, damit die *Vautour* mit maximaler Treibstoffzuladung fliegen konnten. Die Flugzeuge gingen steil auf 8000 Meter Höhe und nahmen mit »Spargeschwindigkeit« Kurs auf ihre Ziele. In zwei geschlossenen Verbänden – einmal zu sieben und einmal zu acht Flugzeugen – flogen sie genau nach Süden, überquerten den Golf von Akaba und folgten der Küste des Roten Meeres, wobei sie teilweise saudi-arabisches Gebiet berührten. 20 Minuten später trennten sich die beiden Verbände und nahmen Kurs auf die Flugplätze Luxor und Ras Banas. Die Piloten nahmen die Leistungshebel etwas zurück – es ging in flachem Sinkflug auf die Ziele zu.
Von diesen beiden Plätzen aus hatten die Ägypter ihre Angriffe gegen die Royalisten im Yemen geflogen. Und weil das ägyptische

Oberkommando der Meinung war, die beiden Flugplätze seien genügend weit im Süden gelegen, um sicher vor israelischen Luftangriffen zu sein, hatte man sich gar nicht die Mühe gemacht, die dort liegenden *Il-28* und *MiG-17* entsprechend weit auseinanderzuziehen. Die ägyptischen Flugzeuge standen schön aufgereiht und ausgerichtet da und bildeten ein ideales Ziel. Auf Ras Banas wurden 16 *Il-28* innerhalb weniger Minuten von zwei *Vautour* zerstört; die Piloten brauchten nur langsam und niedrig genug die Reihe der abgestellten Bomber entlangzufliegen und sie mit Bordwaffen zu beschießen, Auch in Luxor gelang es den *Vautour*, die zugewiesenen Objekte zu zerstören, obwohl der Angriff dort auf heftiges Flakfeuer traf. Eine *Vautour* wurde getroffen und stürzte auf vier *MiG-17*, worauf die Wracks in einer riesigen Brandwolke explodierten.

Nach Beendigung ihrer Mission stiegen die *Vautour*, nun um die Last der Bomben und den halben Treibstoffvorrat erleichtert, über dem Roten Meer auf ihre optimale Dienstgipfelhöhe im Einmotorenflug; das waren in diesem Fall 8000 Meter. Diese Höhe behielten sie bis zur israelischen Grenze bei. Dort gingen sie in den Sinkflug und landeten anschließend in Hatzerim.

Während die *Vautour* noch auf dem Weg zu ihren Zielen im Süden waren, hatten *Mystère* und *Ouragan* verheerende Schläge gegen die ägyptischen Flugplätze auf der Halbinsel Sinai geführt. Die *Mystère* griffen zuerst an, trafen die Startbahnen mit ihren »Betonklopfer«-Bomben und wurden dann von den *Ouragan* abgelöst, die den Rest erledigten.

Auf Dschebel Libni saßen zwei ägyptische Piloten in den Cockpits ihrer *MiG-17*, auf einem Standplatz am Ende der Startbahn. Es handelte sich um eine Alarmstart-Rotte. Die Starterbatterien waren angeschlossen: es fehlte nur noch der Druck auf den Knopf. Die beiden Ägypter hatten trotzdem keine Chance, in die Luft zu kommen. Ein Schwarm *Mystère* der IAF zischte mit Höchstfahrt unter schrillem Pfeifen der Triebwerke über die Startbahn und zerstörte diese genau am Kreuzpunkt mit dem anderen Runway mit ihren »Betonklopfern«. Während der Staub und Rauch der Explosionen noch über der Stelle lag, kurvte die zweite Rotte in einem engen Turn zurück und raste auf die beiden ägyptischen Flugzeuge zu. Die Piloten in den Maschinen versuchten die Gurte zu lösen, um noch aus diesem Inferno herauszukommen. Aber es war bereits zu spät. In

ihren Cockpits festgeschnallt starben sie in einem Chaos von zerrissenem Metall, zersplitterten Instrumenten und plötzlich explodierenden Treibstofftanks.
Die beiden anderen *Mystère* hatten inzwischen die 13 *MiG-17* und *MiG-19*, die entlang den Gebäuden standen, mit Bordwaffen beschossen. Einige wurden bereits beim ersten Anflug erledigt. Als die vier *Mystère* sich dann wieder vereinten und noch zweimal anfliegen konnten, war das Zerstörungswerk vollendet. Einige Scheinflugzeuge, zur Tarnung aufgestellt, hielten die IAF-Piloten noch nicht einmal ihrer Aufmerksamkeit würdig; abgesehen davon, daß Berichte des israelischen Geheimdienstes diese Scheinflugzeuge schon längst erwähnt hatten, waren sie auch an Plätzen aufgestellt, wo kein normaler Mensch ein Flugzeug hinstellen würde.
Der Angriff auf Dschebel Libni forderte einen hohen Grad von Präzision: die israelischen Piloten waren angewiesen worden, 1200 Meter der Start- und Landebahn von der Gesamtlänge von 2500 Metern intakt zu lassen, damit die *Dakota* und *Noratlas* der IAF später darauf landen konnten. Wenn der Vormarsch der Armee planmäßig vor sich ging, dann sollten die Transportflugzeuge bereits am nächsten Tag von diesem Flugplatz aus operieren; inzwischen aber sollten — um ägyptische Instandsetzungsarbeiten zu verzögern — drei Halbstaffeln *Mystère* und *Ouragan* den Platz im Schutz der Abenddämmerung noch einmal angreifen und mit vielen kleinen Bomben mit Verzögerungszündern belegen, die dann die ganze Nacht hindurch mit geringen Zeitabständen hintereinander detonieren würden.
Auch El Arish sollte später vom israelischen Lufttransportkommando genutzt werden, und deshalb gingen die Israelis sogar das kalkulierte Risiko ein, die Startbahnen völlig intakt zu lassen. Die sechs *MiG-17*, die dort stationiert waren, wurden allerdings durch *Super Mystère* mit Raketen erledigt, und die IAF flog danach konstanten Jagdschutz über dem Platz, bis er von den vorrückenden Panzertruppen eingenommen werden konnte.
Die beiden restlichen Flugstützpunkte auf der Sinai, Bir Gifgafa und Bir Thamada, waren hauptsächlich mit Transportflugzeugen und Kampfhubschraubern belegt. Bir Gifgafa wurde von zwei *Mystère*-Schwärmen angegriffen, die die Startbahnen unbrauchbar machten und vier zweimotorige *Il-14* mit Bordwaffen zerstörten. Die *Mystère* kurvten dann auf die drei Hubschrauber ein, die am

anderen Ende des Flugplatzes standen; einer — ein großer *Mil Mi-6* — hatte gerade abgehoben und wollte in den Horizontalflug übergehen, als ein Feuerstoß aus den 3-cm-Kanonen der führenden *Mystère* den Hauptrotor traf. Der mächtige Hubschrauber fiel wie ein Stein zu Boden und ging in Flammen auf. Die beiden anderen Hubschrauber wurden am Boden zerstört. Eine Anzahl weiterer ägyptischer Transportflugzeuge, einschließlich einer großen *An-12*, wurden bei einem *Mystère*-Angriff auf Bir Thamada zerstört.

Inzwischen gingen die Angriffe auf die ägyptischen Flugplätze jenseits des Suez-Kanals weiter. Der erste verheerende Schlag hatte voll getroffen. Die israelischen Flugzeuge waren unbehelligt zurückgekommen. Aber jetzt war die ägyptische Luftabwehr alarmiert, und die nachfolgenden Angriffe waren mit Verlusten verbunden, da sie gegen heftiges Flakfeuer geflogen werden mußten. Um 09.30 Uhr entwickelte sich ein verbissener Luftkampf über Abu Sueir, in den 16 *Mirage* und *20 MiG-21* verwickelt waren. Es handelte sich bei den letzteren um den Verband aus Hurghada, der ein paar Tage vorher nach Süden verlegt worden war, um den südöstlichen Zugang zur Kanalzone zu decken, und den man nun in aller Eile im Alarmstart wieder nach Norden geworfen hatte. Die ägyptischen Piloten stürzten sich auf die *Mirage*, aber sie waren hoffnungslos unterlegen. Vier *MiG-21* wurden innerhalb weniger Minuten abgeschossen; der Rest brach den Kampf — wahrscheinlich wegen Treibstoffmangel — ab, flog nach Westen und sah sich nach einem noch brauchbaren Landeplatz um. Ein paar Maschinen kamen gut herunter, aber die meisten gingen bei Bruchlandungen auf den beschädigten Landepisten verloren odere mußten von ihren Piloten wegen Spritmangel aufgegeben werden, wobei nur der Absprung mit dem Schleudersitz übrig blieb.

Ansonst war es nur acht *MiG-21* gelungen, zu starten und die Angreifer zu stellen. Sie konnten zwei *Mystère* abschießen, wurden aber dann von einer Staffel *Mirage* angegriffen und nacheinander abgeschossen. Alle feindlichen Flugzeuge waren den 3-cm-Bordkanonen zum Opfer gefallen, die die israelischen Piloten wirksamer fanden als die Lenkwaffen *Matra 530*.

Um 10.20 Uhr begann der erwartete Angriff der jordanischen Streitkräfte, als Truppen der Arabischen Legion das Gebäude der UNO in Jerusalem in Besitz nahmen und in die israelische Hälfte der Stadt einzusickern begannen. Eine halbe Stunde später jagten vier *Hunter* der Königlich Jordanischen Luftwaffe über den vorgeschobenen Flugplatz Kefar Sirkin der IAF und schossen zwei *Super Cub* und einige Fahrzeuge zusammen. Die *Hunter* kehrten auf ihren eigenen Platz zurück und fanden ihn gerade unter dem Angriff israelischer *Mirage,* die die jordanischen Piloten zum Kampf stellten. Eine *Hunter* wurde sofort abgeschossen; eine zweite – hervorragend geflogen – griff die *Mirage* dreimal beherzt an, bevor sie wahrscheinlich wegen Spritmangel abbrach und prompt von zwei anderen *Mirage* in die Zange genommen und auch abgeschossen wurde. Die restlichen zwei *Hunter* gingen verloren, als die Piloten versuchten, auf der zerbombten Piste von Mafrag zu landen, und Bruch machten.

Den IAF-Piloten, die auf Mafrag angesetzt waren, hatte man vorher eingeschärft, die auf dem Platz befindlichen Flugzeuge genau zu identifizieren, denn es war bekannt, daß der Flugplatz von einer US-Abordnung benutzt wurde, die die jordanischen Piloten auf dem *Starfighter* einweisen sollten. Die Abordnung bestand aus etwa 100 Mann – zehn Fluglehrern, technischen Beratern und Bodenpersonal – und war mit zwei einsitzigen *F-104 A Starfighter* und drei zweisitzigen *F-104 B* ausgestattet. Obwohl sie unter jordanischen Farben flogen, gehörten sie technisch gesehen noch der USAF und unterstanden damit der direkten Aufsicht des amerikanischen Botschafters.

Als die Israelis über Mafrag ankamen, stellten sie jedoch fest, daß die *Starfighter* verschwunden waren. Die Amerikaner hatten sie nämlich 36 Stunden vorher auf den NATO-Flugplatz Cigli in der Türkei ausgeflogen, was man als Zeichen dafür nehmen kann, daß der amerikanische Geheimdienst einen Tip erhalten hatte, daß ein israelischer Präventivschlag unmittelbar bevorstand. Auch das übrige amerikanische Personal war an Bord von zwei *C-130* Transportflugzeugen ausgeflogen worden.

Auch der Flughafen von Amman wurde von den Israelis angegriffen – es war inzwischen 12.00 Uhr geworden. Vier *Mystère* warfen Bomben auf die Runways, während vier weitere *Mystère* die abgestellten Flugzeuge mit Bordwaffen beschossen. Zwei Hubschrauber vom Typ *Alouette* und sechs leichtere Transportflugzeuge wurden zerstört; unter den letzteren befanden sich drei *de Havilland Dove,* eine davon war unglücklicherweise die persönliche Maschine des britischen Luftwaffen-Attachés. Um 14.00 Uhr hatte die Königlich

Jordanische Luftwaffe praktisch aufgehört zu existieren: die Israelis hatten 21 von insgesamt 24 *Hunter* zerstört.
Die israelische Luftwaffe wandte ihre Aufmerksamkeit nun Syrien und dem Irak zu. Um 13.10 Uhr war eine einsame irakische *Tu-16* im Tiefflug über die Ebene von Sharon eingeflogen und hatte die israelische Stadt Netanya bombardiert, die beidseits der Eisenbahnlinie Haifa–Tel Aviv liegt. Der Bomber geriet in das konzentrierte Feuer von einem halben Dutzend 4 cm-Vierlings-Flak, fing an zu brennen und schlug in einer Wolke von explodierendem Treibstoff und herumwirbelnden Trümmern auf.
Das war der einzige Vorstoß, der von irakischer Seite gemacht wurde; eine Stunde später griffen *Mystère* und *Mirage* der IAF die Stützpunkte Habbanya und »Hotel Drei« an und zerstörten neun *MiG-21*, fünf *Hunter* und zwei *Il-14* Transportflugzeuge. Der Schlag der IAF gegen die irakische Luftwaffe hatte aber nicht die vernichtende Wirkung wie in Ägypten: die Ziele lagen weit entfernt, es konnte nur eine begrenzte Zahl von Flugzeugen eingesetzt werden – die Irakis hatten ihre Fugzeuge sorgfältig auseinandergezogen. Es gibt heute keinen Zweifel daran, daß die irakische Luftwaffe imstande gewesen wäre, eine größere Luftoffensive gegen Israel zu starten, bevor die IAF eine Chance gehabt hätte, zurückzuschlagen. Daß es nicht zu einem solchen Angriff auf Israel gekommen ist, war vermutlich auf sowjetischen Druck zurückzuführen, denn die Russen hatten sicher erkannt, daß die Israelis – auf lange Sicht gesehen – doch die Luftüberlegenheit erkämpft hätten. Die Sowjets wollten der irakischen Luftwaffe also ein ähnliches Schicksal, wie es die ägyptische Luftwaffe erlitten hatte, ersparen. Jedenfalls mischte sich die irakische Luftwaffe nicht weiter in den Konflikt ein und wurde daraufhin auch von den Israelis in Ruhe gelassen.
Ein weiterer wichtiger Grund, warum dem Irak am 5. Juni ein verheerender Schlag erspart geblieben ist, lag auch darin, daß die israelische Luftwaffe nach der Ausschaltung der ägyptischen und der Königlich Jordanischen Luftwaffe an diesem Morgen nun mit Syrien beschäftigt war und feindliche Radar-Stationen angreifen mußte. Die syrischen Luftwaffenstützpunkte Saigal, Dunmeyr, Damaskus, Marj Rhiyal und »Tango Vier« wurden durch *Mystère* und *Mirage* angegriffen, die dabei 32 *MiG-21*, 23 *MiG-17* und *MiG-15*, zwei *Il-28* und drei *Mi-4* Hubschrauber zerstören konnten. Der Flakbeschuß war ziemlich schwer, die Israelis verloren einige

Flugzeuge, einschließlich zwei *Mystère,* die über Damaskus abgeschossen wurden. Eine andere *Mystère* wurde von einigen *MiG-17* abgeschossen, als sie im Tiefflug Bodenziele mit Bordwaffen bekämpfte. Die *MiG-17* wurden dann aber ihrerseits ein paar Minuten später durch einige *Mirage* abgeschossen.
Die feindlichen Radarstationen kamen am Nachmittag des 5. Juni dran, als vier *Super Mystère* die jordanische Stellung bei Ajlun mit Raketen angriffen und in einen Haufen rauchender Trümmer verwandelten. Weitere Einsätze wurden im Laufe des Nachmittags gegen insgesamt 23 ägyptische Radarstationen, wovon allein 16 auf der Halbinsel Sinai lagen, geflogen. Alle wurden zerstört.
90 Minuten vor den Angriffen hatten die Israelis eine intensive elektronische Störaktion gestartet, die die feindliche Radar-Erfassung völlig durcheinander brachte. Unter den angewandten Methoden war eine, die sich 1967 noch genauso wirksam erwies, wie dies 1944 der Fall gewesen war: drei *Dakota* flogen an der Grenze im Norden der Halbinsel Sinai auf und ab und warfen »Düppel-Streifen« ab – schmale Aluminiumstreifen, die exakt auf die Wellenlänge des ägyptischen Radar geschnitten waren. Diese elektronische Störmaßnahme führte auch an anderen Stellen zu Ärger und Verdruß: am 5. Juni, gegen Mittag, war das östliche Mittelmeer die Szene intensiver Radar-Tätigkeit, da die Amerikaner, die Russen und die Briten natürlich auf elektronischem Wege Klarheit über die Vorgänge zu erhalten versuchten. Als Folge der ausgedehnten Störmaßnahmen der Israelis begann sich erst am Abend für die Beobachter ein klares Bild abzuzeichnen.
Inzwischen war natürlich auch die Offensive zu Land angelaufen. Um 08.15 Uhr war die Panzerspitze gegen den Gaza-Streifen angetreten und hatte eine große gelbe Staubwolke aufgewirbelt, die langsam über die Landschaft geweht wurde. Granaten der ägyptischen Artillerie, die schwerpunktmäßig bei Rafah zusammengezogen war, begannen zwischen den vorrückenden Panzern zu detonieren, als die kleinen *Fouga Magister,* die bisher fast nur als Trainer geflogen wurden, zum erstenmal in den Kampf eingriffen. Die israelischen Panzerbesatzungen brachen in Rufe der Begeisterung aus, als die *Magister* niedrig über sie wegflogen, schwerbeladen mit Raketen unter den Tragflächen. Diese Flugzeuge wurden fast ausschließlich von Reservisten geflogen. Sie belegten die ägyptischen Artilleriestellungen mit Treffern, 15 Minuten lang ohne Unterlaß

und mit großer Genauigkeit. Diesem Luftangriff folgte konzentriertes israelisches Artilleriefeuer, das den Vormarsch der Panzer auf ihre ersten Ziele deckte. Um 08.48 Uhr überschritt die erste Panzerkompanie die Grenze. Die *Patton* Panzer fuhren in Reihe, wegen Minengefahr. Die *Magister* flogen weitere Einsätze – dieses Mal gegen die ägyptische Artillerie bei Khan Yunis, die nunmehr die Panzer der Israelis mit einem Hagel von Geschossen einzudecken versuchte.

Um 10.00 Uhr brachen die israelischen Panzer nach heftigen Kämpfen durch die ägyptischen Stellungen und stoben mit Höchstfahrt über den sieben Kilometer breiten Streifen Land auf Khan Yunis zu. Die ersten Einheiten preschten durch die Stadt und fuhren auf die nächsten Ziele los; diese bestanden in einer Verteidigungsstellung nordwestlich von Rafah und einer weiteren befestigten Stellung an dere Straße Khan Yunis–Rafah. Der Infanterie-Stützpunkt von Rafah wurde umgangen; er konnte später erledigt werden. Heftige Kämpfe entwickelten sich dann am strategisch wichtigen Knotenpunkt Rafah, der den Zugang zur Halbinsel Sinai beherrscht. Die Israelis erlitten hier beträchtliche Verluste. Die *Magister* griffen erneut ein, wieder gegen Artilleriestellungen, aber dieses Mal gelang es ihnen nicht, die Mehrzahl der Batterien zum Schweigen zu bringen.

Die ägyptischen Geschützbedienungen nahmen jedesmal Deckung in tiefen Bunkern, wenn sie die Flugzeuge hörten, und sie kamen wieder heraus, wenn die *Magister* davongeflogen waren.

Trotzdem brachen israelische Panzer ungefähr um 12.00 Uhr durch den nördlichen Verteidigungsring, überrannten weitere Verteidigungsstellungen bei Sheikh Zuweid und marschierten bereits auf El Arish los, als andere Panzerverbände auf der Südflanke des Knotenpunktes immer noch mit den Ägyptern kämpften. Gegen 16.00 Uhr hatte die israelische Vorausabteilung – eine Kompanie *Centurion* Panzer – die Vororte von El Arish erreicht, nachdem sie sich durch den stark befestigten Jiradi-Paß hindurchgekämpft hatte. »Gekämpft« ist vielleicht nicht das richtige Wort: der Panzervorstoß durch den Paß kam für die Ägypter so überraschend, daß sie schließlich nur noch ein paar Schüsse hinter der israelischen Panzerkolonne herjagen konnten. Als dann das Gros des israelischen Panzerverbandes anrückte, war es eine andere Geschichte: der Paß war wirksam gesperrt, und die Panzer wurden durch genaues Feuer in Dek-

kung gehalten. Trotz Luftunterstützung durch *Magister* und *Ouragan* waren die Ägypter nicht aus den Stellungen zu vertreiben; schließlich kam gegen Mitternacht ein Bataillon Panzergrenadiere an, stürmte die Stellungen und kämpfte den Paß unter Mithilfe eines Panzerkommandos nach stundenlangen schweren Einzelgefechten frei. Um 12.00 Uhr hatte man zu den beiden Bataillonen aufgeschlossen, die bereits vor El Arish lagen, wo sich die Israelis auf den erwarteten ägyptischen Gegenangriff vorbereiteten, denn die Ägypter hatten in der Nähe einen größeren Panzerverband zusammengezogen. Sieben israelische Panzer erhielten den Auftrag, weiterzufahren und den Flugplatz von El Arish einzunehmen, dessen Besitz für die Durchführung der weiteren israelischen Operationen auf der Halbinsel von entscheidender Bedeutung war.
Die kleine Abteilung traf auf Widerstand durch ägyptische Panzer und 5,7 cm-Flak. Aber auch dieser Widerstand konnte gebrochen werden, und die israelischen Panzer setzten sich um 04.00 Uhr in den Besitz des Flugplatzes. Die Soldaten bekamen hier zum erstenmal einen Eindruck von den Zerstörungen, die die Luftwaffe verursacht hatte. Die Pisten waren mit Kratern und mit ausgebrannten Flugzeugwracks übersät, aber die Gebäude und anderen Einrichtungen waren intakt. Luftwaffenpersonal, das kurze Zeit später eintraf, fand große Vorräte an Munition, einschließlich 8 cm-Luft-Boden-Raketen, die sofort für die *Magister*-Staffeln reserviert wurden. Die Ägypter hatten El Arish offensichtlich in solcher Eile evakuiert, daß sie sogar vergessen hatten, die Geheimsachen zu vernichten. Als israelische Geheimdienstoffiziere die unterirdischen Bunker durchsuchten, fanden sie den gesamten Einsatzplan der ägyptischen Luftwaffe. Unter anderem enthüllte dieser Plan, warum die ägyptische Luftwaffe so verschlafen auf die israelische Luftoffensive reagiert hatte: die Pläne für einen vorgesehenen ägyptischen Luftangriff auf Israel sahen mindestens drei Stunden Pause zwischen den einzelnen Angriffswellen vor. Der Generalstab der ägyptischen Luftwaffe hatte den tödlichen Fehler begangen, anzunehmen, daß ein etwaiger israelischer Luftüberfall etwa nach demselben Schema ablaufen würde, wobei die Jagdflieger also genügend Zeit hatten, um die zweite Angriffswelle abzufangen und die ägyptischen Bomber zum Gegenschlag in die Luft zu bringen. Die Ägypter hatten die unvergleichbar höhere Effektivität des israelischen Bodenpersonals nicht in Rechnung gesetzt, denn diese war ausschlaggebend gewesen,

um den überschlagenden Einsatz auf Minuten-Zwischenräume beschränken zu können und damit praktisch eine non-stop-Offensive von beinahe drei Stunden Dauer durchzuführen.
Um 06.00 Uhr machten die israelischen Panzer in der Umgebung von El Arish Rast und formierten sich neu. Während die Panzer aufgetankt und aufmunitioniert wurden, schnappten sich die Besatzungen — verschwitzt und dreckig wie sie waren, die Gesichter schwarz vom Pulverrauch — ein paar Brocken zum Frühstück.
In diesem Augenblick kam der Alarm. Von Westen her, direkt auf die Panzer zu, die beim Auftanken waren, kamen zwei *Suchoi Su-7* Jagdbomber im Tiefflug angeprescht. Die israelischen Besatzungen stoben auseinander,griffen nach ihren Waffen, als die Düsenmaschinen unbeirrt weiter auf ihr Ziel losflogen.
Die ägyptischen Piloten schafften es nicht. Zwei *Mirage* kurvten hinter ihnen ein. Man sah ihre Bordkanonen blitzen. Es war innerhalb von Sekunden vorbei. Bei einer *Su-7* wurde die Tragfläche von den 3-cm-Granaten der *Mirage* weggeschossen; sie ging in eine halbe Rolle nach oben, bevor sie sich auf den Rücken legte und dann mit einem fürchterlichen Schlag auf den Wüstenboden donnerte. Die zweite *Su-7* fing an zu brennen, warf ihre Bomben im Notwurf ab, wo sie keinen Schaden anrichten konnten, und drehte ab. Sie verlor schnell Höhe, schlug dann auf und kam in einer Wolke brennender Trümmer zum Stillstand. Die *Mirage* schalteten donnernd ihre Nachbrenner ein und flogen über den Panzern steil in den Morgenhimmel, an dem sie eine leichte Rauchspur hinterließen.
Während General Israel Tal's Panzerdivision auf El Arish zu marschierte, hatte eine Brigade *Centurion* Panzer die Grenze überschritten und rollte nun durch die Wüste auf den wichtigen Knotenpunkt Bir Lahfan zu, um ägyptischen Verstärkungen den Weg zu versperren, die von Dschebel Libni her im Anmarsch waren. Die 24 Panzer gingen am 5. Juni um 18.45 Uhr an dem Knotenpunkt in Stellung und hielten ihn unter heftigem, wenn auch ungenauem Artilleriefeuer. Während der Nacht kam eine Kolonne schwerer ägyptischer *T-55* Panzer aus Richtung Dschebel Libni. Die Ägypter hatten nicht erwartet, hier auf Widerstand zu stoßen, und die vier Panzer an der Spitze wurden fast zur gleichen Zeit getroffen und in Brand geschossen. Die übrigen *T-55* gingen schleunigst hinter den Sanddünen in Deckung und erwiderten das Feuer. Die ganze Nacht durch blieben beide Teile, wo sie waren, und hämmerten aufeinander los. Die

Israelis waren zufrieden damit, hinhaltend zu kämpfen und die Stellung zu halten, bis sie nach Tagesanbruch auf Unterstützung aus der Luft rechnen konnten.

Während der Nacht wurde ein Bataillon *Centurion* abgezogen, um am Angriff auf Abu Ageila teilzunehmen, der am Montag richtig in Gang gekommen war. Aber als die Panzer eintrafen, um die Ägypter von hinten anzugreifen, war Abu Ageila bereits gefallen. Der Hauptangriff auf diese ägyptische Stellung, die von einer Division mit Artillerieunterstützung und etwa 90 Panzern verteidigt wurde, war von einer Infanterie-Brigade gegen 22.00 Uhr geführt worden. Die Infanterie durchbrach die drei vorderen Verteidigungslinien und machte den Weg frei für die israelischen Panzer, die durch das Minenfeld rollten, das den Verteidigungsring umgab, und dann die Ägypter innerhalb der eigenen Linien angriffen. Die Waagschale neigte sich endgültig zugunsten der Israelis, als am Dienstagmorgen um 01.00 Uhr eine Staffel *Super Frelon* und *S-58* durch die Dunkelheit herangeklappert kam und eine Fallschirmjäger-Einheit im Rükken der Ägypter absetzte. Die Fallschirmjäger stürmten die Artilleriestellungen und brachten die Geschütze zum Schweigen. Trotzdem dauerte es aber noch bis zum folgenden Nachmittag, bis der letzte Schuß nach einer heftigen Panzerschlacht gefallen war.

Zu diesem Zeitpunkt, am Morgen des Dienstag, 6. Juni, hatte die israelische Luftwaffe ihre primäre Aufgabe – nämlich die feindlichen Luftstreitkräfte zu neutralisieren – während des Vortags bereits hinter sich gebracht und erschien in voller Stärke über den Schlachtfeldern der Halbinsel Sinai, um den Landstreitkräften ihre Unterstützung zukommen zu lassen. Um 06.00 Uhr pfiffen zwei *Mystère* auf die ägyptischen Panzer zu, die bei Bir Lahfan standen, und griffen mit Raketen und Bordwaffen an. Vier Panzer wurden zerstört und eine Anzahl ungepanzerter Fahrzeuge wurde in Brand geschossen. Eine *Mystère* wurde getroffen, ging in einen steilen Steigflug über und zog einen dicken Rauchstreifen hinter sich her. Der Pilot schoß sich mit dem Schleudersitz aus seiner Maschine und wurde wenig später von israelischen Soldaten aufgenommen. *Mystère* und *Ouragan* lösten sich laufend ab, bis schließlich die Überreste der ägyptischen Einheiten gegen 10.00 Uhr in Richtung Dschebel Libni zurückzuweichen begannen, unter Zurücklassung brennender oder ausgebrannter Panzer und Fahrzeuge, die schwarze Flecken in die Wüste zeichneten.

Taktischer Lufttransport wird bei Zahal, der israelischen Armee, groß geschrieben. Kern der Transportverbände sind zweimotorige *»Noratlas«*-Maschinen, die fast ausschließlich aus Beständen der Bundeswehr stammen. Foto: eine *»Nora«* setzt einen Jeep im Flug ab.

Mehrere russische Boden-Luft-Raketen *SAM-2* wurden im Sechs-Tage-Krieg in feuerbereitem Zustand von den Israelis erbeutet. Eine verbesserte *SAM-2* bildet heute noch den Kern des russisch-ägyptischen Luftabwehrsystems entlang des 160 Kilometer langen Suez-Front.

Die Piloten stellen die Elite der israelischen Streitkräfte dar. In vier Kriegen zeigten sie sich allen arabischen Gegnern, aber auch russischen Spitzenpiloten, überlegen.

Als »beste Schießplattform der Welt« bezeichnen Israels Piloten heute noch den 20 Jahre alten Düsen-Jagdbomber *Dassault MD-450 »Ouragan«*. 1971 waren immer noch zwei Jagdbomber-Staffeln mit diesem französischen Typ ausgerüstet.

Inzwischen hatte auch im Norden der Angriff auf den Gaza-Streifen begonnen. Die Stadt selbst wurde stark verteidigt, und die israelischen Truppen fanden sich in wütend verbissene Kämpfe verwickelt. Luftangriffe durch *Magister* und *Ouragan* folgten um die Mittagszeit einem heftigen israelischen Trommelfeuer. Während eines solchen Luftangriffs durchschlugen Bombensplitter und Bordwaffenbeschuß die Wände des UNO-Gebäudes in Gaza und töteten zehn indische UNO-Beobachter. Israelische Panzer drangen nach der Feuervorbereitung in die Stadt ein. Ein heftiger Kampf entbrannte, als die Panzer gegen die Stadtmitte vordrangen, die während des Nachmittags erreicht wurde. Es dauerte noch stundenlang, bis die letzten Widerstände ausgelöscht waren. Mit der Einnahme von Gaza waren den Israelis auch große Mengen ägyptisches Kriegsmaterial in die Hand gefallen.

Im Osten standen die israelischen Verbände indessen auch mit den Jordaniern in verbitterten Kämpfen. Die Einnahme von Jerusalem stand hier auf dem Plan. Am Dienstagnachmittag war die Stadt nach einer Zangenbewegung von Panzereinheiten eingeschlossen worden. Auf der einen Seite war dabei Tel el-Pul, auf der Straße Jerusalem—Ramallah, eingenommen worden. Auf der anderen Seite war Bethlehem südlich umgangen und die strategische Straße nach Jericho und Amman abgeschnitten worden, während weiter nördlich Fallschirmjäger um den Besitz der wichtigen Straßengabel bei Jenin kämpften, von wo aus der Vormarsch auf die Stadt Nablus erfolgen sollte. Die Israelis wandten hier eine »Dampfwalzen«-Taktik an: jedem neuen Vorgehen ging ein verheerender Luftangriff voraus. Die IAF setzte jedes nur verfügbare Flugzeug ein — *Mirage, Mystère, Super Mystere, Vautour, Ouragan und Magister.* Die Luftwaffe konnte jetzt ohne jede Furcht vor einem Gegner in der Luft operieren: die Königlich Jordanische Luftwaffe hatte aufgehört zu existieren. 18 Stunden lang hatten die israelischen Flugzeuge auf die jordanischen Stellungen eingehämmert, die sich entlang dem von Norden nach Süden verlaufenden Bergrücken erstreckten, der die fruchtbare Ebene von Jerusalem überblickt, hatten einen unaufhörlichen Regen von Sprengstoff und Napalm ausgelöst. Bei Jenin waren einige jordanische *Patton*-Panzer-Bataillone von *Magister* und *Ouragan* mit Raketen zerschlagen worden. Damit war der Weg nach Nablus frei. Zur gleichen Zeit traf ein israelischer Vorstoß, von Ramallah aus die Höhenstraße nach Norden hinauf, auf harten

Widerstand. Vor Sonnenaufgang am Mittwoch gingen die Israelis in die Bereitstellung für den entscheidenden Angriff auf die Stadt. Die Verteidiger von Nablus, von der Wut der Angriffe wie betäubt und ohne Hoffnung auf Entsatz, kämpften verzweifelt weiter. Es dauerte noch bis Mittwochnachmittag, bis die israelischen Panzer in die Stadt einfahren konnten. Während der letzten Phase des Angriffs gingen die israelischen Flugzeuge im Sturzflug auf ihre Ziele herunter und schossen ihren Kameraden buchstäblich den Weg vor ihren Füßen frei.

Jerusalem wurde durch die zähen Krieger der arabischen Legion verteidigt und erwies sich als besonders harte Nuß. Hier kamen großangelegte Luftangriffe wegen der Gefahr, daß Gebäude und Stellen von unsagbarem kulturellen oder religiösen Wert beschädigt oder zerstört werden könnten, nicht in Frage. Statt dessen verließ man sich auf Raketen-, Napalm- oder Bordwaffenangriffe mit *Magister*, die zu zweit oder dritt operierten, wobei sich die Piloten auf die verhältnismäßig niedrige Geschwindigkeit und die hervorragende Manövrierfähigkeit verlassen konnten, um einen hohen Grad von Genauigkeit und eine fehlerfreie Identifizierung der Einzelziele zu gewährleisten. Dabei setzten sich die Piloten wieder und wieder dem heftigen Beschuß durch Handfeuerwaffen aus, und jedes Flugzeug kehrte mehr oder weniger durchlöchert auf den eigenen Platz zurück. Während die *Magister* die Stellungen der Arabischen Legion auf dem Ölberg und sonstwo in der Umgebung von Jerusalem eindeckten, heulten Verbände von *Mystère* und *Mirage* gen Osten, um feindliche Panzer und Nachschubtransporte auf der Straße nach Annam anzugreifen. Sie zerstörten die Allenby-Brücke über den Jordan und durchkreuzten damit mögliche feindliche Pläne für einen starken Gegenangriff. Die Jagdbomber konnten nach Belieben über Annam operieren und ihre Raketen in öffentliche Gebäude jagen und den Königspalast beschädigen.

Am Mittwoch waren die schlimmsten Kämpfe bei Einbruch der Nacht vorbei. Die Israelis räumten die letzten Widerstandsnester im Ostteil von Jerusalem aus. Die neun jordanischen Brigaden, die bei Ausbruch der Feindseligkeiten entlang der Grenze nach Israel standen, waren aufgerieben, und die israelischen Truppen marschierten in Eilmärschen nach Jericho und Hebron.

Über dem Staub und Rauch des Dienstag war längst die Sonne untergegangen – die Panzer-Division des Generals Israel Tal hatte die lange Verfolgung quer durch die Wüste Sinai angetreten, die erst enden sollte, wenn die Panzer das Ufer des Suez-Kanals erreicht hatten. Der Plan sah zwei Marschsäulen vor, eine von El Arish in Richtung Kantara und eine zweite von Bir Lahfan durch den Dschebel Libni und Bir Gifgafa nach Ismailia. Um 19.30 Uhr fuhren die Panzer los, das Rasseln ihrer Ketten und das Brummen der Diesel lag noch lange über der Stille der Wüste.

Erst jetzt, am Ende des zweiten Tages, war der Nachrichtendienst der israelischen Luftwaffe in der Lage, ein verhältnismäßig genaues Bild von der Verheerung zu zeichnen, die über die arabischen Streitkräfte während der letzten 48 Stunden hereingebrochen war. Bis 6. Juni um Mitternacht hatte die ägyptische Luftwaffe 319 Einsatzflugzeuge und Hubschrauber verloren, alle – mit Ausnahme einer Handvoll Maschinen – am Boden zerstört. Die Gesamtzahl enthielt alle 30 *Tu-16* des strategischen Bomberregiments – alle während des Schlages gegen Kairo West innerhalb weniger Minuten zusammengehauen –; 27 *Il-28*, von denen die meisten bei den *Vautour*-Angriffen auf Luxor und Ras Banas im Süden zerstört wurden; 12 brandneue *Suchoi Su-7* Jagdbomber, von denen 15 erst Ende April in Ägypten angekommen und bei Ausbruch der Feindseligkeiten einer Reservestaffel der 12. Flieger-Division zugeteilt waren; 95 *MiG-21;* 25 *MiG-19*; 85 *MiG-15* und *MiG-17;* 24 *Iljuschin Il-14* und 8 *Antonow An-12* Transportflugzeuge; 8 *Mi-6*, 4 *Mi-1* und ein *Mi-4* Hubschrauber. In dieser Gesamtsumme waren nicht enthalten: Schulflugzeuge und Verbindungsflugzeuge, von denen ebenfalls einige bei den Luftangriffen verloren gegangen waren.

An den anderen Fronten hatten die Syrer 2 *Il-28*, 32 *MiG-21*, 23 *MiG-15* und *MiG-17* und 3 Hubschrauber verloren, während der Irak den Verlust von einer *Tu-16*, 9 *MiG-21*, 5 *Hunter* und 5 *Il-14* zu beklagen hatte. Die glücklose Königlich Jordanische Luftwaffe war ausgelöscht; sie hatte ihre 21 *Hunter*, 5 Transportflugzeuge und 3 Hubschrauber verloren. Der letzte arabische Flugzeugverlust war eine libanesische *Hunter*, die in den israelischen Luftraum spät am Dienstagabend eingeflogen war und prompt von einer *Mirage*-Patrouille abgeschossen wurde.

Andererseits beliefen sich die Verluste der israelischen Luftwaffe am Ende des zweiten Tages auf 26 Flugzeuge: 7 *Mystère IV A*, 5 *Ouragan*, 4 *Super Mystère*, 2 *Mirage*, 7 *Magister* und eine *Vautour*. Keines der israelischen Fugzeuge war im richtigen Luftkampf abgeschossen worden, obwohl drei *Mystère* von *MiG*-Flugzeugen während Tiefangriffen auf feindliche Flugplätze abgeschossen worden waren; in allen drei Fällen war es aber wenig wahrscheinlich, daß die israelischen Piloten, die gerade konzentriert zielten, etwas von den feindlichen Flugzeugen bemerkten, durch die sie abgeschossen wurden. Die große Mehrheit der israelischen Flugzeugverluste war auf die Bodenabwehr zurückzuführen, die manchmal konzentriert und sehr genau schoß. Die feindlichen Geschützbedienungen hatten es aber oft sehr leicht, weil die Israelis ihre Angriffe bei verhältnismäßig niedrigen Geschwindigkeiten flogen. In einigen Fällen machten israelische Flugzeuge ihren Anflug mit voll ausgefahrenen Klappen und ausgefahrenem Fahrwerk, um den Luftwiderstand zu erhöhen und die Geschwindigkeit noch mehr herabzusetzen.

Kein israelisches Flugzeug war den ägyptischen *SAM-2* Flugabwehr-Raketen (NATO-Bezeichnung: *Guideline)* zum Opfer gefallen, obwohl einige auf Angreifer in der Kanalzone abgeschossen worden waren. Die Raketenstellungen waren dem israelischen Geheimdienst genau bekannt, und deshalb flogen die Israelis einen Bogen um diese Stellungen herum, um ihnen aus dem Wege zu gehen. Andererseits wurden die *SAM-2* fast mit Verachtung abgetan, denn die Israelis kannten die Grenzen der russischen Lenkwaffe gegen niedrig anfliegende Flugzeuge. Man hatte die Raketenstellungen sogar nicht einmal in die Liste der primären Ziele aufgenommen; statt dessen waren sie unter den Zielen zu finden, die erst nach Zerstörung der Ziele erster Ordnung »berücksichtigt« werden sollten. Bei der einen oder anderen Gelegenheit, als solche Boden-Luft-Raketen in die Nähe von israelischen Flugzeugen gekommen waren, wichen die Piloten einfach aus, und die Dinger verschwanden irgendwo im Nichts.

Fünf der abgeschossenen israelischen Piloten konnten über »freundlichem« Territorium abspringen und wurden durch Hubschrauber vor der Nase der Feinde aufgenommen; von den übrigen 21 kamen 8 ums Leben, 10 gerieten in Gefangenschaft und 3 wurden als vermißt gemeldet. Von den gefallenen Piloten waren mindestens zwei — beide über Syrien abgeschossen — bewußt nicht abgesprungen, um nicht in die Hände der Syrer zu fallen. Ein Pilot, der über dem Suez-Kanal abgesprungen war, wollte sich einer Gruppe ägyptischer Bauern übergeben, aber diese haben ihn — vielleicht mehr im ersten Schrecken — mit Messern und Äxten zu Tode gehackt.

Am Morgen des Mittwoch, 7. Juni, befanden sich die ägyptischen Truppen in vollem Rückzug und fielen auf die zwei Stellungen zurück, in denen sie noch hoffen konnten, den weiteren israelischen Vormarsch aufzuhalten: Bir Gifgafa und Mitla. Die Rückzugswege waren mit ausgebrannten Fahrzeugen übersät, denn die israelische Luftwaffe griff die ägyptischen Kolonnen ohne Pause an; nicht einmal in der Dunkelheit hörte das auf. Die *Vautour* hieben immer wieder auf die Ägypter ein — sie flogen ihre Einsätze von Hatzerim aus, machten die Nacht mit ihren Leuchtbomben zum Tage. Die Panzer und Kraftfahrzeuge hoben sich als Silhuette scharf gegen die Wüste ab. Man konnte gar nicht vorbeischießen — an manchen Stellen wurden die Wüstenstraßen von den vielen ausgebrannten Wracks verstopft. Bei verschiedenen Gelegenheiten konnte eine einzige Bombe — auf die richtige Stelle geworfen — eine riesige Karambolage auslösen.

Obwohl die Luftangriffe ihren primären Zweck damit erreicht hatten, daß sie die Ägypter auf dem Rückzug völlig durcheinander brachten, behinderten sie auf der anderen Seite einige Male auch die in Eilmärschen vorrückenden drei israelischen Divisionen. Die israelischen Panzer mußten Umwege fahren, um Straßen vermeiden zu können, die völlig mit Fahrzeugwracks verstopft waren. Für die israelischen Kommandeure waren diese Verzögerungen äußerst deprimierend, denn die ganze Idee von dem Durchbruch durch die Wüste stand oder fiel damit, ob es gelang, Mitla und Bir Gifgafa vor den Ägyptern zu erreichen, um ihnen nämlich die Rückzugsstraßen abzuschneiden. Um die Dinge noch weiter zu komplizieren, hatten die Divisionen sich ihren Weg auch noch durch die ägyptische Nachhut hindurchkämpfen müssen. Und jetzt ging den israelischen Panzern allmählich der Sprit und die Munition aus. Die Israelis mußten nun weitgehend auf Beutebestände zurückgreifen. Die *Noratlas* und *Dakota* des Lufttransportkommandos taten zwar, was sie konnten — den ganzen Mittwoch hindurch — aber die israelischen Panzer hielten nie lange genug an einem Platz, damit die Transportflugzeuge größere Mengen von Nachschub absetzen konnten.

Am Mittwoch entwickelte sich gegen 18.30 Uhr zwischen den ersten ägyptischen Kolonnen und einer israelischen Panzerabteilung ein Kopf-an-Kopf-Rennen auf den Mitla-Paß zu. Die Abteilung, die im Lauf des Tages aufgrund von Treibstoffknappheit und technischen Pannen von 28 *Centurion* auf 9 zusammengeschrumpft war, machte das Rennen und baute eine Straßensperre auf. Aber die ersten feindlichen Kolonnen brachten es fertig, darum herumzufahren und in den Paß einzudringen. Als die desorganisierte Masse von Panzern und Lastwagen in die engen Schluchten hineindrängte, hörte man das Heulen von Düsentriebwerken. Zwei *Vautour* tauchten auf und warfen ihre Bomben genau auf die ägyptischen Kolonnen, die an der Spitze fuhren.

Ein Munitionsfahrzeug flog mit einem unheimlichen Knall in die Luft, und die Israelis konnten ein tödliches Feuerwerk beobachten – explodierende Granaten und Leuchtspurgeschosse flogen in alle Richtungen, durchschlugen andere Fahrzeuge und setzten eine Kettenreaktion in Gang.

Während der Nacht kamen weitere israelische Einheiten vor der Einfahrt zum Paß an und verstärkten jetzt die Straßensperre. Ein paar ägyptische Panzer brachen noch durch, aber eine größere Zahl wurde bei dem Versuch abgeschossen. Bei Morgengrauen waren dann allerdings die Israelis in einer verzweifelten Situation: Treibstoff und Munition waren nahezu aufgebraucht – und dabei war ein bitterer Kampf mit stärkeren ägyptischen Kräften zu erwarten – darunter 28 *T-54* Panzern –, die von Osten heranrückten. Glücklicherweise verlor man die Sache nicht ganz aus der Hand; drei Formationen *Ouragan* erschienen am Himmel, stießen auf die ägyptischen Kolonnen herab und deckten sie mit Napalmbomben, Raketen und Bordwaffenbeschuß ein. Dreißig Minuten später war die Gefahr vorbei; die feindliche Kolonne war zusammengeschossen, die Überlebenden waren in der Wüste in Deckung gegangen.

Inzwischen bewegte sich die Panzer-Division von General Tal in raschem Vormarsch auf Ismailia zu. Um 15.30 Uhr (Mittwoch) näherte sie sich dem Flugplatz Bir Gifgafa und begegnete heftigem Abwehrfeuer. Eine Abteilung *T-55*-Panzer war, eingegraben, in der Nähe des Flughafen-Radars in Hinterhangstellung. Im Verlauf des Schußwechsels tauchten zwei Schwärme *MiG-17* auf und flogen Tiefangriffe auf die israelische Kolonne. Die ägyptischen Düsenjäger wurden aber sofort durch einige *Mystère* in einen Luftkampf verwickelt. Aber dieses Mal kamen die Israelis schlecht weg: eine *Mystère* wurde abgeschossen, und die *MiG-17* kamen unbehelligt davon. Als Demonstration ägyptischer Luftmacht war die Vorstellung nicht besonders beeindruckend, aber sie zeigte doch, daß die ägyptische Luftwaffe – obwohl sie die israelische Luftherrschaft nicht mehr in Frage stellen konnte – doch noch imstande war, zurückzuschlagen. Die Jagdbomber, die zu diesem Zeitpunkt überhaupt noch in Erscheinung traten, gehörten zu den wenigen Flugzeugen, die zur Zeit des ersten Offensivschlags am 5. Juni auf Flugplätzen tief im Innern Ägyptens lagen. Aber es tauchten nun auch einige algerische Flugzeuge auf, deren Nationalitätszeichen einfach übermalt waren. Sie waren in aller Eile nach Ägypten entsandt worden, um den Rückzug der ägyptischen Truppen von der Halbinsel Sinai decken zu helfen – Nasser hatte deswegen einen verzweifelten Hilferuf ausgesandt. Obwohl die Majorität dieser Flugzeuge von Ägyptern geflogen wurde, nahmen bei einigen Einsätzen auf ägyptischer Seite auch algerische Piloten teil. Weitere *MiG*-Flugzeuge griffen die auf Ismailia vorrückenden Truppen vor Einbruch der Nacht an, aber dieses Mal wurden sie bereits von *Mirage* erwartet, die drei der ägyptischen Flugzeuge abschießen konnten.

Auf der anderen Seite hielten israelische Luftangriffe die ägyptischen Kräfte um Bir Gifgafa nieder, bis es dunkel wurde. Aber in der Nacht führten die Ägypter heftige Gegenangriffe mit Panzerunterstützung, überrannten eine israelische Abteilung, die mit leichten französischen *AMX-13* ausgerüstet war, und schlugen sie zusammen. Verstärkungen wurden schnell herangeführt und griffen in die Keilerei ein. Zwei *Vautour* griffen auf die dringende Bitte um Luftunterstützung hin ebenfalls ein. Sie kreisten sorgfältig über dem Gebiet, warfen Leuchtbomben ab und flogen ab und zu im Sturzflug Einzelziele an, von denen sie sich etwas versprachen. Schließlich donnerte noch eine Kompanie *Centurion* auf das Schlachtfeld, und langsam begann sich die Waagschale wieder zugunsten der Israelis zu senken, und die Ägypter zogen sich wieder zurück. Bei Morgengrauen berichteten Spähtrupps, daß offensichtlich jeder organisierte feindliche Widerstand aufgehört hatte zu existieren. General Tal entschloß sich, einen Teil seiner Verebände mit höchstmöglicher Geschwindigkeit in Richtung Suez-Kanal in Marsch zu setzen.

Die letzten Stunden der Auseinandersetzung auf der Halbinsel Sinai waren durch die heftigsten Kämpfe des Sechs-Tage-Krieges gekennzeichnet, denn die Ägypter warfen ihre letzten Reserven über den Kanal – in einem verzweifelten Versuch, den israelischen Vormarsch solange aufzuhalten, bis die Überreste der zerschlagenen Armeen nach Ägypten entkommen konnten. Die ägyptischen Panzerbesatzungen kämpften mit geradezu selbstmörderischem Einsatz. Von den 950 ägyptischen Panzern, die auf der Sinai-Halbinsel eingesetzt waren, fielen den Israelis nur etwa 100 intakt in die Hände. Die anderen kämpften, bis sie entweder durch israelische Panzer oder Pak oder aber durch Luftangriffe außer Gefecht gesetzt oder vernichtet waren.

Der verbliebene Rest der ägyptischen Luftwaffe machte sich ebenfalls immer wieder durch sporadische Angriffe auf die vorrückenden israelischen Verbände bemerkbar. Diese Angriffe wurden mit wütender Entschlossenheit geflogen und richteten in einigen Fällen beträchtlichen Schaden an. Aber der Mut der ägyptischen Piloten genügte eben nicht allein. Die *Mystère* und *Mirage* waren überall, und die *MiG*-Jagdbomber erlitten weitere entsetzliche Verluste.

Trotzdem ging aber in den letzten Tagen nicht alles so, wie es die israelische Luftwaffe gern gehabt hätte. Am Donnerstagabend, nach der Einnahme von Kantara, sollte die IAF noch vor Dunkelheit einige ägyptische Panzerkolonnen angreifen, die auf dem Weg nach Ismailia hartnäckigen Widerstand leisteten. Die Flugzeuge verursachten zwar schwere Ausfälle unter den Panzern, aber sie mußten durch einen Hagel von genau liegendem Flakfeuer hindurch: drei *Ouragan* und zwei *Mystère* wurden abgeschossen.

Dies waren die schwersten Ausfälle, die die IAF während der ganzen Kämpfe auf der Sinai hinnehmen mußte. Kurz nach diesem Luftangriff wurden die verbliebenen Panzer über den Suez-Kanal zurückgezogen, und die israelischen Einheiten begannen damit, Stellungen entlang der schmalen Wasserstraße zu beziehen. Von Süden her rückte eine andere israelische Kolonne von Sharm el Sheikh her entlang dem Golf von Suez auf die Kanalzone vor. Sharm el Sheikh war am Vortage von Luftlandeeinheiten aus Eilat eingenommen worden. Den ersten Angriff hatten Fallschirmjäger geführt, die mit *Super Frelon* Hubschraubern abgesetzt wurden. Bei ihrem Eintreffen stellten sie fest, daß der Flugplatz praktisch bereits verlassen war. Bei den schweren Artilleriestellungen, die die Straße von Tiran beherrschten, war es ebenso; die Geschützbedienungen hatten sich verzogen und waren nach Norden in die Wüste geflüchtet, völlig entnervt, weil sie durch den israelischen Vorstoß abgeschnitten waren. Die Lage war einfacher, als die Israelis gehofft hatten. Der Flugplatz wurde in Besitz genommen, ohne daß ein Schuß fiel. Und während der nächsten Stunden traf ein unablässiger

Strom von *Noratlas, Dakota* und *Stratocruiser* Transportflugzeugen ein, die Truppen und Ausrüstung geladen hatten.
Am Freitagmorgen um 03.00 Uhr wurden die Kämpfe auf der Halbinsel Sinai eingestellt; hier war der Krieg vorbei. Die kampfmüden Soldaten der drei israelischen Infanterie-Divisionen hauten sich neben ihren Fahrzeugen hin und schliefen wie Tote. Für die meisten war das die erste wirkliche Rast, die sie sich in der ganzen Woche gönnen konnten.
Vor ihren Augen, jenseits des Kanals lag ein geschlagenes Ägypten; hinter ihnen, über die Halbinsel verstreut, lagen die ausgebrannten Überreste ägyptischer Brigaden, irrten kleine Gruppen versprengter Soldaten vom Durst geplagt durch die gnadenlose Wüste nach Westen. Die meisten von ihnen würden es gar nicht mehr schaffen – bis zum Kanal. Ein paar Glückliche wurden vielleicht von israelischen Potrouillen aufgelesen. Aber die anderen waren zum Tod verdammt, verlassen und vergessen. Ihre Knochen würden wohl bald von der Sonne gebleicht werden.
In den frühen Morgenstunden des Donnerstag, 8. Juni, hatte der ägyptische Delegierte bei der UNO bekanntgegeben, daß sein Land bereit war, einen Waffenstillstand einzugehen. Zur selben Zeit, als er diese Bereitschaft mitteilte, marschierten israelische Truppen vom See Genezareth auf Bereitstellungen im Norden zu, um gegen den dritten arabischen kriegswilligen Staat anzutreten: Syrien.
Bis jetzt hatte dieser nördliche Anrainer kaum Anteil am Geschehen gehabt.
Seit Anfang der Woche hatte Syrien, mit Ausnahme von wenigen hastig organisierten Überfällen im Grenzgebiet, sich darauf beschränkt, die Kibbutzim im Norden durch die Artilleriestellungen auf den Golan-Höhen beschießen zu lassen. Nach dem Schlag auf die Flugplätze war Syrien nicht mehr in der Lage, Israel in der Luft herauszufordern: die paar *MiG*, die kurze Erkundungsflüge auf israelisches Gebiet durchführten, wurden ja schnell von den *Mirage* und *Super Mystère* bedient.
Vier Tage lang hatte sich Israel an der Nordgrenze auf die bewaffneten Kibbutzim verlassen müssen, soweit es sich darum handelte, jeder denkbaren Bedrohung von Syrien her zu begegnen. Und das hatten sie auch geschafft, trotz schwerem Artilleriebeschuß. Am Freitagmorgen erschien die israelische Armee, mit der Absicht, die Artilleriestellungen auf den Golan-Höhen zum Schweigen zu bringen.

Die Höhen waren nur so gesprickt mit 13,5 cm-Langrohrkanonen mit großer Reichweite und 12 cm-Granatwerfern.
Der Angriff begann um 10.00 Uhr, und sofort standen die israelischen Panzer unter heftigem Feuer von den Höhen. Der israelische Plan sah vor, daß zwei Kampfgruppen bei Givat Ha'em den Durchbruch erzwangen und dann die starken syrischen Verteidigungsstellungen bei Zaoura einnahmen. Das war keine einfache Aufgabe. Die Syrer hatten die Golan-Höhen in eine ausgedehnte Festung verwandelt, die über Minenfelder, verdeckte Geschützstellungen, unterirdische Bunker und Panzerfallen in großer Zahl verfügte. Die Israelis mußten sich ihren Weg durch die Enge zwischen Tel Azaziyat und Kfar Szold erkämpfen, wo die Hänge noch nicht so steil waren und wo das Gelände auch verhältnismäßig frei von Felsbrocken und anderen Hindernissen war. Wenn die Israelis die Syrer hier schlagen konnten, dann hatten sie Zugang zu der Straße, die alle wesentlichen syrischen Stellungen auf den Höhen miteinander verband.
Dem Angriff über die Grenze bei Givat Ha'em ging ein massierter Luftangriff voraus, der die syrischen Stellungen auf Anforderung von General David Elazar, dem Oberbefehlshaber im Norden, mit Bomben belegte. Ab 09.45 Uhr flogen die *Mirage*, *Mystère*, *Super Mystère*, *Ouragan* und *Vautour* in Wellen an und deckten die Artilleriestellungen immer und immer wieder ein. Nach 30 Minuten hatte das Artilleriefeuer schon merklich nachgelassen. Die erste syrische Stellung bei Gur el Askar war durch Raketen und Napalm zerschlagen worden und wurde von den israelischen Panzern schnell überrannt. Es gab dann einige Kämpfe um die zweite Stellung bei Na'amush. Aber auch diese wurde überwältigt, die israelischen Panzer rollten weiter, umgingen Ukda, um die nächste syrische Stellung bei Sir Adib anzugreifen.
Genau in dieser Lage schlugen die Syrer zurück, mit allem was sie hatten. Ein Dutzend Pak belferten los, einige *Sherman*-Panzer rollten langsam aus und kamen heftig brennend zum Stillstand. Die Pakstellungen wurden von den nachfolgenden *Sherman*-Panzern erledigt, die noch von *Magister* mit Raketen unterstützt wurden; aber dann regnete es Werfergranaten über die Angreifer. Der Kampf ging lange hin und her, bis es einem Panzerschützen-Bataillon im Staub und Rauch der Detonationen gelang, durch die syrischen Stellungen zu brechen und auf das nächste Ziel, Kala'a, vorzudringen. Hier handelte es sich um eine respektheischende Angelegenheit,

die aus einem langen, stark ausgebauten Bergrücken bestand; die Luftangriffe hatten hier wenig Eindruck gemacht. Einige Treibstoff- und Munitionsvorräte waren getroffen worden, und Rauchwolken stiegen über diesen Stellen hoch. Auch das Gestrüpp in der Nähe brannte ein wenig.
Die Straße von Sir Adib nach Kala'a war knapp zwei Kilometer lang, und jeder Fuß Boden mußte bitter erkämpft werden. Die Israelis benötigten fünf Stunden für diese zwei Kilometer, und als sie die äußeren Vorposten der Festung Kala'a erreicht hatten, waren sie praktisch dezimiert. 21 Panzer rollten an, um den abschließenden Sprung durch die syrische Verteidigung vorzubereiten. Elf Panzer fuhren so in Stellung, daß sie Kala'a beschießen konnten, während die anderen sich langsam durch das Abwehrfeuer vorarbeiten mußten. Als sie schließlich am Ortsrand von Kala'a, dem syrischen Gefechtsstand, ankamen, waren die israelischen Panzer nur noch zu dritt. Laut Meldungen waren syrische Panzer im Anmarsch. Der Panzerkommandeur funkte verzweifelt um Luftunterstützung und mußte zur Kenntnis nehmen, daß im Augenblick keine Flugzeuge verfügbar waren und er sich also gedulden müsse. Aber der Abend rückte schnell heran, und nach Einbruch der Dunkelheit nützten ihm die Flugzeuge gar nichts mehr. Wieder und wieder gab der Panzerkommandeur seine Anforderung durch, und jedesmal erhielt er die gleiche Antwort. Eine wilde Schlacht tobte auch um Zaoura. Alle verfügbaren Erdkampfunterstützungsflugzeuge waren dort eingesetzt.
Um 18.00 Uhr fuhren drei schwere syrische Panzer am anderen Ende von Kala'a auf. In der Gewißheit erkannt zu werden, und im Bewußtsein, daß diese drei Gegner lediglich die Vorhut größerer Verstärkungen waren, bereiteten sich die Israelis auf den Kampf vor. In diesem Augenblick erschienen drei *Magister* vor dem Dorf und kreisten einige Male über der Gegend; die israelischen Panzerbesatzungen erkannten, daß die Piloten da oben unmöglich im Zwielicht zwischen Freund und Feind unterscheiden konnten. Deshalb markierten sie ihre Position mit einem farbigen Rauchzeichen. In diesem Augenblick erkannten auch die syrischen Panzer die Flugzeuge und rollten mit hoher Geschwindigkeit aus dem Dorf. Aber es war bereits zu spät für sie. Zwei wurden innerhalb weniger Sekunden durch 8 cm-Raketen abgeschossen, der dritte wurde durch einen gut gezielten Schuß von einem der drei *Sherman*-Panzer erle-

digt. Kurze Zeit später kamen weitere israelische Panzer von Sir Adib her, so daß während der Nacht einige syrische Panzervorstöße mit Erfolg abgewehrt werden konnten.
In der Dunkelheit war die israelische Infanterie-Brigade in schwere Kämpfe um die tiefer gelegenen syrischen Stellungen entlang den Golan-Höhen verwickelt. Weitere Panzer und Nachschubkolonnen fuhren im Schutze der Nacht durch die von den Panzerspitzen freigemachten Korridore in das neueroberte Territorium ein. Einige Artilleriestellungen, die weiter feuerten, wurden noch vor Morgengrauen von Fallschirmjägern zum Schweigen gebracht, die im Rücken des Feindes durch *Super Frelon* und *S-58* Hubschrauber abgesetzt worden waren. Danach begannen die Hubschrauber, im überschlagenden Einsatz schweres Gerät einzufliegen, mit dem die Israelis imstande waren, nunmehr ihre Stellungen rasch auszubauen.
Am Freitagmorgen schwärmten die israelischen Truppen und Panzer über das syrische Plateau hinter den Golan-Höhen aus. Wenige Stunden später trat ein Waffenstillstand mit den Syrern in Kraft. Der Sechs-Tage-Krieg war vorbei.
An jeder Front konnte man den Sieg auf drei Faktoren zurückführen: auf die völlige Hingabe der israelischen Kämpfer an die ihnen gestellte Aufgabe; auf ihre Fähigkeit, sich neuen Situationen so schnell anzupassen, wie sie entstanden; und vor allem: auf die überwältigende Luftherrschaft. Die israelischen Piloten waren mit dem Bewußtsein in den Kampf gegangen, daß der Fortbestand ihrer Nation von ihrer absoluten Präzision abhing — sie konnten sich den Luxus von Fehlwürfen und Fehlschüssen einfach nicht leisten. Die Tatsache, daß israelische Einheiten in diesen hektischen sechs Tagen nicht ein einziges Mal aus Versehen von eigenen Flugzeugen angegriffen wurden — obwohl diese Flugzeuge manchmal die Aufgabe hatten, feindliche Stellungen nur ein paar Meter vor den eigenen Leuten im Tiefangriff zu beharken —, ist Beweis genug für den hervorragenden Ausbildungsstand und die erstaunliche Treffgenauigkeit. Das ist um so bemerkenswerter, als es sich bei vielen israelischen Piloten um Reservisten handelte — hauptsächlich bei den *Magister*-Verbänden, die zur Erdkampfunterstützung eingesetzt waren. Einige dieser Reservepiloten waren im Zivilberuf Angestellte der El Al beziehungsweise der Arkia, also der beiden Luftfahrtgesellschaften Israels. Fünf dieser Männer blieben vor dem Feind.
Ein großer Teil der Mitarbeit dieser beiden Fluggesellschaften lag

auf dem Gebiet des Nachschubs. Die Arkia, die normalerweise Inlandsstrecken befliegt, trug die Hauptlast dabei; der gesamte Flugzeugpark war für militärische Zwecke mobilisiert worden. Die drei *Handley-Page Herald* waren fast ohne Unterbrechung im Einsatz. Sie flogen Nachschub nach vorn und brachten Verwundete zurück, eine Aufgabe, die sie hervorragend lösten, da sie von behelfsmäßigen Landeplätzen aus operieren konnten. Eine *Herald* der Arkia war z. B. das erste israelische Flugzeug, das auf dem gerade eingenommenen Flugplatz von El Arish landete.

Nur einmal hat ein Flugzeug der israelischen Luftwaffe einen schweren Irrtum begangen — und selbst dabei hat es die Sicherheit eigener Leute nicht aufs Spiel gesetzt. Das passierte am Donnerstag, 8. Juni, als der Pilot einer *Magister* vor der israelischen Küste auf der Suche nach ägyptischen Patrouillenfahrzeugen oder Vorpostenbooten etwa 9 Kilometer vor Ashod ein unbekanntes Schiff auf Südkurs entdeckte. Das Schiff machte keine Anstrengungen, sich selbst zu identifizieren. Deshalb stachen in Haifa sofort drei israelische Schnellboote in See, um dieses Schiff abzufangen. Eine Rotte *Mirage III startete* von Ramat-David aus und flog einige Male in niedriger Höhe über das Schiff weg. Die Piloten meldeten, daß es sich anscheinend um ein unbewaffnetes Fahrzeug handelte, das jedoch mit einem Wald von Antennen und anderer elektronischer Ausrüstung bestückt sei. Das Schiff zeigte immer noch keine Neigung, sich zu erkennen zu geben, und die Piloten erbaten die Erlaubnis, angreifen zu dürfen, weil jetzt wohl anzunehmen sei, daß es sich hier um ein feindliches Schiff handle, das möglicherweise die Aufgabe habe, mit elektronischen Gegenmaßnahmen das israelische Radarnetz zu stören.

Kurz darauf griffen die *Mirage* an und erzielten zwei Raketentreffer im Schiffskörper. Schwarzer Rauch stieg auf. Aber das Schiff behielt seinen Kurs bei. Dann erschienen die Schnellboote auf dem Schauplatz und eröffneten nun ihrerseits das Feuer. Zum Erstaunen der israelischen Seeleute spritzten die Geschosse ihrer leichten Waffen nur wieder von der Schiffsbeplankung ab. An Deck war kein Lebenszeichen festzustellen gewesen — aber jetzt erschien ein einzelner Matrose und fing an, mit einem schweren MG auf die israelischen Schiffe loszuballern. Die Israelis erwiderten das Feuer. Der einsame Schütze wurde getroffen und geriet außer Sicht. Zwei Rettungshubschrauber der israelischen Luftwaffe erschienen; die Besatzungen signalisierten, daß sie bereit waren, Verwundete zu übernehmen. Sie bekamen aber keine Antwort. Stattdessen drehte das Schiff ab und entschwand nach Westen. Am folgenden Tag lief es in Malta ein, und dann kam die ganze Geschichte heraus: es handelte sich um die *USS Liberty*, ein »Spionageschiff«, der amerikanischen 6. Flotte zugeteilt. Der Preis für den Besuch vor der israelischen Küste war ziemlich hoch: 34 Besatzungsmitglieder hatten ihr Leben gelassen, 75 waren verwundet. Es war der einzige Fall, bei dem israelische Flugzeuge während des Sechs-Tage-Krieges ein Schiff auf See angegriffen haben.

Als am Samstag, 10. Juni, der Waffenstillstand in Kraft trat, hatte die israelische Luftwaffe insgesamt 40 Flugzeuge der verschiedensten Typen verloren, 10 weitere mußten aus anderen Gründen abgeschrieben werden. Einige waren mit solchen Beschädigungen zurückgekommen, daß sie bei der Landung Bruch machten oder nur noch ausgeschlachtet aber nicht mehr repariert werden konnten.

Die israelischen Verluste zu Lande und in der Luft liehen der Freude über den Sieg, die Israel ergriff, einen gedämpften Unterton. Denn niemand in Israel, am wenigsten die Generalstabschefs, machten sich irgendwelche Illusionen, daß diese sechs Tage Kampf, die die Nation quasi im Kopfsprung hinter sich gebracht hatte, das Ende des Krieges bedeuteten. Nein, das war nur der Anfang.

Der Zermürbungskrieg

29. Dezember 1968. 21.30 Uhr.
Auf dem internationalen Flugplatz in Beirut schien alles normal. Vor den Flugzeughallen saßen die Leute von der Platzfeuerwehr in ihren Fahrzeugen, die Motoren liefen im Leerlauf. Eine Boeing 707 der PanAm rollte auf die Hauptstartbahn zu.
Plötzlich tauchte wie ein riesiger Schatten ein Hubschrauber aus dem Dunkel der Nacht, verhielt mit klappernden Rotoren kurz im Schwebeflug, bevor er auf dem Standplatz aufsetzte, nur ein paar Meter von den Feuerwehrautos entfernt. Dort drückte der diensttuende Chef auf den Knopf an seinem Mikrophon und rief den Turm. Wütend wies er darauf hin, daß ein soeben gelandeter Hubschrauber die Ausfahrt der Katastrophenstaffel blockierte. Er war gerade dabei, die sofortige Räumung dieser Stelle zu verlangen, als ihm das Wort in der Kehle stecken blieb. Noch zwei Hubschrauber landeten ein Stück weiter weg, und diesmal war der blaue Stern Israels deutlich auf der Tarnbemalung der Maschinen zu erkennen. Sekunden später entströmten Fallschirmjäger im Stahlhelm dem Bauch der Hubschrauber und schwärmten aus, auf die großen Passagierflugzeuge zu, die vor dem Flughafengebäude standen.
In der Boeing 707 der PanAm, die gerade starten wollte, blickten die Passagiere etwas erschreckt durch die Fenster in die Dunkelheit draußen, als eine Explosion die Luft erschütterte. Sie konnten gerade noch sehen, wie in der Nähe der Hangars ein riesiges Flammenmeer entstand. Die Stewardessen taten ihr Bestes, um die Passagiere zu beruhigen. Sie erzählten, daß eine Filmgesellschaft den Flugplatz für Filmaufnahmen gemietet habe. Dann erschütterte eine zweite Explosion das Gelände, und dieses Mal sahen die Passagiere, wie ein großes Passagierflugzeug brennend in sich zusammenfiel. Das war keine Filmszene.
Die acht *Super Frelon* Hubschrauber des israelischen Hubschraubergeschwaders mit je 20 Fallschirmjägern an Bord, hatten die libanesische Verteidigung völlig überrumpelt. Nach 45 Minuten gingen die

Fallschirmjäger wieder an Bord, die Hubschrauber entschwanden in die Nacht und ließen 13 brennende Flugzeuge zurück.

Die Liste der zerstörten Flugzeuge umfaßte drei *Comet 4-C*, zwei *Caravelle*, eine *Viscount*, eine *VC-10* und eine *Boeing 707* der Middle East Airlines, dazu zwei *Convair 990*, eine *DC-4*, eine *DC-6* und eine *DC-7* von Lebanese International. Der israelische Blitzüberfall war die Vergeltungsmaßnahme für ein arabisches Guerrilla-Unternehmen, dem am 26. Dezember eine *Boeing 707* der ElAl zum Opfer gefallen war. Es gab noch einen anderen Grund: die Israelis hatten die Gelegenheit erfaßt, um zu beweisen, daß ihre Verteidigungskräfte immer noch fähig waren, wenn nötig ein Kommando-Unternehmen tief in feindlichem Gebiet durchzuführen — ohne daran gehindert zu werden. Der Überfall war als Warnung an alle kriegslüsternen arabischen Nationen gedacht, deren Selbstvertrauen im vergangenen Jahr zusehends gewachsen war, als Lieferungen von neuem sowjetischen Kriegsmaterial die lähmenden Verluste des Sechs-Tage-Krieges auszugleichen begannen. Sie sollten wissen, daß auf jeden Akt der Aggression eine schnelle und verheerende Vergeltung folgen würde.

Nach dem UNO-Waffenstillstandsabkommen, das den Sechs-Tage-Krieg beendete, war kaum eine Pause eingetreten in der Weiterbelieferung der ägyptischen Luftwaffe mit sowjetischen Kampfflugzeugen. Bis Ende Juni 1967 waren rund 200 Maschinen, hauptsächlich *MiG-21* und *Su-7* angeliefert worden, viele über Algerien. Und diese Neuausstattung wurde schleunigst in Dienst gestellt. Dieses Mal fehlte es den Ägyptern nicht an ausgebildetem Personal. Da die meisten ägyptischen Flugzeuge am Boden zerstört worden waren, gab es kaum Verluste an fliegendem Personal. Anfang Juni 1968 verfügte die ägyptische Luftwaffe wieder über 115 *MiG-21*, 50 *Su-7* und 15 *Tu-16*. Obwohl die Gesamtstärke 20 Prozent unter der zahlenmäßigen Stärke vor dem Sechs-Tage-Krieg lag, wurde dies zum größten Teil durch die Tatsache wettgemacht, daß viel veraltendes Material wie die *MiG-15* und *MiG-17* zugunsten modernerer Flugzeugtypen ausgemustert werden konnte.

Israel dagegen stand vor einem ernsthaften Problem. Der Verlust von 20 Prozent der ersten Linie mußte mit höchster Dringlichkeit ausgeglichen werden. Aber es bestand keine Aussicht darauf, daß das Waffenembargo der UNO in absehbarer Zeit aufgehoben wurde. Unmittelbar vor Ausbruch des Sechs-Tage-Krieges war Israel in

Der Düsenjäger *»Mirage III«* entschied den Sechs-Tage-Krieg. Israel setzt heute die verbliebenen 60 *»Mirage«* hauptsächlich als Abfangjäger ein. Zwei Prototypen einer in Israel entwickelten *»Super-Mirage«* fliegen bereits.

Eine israelische Luftaufnahme aus dem »Abnützungskrieg« am Suezkanal: ein *»Skyhawk«*-Jagdbomber hat seine Bomben über einem ägyptischen Depot dicht am Kanal ausgelöst.

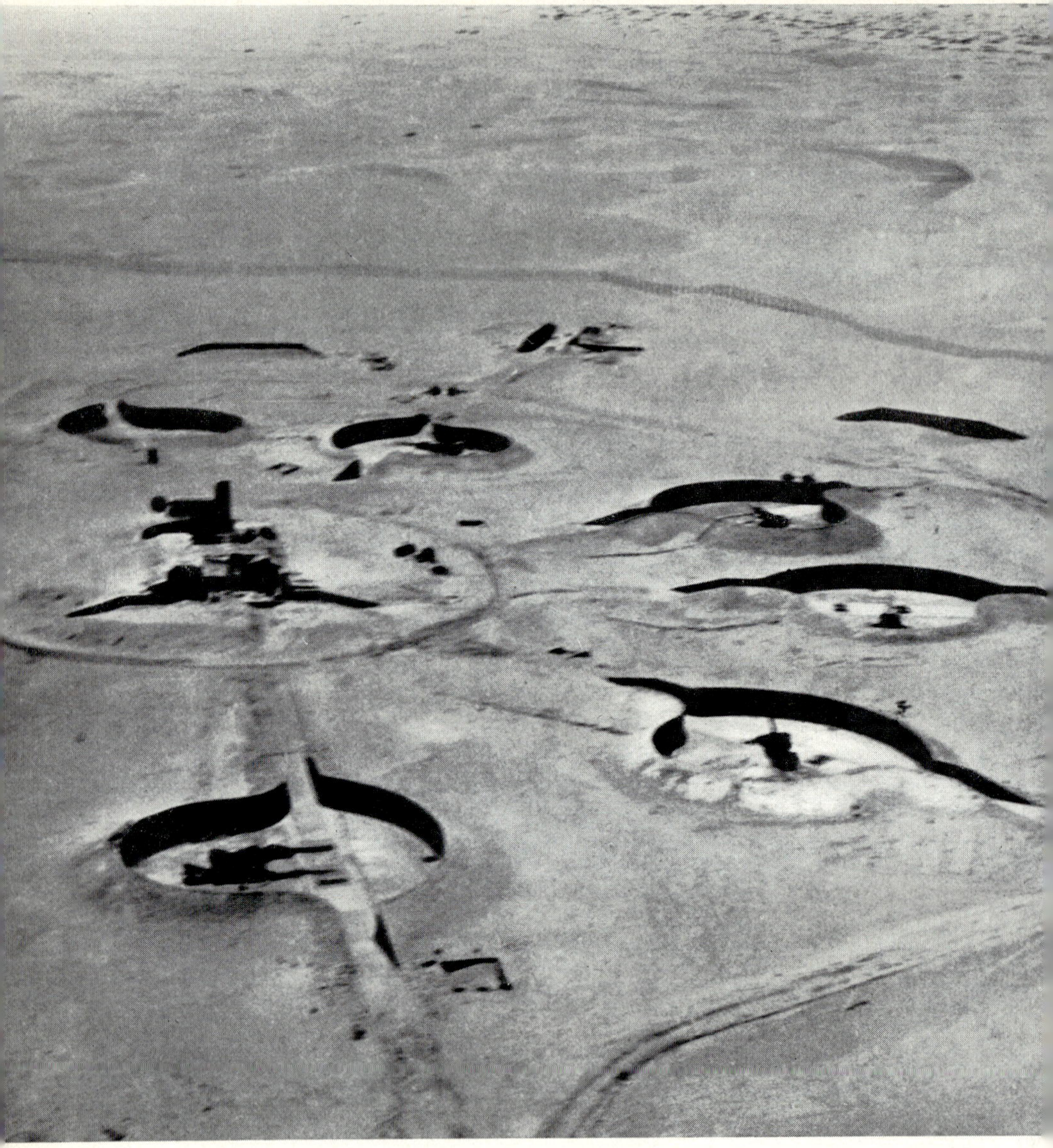

Diese *SAM-2*-Batterie am Suezkanal wurde von einem israelischen Aufklärer fotografiert.

Verhandlungen mit der amerikanischen Regierung eingetreten, um eine Anzahl *LTV A-7D Corsair II* Erdkampfunterstützungsflugzeuge zu erhalten, und hatte mit Erfolg einen Vertrag auf Belieferung mit 48 überholten *A-4H Skyhawk* abgeschlossen, die der US-Navy gehört hatten. Es war ein gewisser Trost, daß das amerikanische Außenministerium zugestimmt hatte, die zuletzt genannten Maschinen ab September 1967 auszuliefern. Trotzdem: die Hoffnung der IAF, die Luftherrschaft auch künftig aufrechtzuerhalten, hing am Erwerb von 50 *Mirage V* Jagdbombern. Mit der Firma Avions Marcel Dassault war im Dezember 1966 ein Vertrag abgeschlossen worden, der die Auslieferung der ersten Maschinen für Dezember 1967 vorsah. Aber trotz der Tatsache, daß die meisten Maschinen fertig waren und in harten amerikanischen Dollars bezahlt waren, hatte die französische Regierung nach dem Krieg die Lieferung blockiert.

Dann kam im Frühjahr 1968 die Meldung, daß der Irak mit der französischen Regierung einen Vertrag auf Lieferung von 52 *Mirage* – aufgeschlüsselt: 32 *Mirage V*, 16 *Mirage III E*, 2 *Mirage III D* und 2 *Mirage III R* – zusammen mit Raketenbewaffnung, bestehend aus 100 *Matra 530* Luft-Luft-Geschossen und 70 *Nord AS 30* Luft-Boden-Raketen abgeschlossen habe. Damit sollten drei Staffeln der irakischen Luftwaffe ausgerüstet werden; das Personal sollte seine Ausbildung in Frankreich erhalten. Die Israelis reagierten prompt. Sie bezahlten die restlichen Maschinen, die immer noch in Frankreich festgehalten wurden, und drohten, die französische Regierung vor dem Internationalen Gerichtshof auf eine angemessene Wiedergutmachung zu verklagen. Die israelische Haltung verhärtete sich weiter, als die französische Regierung bewies, daß ihre Auslegung des Waffenembargos entschieden einseitig war, indem sie 10 *Mirage III EL* und 2*Mirage III BL* an den Libanon lieferte und Einrichtungen für die Ausbildung der libanesischen Piloten in Istres bei Marseille zur Verfügung stellte. In einem Versuch, die Israelis zu beruhigen, gab die französische Regierung ihr Einverständnis, daß die IAF die Ersatzteile erhielt, die für die bereits im Dienst befindlichen *Mirage III CI* bestimmt waren, und außerdem noch 7 *Super Frelon* Hubschrauber.

Das Hauptanliegen der israelischen Regierung war nun, das amerikanische Außenministerium davon zu überzeugen, daß die Franzosen beabsichtigten, ihren Bann über die Lieferung von Waffen an die israelischen Streitkräfte aufrechtzuerhalten. Der israelische Ministerpräsident Levi Eshkol besuchte Anfang 1968 die USA, um dort die Bitte um weitere 20 *A-4H Skyhawk* – als Ergänzung der bereits vorhandenen 48 Maschinen – und um 50 *F-4E Phantom* vorzubringen. Der Verkauf der zuletzt genannten Flugzeuge an Israel hing nahezu völlig davon ab, ob die französische Regierung ihre Weigerung aufrechterhielt, die *Mirage V* an Israel zu geben. Die Verhandlungen wurden dadurch noch schwieriger, daß die amerikanische Regierung darauf bestand, daß Israel weiterhin Druck auf die Franzosen ausübe, um die Herausgabe der *Mirage* durchzusetzen. Das israelische Verteidigungsministerium wies ein französisches Angebot auf Rückerstattung der 40 Millionen Dollar (die für die *Mirage* bezahlt worden waren) glattweg zurück und deponierte statt dessen in den USA 200 Millionen Dollar in der Erwartung, daß es dann mit dem Verkauf der 50 *Phantom* vorangehen würde.

Im September 1968 – das *Phantom*-Geschäft hing immer noch in der Luft – hielt der Oberkommandierende der IAF, General Mordecai Hod, eine Pressekonferenz ab und gab dabei bekannt, daß die Kampfstärke der ägyptischen Luftwaffe wieder auf dem Stand vor dem Sechs-Tage-Krieg angekommen war und daß die älteren Flugzeugtypen nun fast ganz durch *MiG-21* und *Su-7* ersetzt worden waren. Zusätzlich waren etwa 2000 der 4000 Sowjet-»Berater« der ägyptischen Luftwaffe zugeteilt, und Funkverkehr der *Tu-16*, die manchmal die amerikanische 6. Flotte im Mittelmeer überflogen, ließ erkennen, daß sogar ein Teil der ägyptischen Maschinen von sowjetischen Besatzungen geflogen wurde.

Ohne Zweifel hat diese Bekanntmachung noch etwas nachgeholfen, daß die Waage sich bei den weiteren Verhandlungen in Amerika zugunsten Israels senkte. Ende September hat das Repräsentantenhaus in Washington ein formelles Ersuchen an den Präsidenten der Vereinigten Staaten gerichtet, um seine Zustimmung zum Verkauf der *Phantom* an Israel zu erhalten »in solchen Zahlen, die geeignet erscheinen, eine Abschreckungskraft zu schaffen, die fähig ist, eine künftige arabische Aggression zu verhindern«. Es dauerte jedoch noch einige Wochen, bis diese Zustimmung tatsächlich erfolgte. Am 27. Dezember ließ das Außenministerium verlauten, daß die Zustimmung erteilt sei und daß Israel 1969 mit der Lieferung der ersten *Phantom* rechnen könne. Inzwischen hatte die israelische Luftwaffe keine Zeit verloren; Anfang 1969 waren 120 israelische Piloten auf der George Air Force Base in Kalifornien eingetroffen, um eine Übergangsschulung auf *Phantom* zu absolvieren.

Die französische Reaktion auf das israelisch-amerikanische Geschäft war kurios. Trotz der Haltung der französischen Regierung war Marcel Dassault anscheinend immer noch so optimistisch, zu erwarten, daß das Embargo bald aufgehoben werde; der Firmenchef deutete an, daß die Flugzeuge im Falle einer ernsthaften Bedrohung mit großer Wahrscheinlichkeit an Israel geliefert würden. Aber das war doch wohl Wunschdenken gewesen, denn bald darauf dehnten die Franzosen das Embargo auch noch auf die Ersatzteile aus, jedoch nicht bevor genügend Ersatzteile und Ausrüstung geliefert waren, mit denen man 25 *Magister* komplett zusammenbauen konnte.

Die israelische Luftfahrtindustrie war inzwischen aber soweit, daß sie Bauteile für alle französischen Flugzeuge, die im Dienst standen, selbst herstellen konnte.

Im Juli änderte die französische Regierung ihre Politik erneut. Am 10. Juli gab Präsident Pompidou bekannt, daß der »totale Bann« über Waffenlieferungen nach Israel durch ein »selektives Embargo« ersetzt werde, das die Wiederaufnahme des Ersatzteilgeschäfts erlauben würde. Diese teilweise Aufhebung des Embarogs erstreckte sich jedoch nicht auf die 50 *Mirage V*.

Obwohl die israelische Regierung noch eine leise Hoffnung auf die *Mirage* hatte, lag die Betonung um diese Zeit entschieden auf dem Interesse am Kauf amerikanischen und nicht französischen Geräts. Zusätzlich zu den 50 *Phantom* war zu den 48 *Skyhawk*-Bestellungen ein Nachfolgeauftrag auf weitere 25 Maschinen gekommen. Die Mehrheit dieser Flugzeuge – 70 *A-4H* und 3 *TA-4H* Trainer – sollten bis April 1970 bei den israelischen Jagdbomber-Staffeln im Dienst stehen. Inzwischen waren in der ersten Septemberwoche die ersten acht *Phantom* eingetroffen; die nächsten vier folgten noch vor Ende des Monats. Am 25. September – die Lieferungen gingen mit Beschleunigung weiter – richtete Israels Ministerpräsidentin, Frau Golda Meir, während ihrer Gespräche in Washington ein formelles Ersuchen an das Repräsentantenhaus, das die Lieferung von weiteren 24 *Phantom F-4E* zusammen mit noch einmal 80 *A-4H Skyhawk* und 135 *Sikorski*-Hubschraubern der verschiedensten Typen zum Gegenstand hatte. Am 23. März 1970 wurden allerdings Israels Hoffnungen auf den Erwerb weiterer Kampfflugzeuge gedämpft, als das amerikanische Außenministerium bekanntgab, es könne sich bei dem Stand der Dinge nicht auf eine zusätzliche Lieferung von *Phantom* und *Skyhawk* an Israel festlegen. Zur gleichen Zeit erklärte die amerikanische Regierung, daß sie weitere Käufe sanktionieren würde, falls sich die Situation im Mittleren Osten deutlich verschlechtern sollte und die Lage Israels gefährdet erscheine. Für den Augenblick bestehe aber in Amerika die Auffassung, daß die israelische Luftwaffe genügend Flugzeuge habe, um ihren unmittelbaren Bedürfnissen zu entsprechen.

Es lag einige Berechtigung in dieser Stellungnahme, wie die Ereignisse der letzten beiden Jahre auch bewiesen hatten. Zwischen dem Waffenstillstand von 1967 und dem Jahresende 1969 flogen israelische Düsenjäger 2700 Einsätze allein in der Kanalzone und zerstörten 62 arabische Flugzeuge an allen Fronten, gegenüber eigenen Verlusten in Höhe von acht Maschinen. Trotzdem: es gab keinen Zweifel daran, daß die allgemeine Qualität der ägyptischen Piloten sich stetig verbesserte. Dies wurde im September 1968 demonstriert, als ein ägyptischer Pilot, Hauptmann Husain Izzat, bei einer im Tiefflug vorgenommenen Fotoaufklärung über dem Ostufer des Suez-Kanals von vier israelischen *Mirage* erwischt wurde. Die *Mirage* feuerten Luft-Luft-Raketen auf die ägyptische *Su-7* ab, aber diese verfehlten sämtlich ihr Ziel — vielleicht aufgrund von Wärmeausstrahlung vom Boden her. Dann griffen die israelischen Jäger mit Bordkanonen an. In einer mehrere Minuten dauernden Schießerei schaffte es Izzat immer wieder, die Israelis auszumanövrieren und sich schließlich von seinen Verfolgern zu lösen und seine Luftbildaufnahmen nach Hause zu bringen. Für diese Tat wurde er mit der höchsten ägyptischen Auszeichnung geehrt.

Die ägyptische Luftwaffe blieb auch ganz knapper Sieger bei einem Luftkampf, der sich am 3. November 1968 westlich von El Kantara entwickelte, nachdem vier *Mirage* in den ägyptischen Luftraum eingeflogen waren. Sie wurden von einem Schwarm *MiG-21* abgefangen. Nach einer heftigen Kurbelei, die fünf Minuten dauerte und bei der auf jeder Seite ein Flugzeug Treffer erhalten hatte, brachen die *Mirage* den Kampf ab und nahmen Kurs Heimat. Die angeschossene *Mirage* konnte nicht mehr Position halten; sie verlor Höhe, geriet in heftiges Flakfeuer und explodierte einen Kilometer nördlich von Kantara mitten in der Luft.

Das ägyptische Verteidigungssystem war jedoch nicht in der Lage, mit einem Problem fertig zu werden, das so etwas wie der spitzigste Dorn in Nassers Fleisch war: der wachsenden Zahl von Überfällen, die israelische Kommando-Einheiten mit Hubschraubern auf ausgewählte ägyptische Ziele durchführten. Das waghalsigste Unternehmen fand in der Nacht vom 31. Oktober auf den 1. November statt, als ein israelisches Kommando tief in ägyptisches Gebiet vordrang, um eine Vergeltungsmaßnahme für einen Artillerieüberfall durchzuführen, der vier Tage vorher am Suez-Kanal 14 israelischen Soldaten das Leben gekostet hatte.

Am Morgen des 31. Oktober verließ ein kleineres Schiff der israelischen Marine den Hafen von Eilat, wie bei einer Routinepatrouille im Golf von Akaba. Es war aber keine Routinepatrouille. Unter einem Tarnnetz stand auf einem Podest auf dem Achterdeck eine *Super Frelon* des Hubschraubergeschwaders. Die Rotorblätter waren abmontiert.

Das Schiff schwamm langsam durch den Golf und gewann die offene See. Ägyptische Radarstationen in der Nähe von Hurghada verfolgten seinen Kurs. Die Besatzung hielt scharfen Ausguck im Hinblick auf ägyptische Fugzeuge oder die ersten Zeichen einer Beschießung durch Artillerie, aber nichts passierte. Das Schiff zog unbelästigt weiter seinen Kurs. Kurz vor Dunkelheit traf es sich mit zwei anderen Schiffen von Sharm el Sheikh an der Südspitze der Halbinsel Sinai. Auch diese Schiffe trugen je eine *Super Frelon*. Sobald es dunkel wurde, montierte Luftwaffenpersonal die Rotorblätter. Je 6 Fallschirmjäger bestiegen die drei Hubschrauber. Dreißig Minuten später starteten die *Super Frelon* und flogen nach Süden auf die ägyptische Küste zu. Sie flogen dicht über dem Wasser, um der Radarerfassung zu entgehen. 80 Kilometer landein gingen sie in der Wüste nieder. Die Ladepforten der Hubschrauber öffneten sich und drei Jeeps kamen zum Vorschein, jeder mit vier Mann besetzt. Während die restlichen sechs Fallschirmjäger zum Schutz der Hubschrauber zurückblieben, verswanden die Jeeps in der Nacht, mit Kurs auf den Nil und ihr Ziel, das Elektrizitätswerk Mag Hamadi und den Quena-Damm, 480 Kilometer südlich von Kairo und nur 225 Kilometer nördlich des Assuan-Dammes.

Beide Objekte waren während der Nacht nur von wenigen Mann bewacht, die schnell überwältigt wurden. Die Israelis hatten es verhältnismäßig leicht, weil sie fließend arabisch sprachen und ägyptisch wirkende Uniformen trugen. Die Wachmannschaften hatten keine Ahnung, daß es sich dabei um Israelis handelte. Als sie es merkten, war es bereits zu spät. Die Fallschirmjäger legten ihre Sprengladungen an und rasten dann zu ihren Hubschraubern zurück. Die starteten sofort und erreichten die Schiffe im Roten Meer ohne Zwischenfall. Die Sprengungen richteten beträchtlichen Schaden an und zerstörten die Haupthochspannungsleitung zwischen Kairo und Assuan.

Im Frühjahr 1969 wurde die ägyptische Luftverteidigung einer umfangreichen Reorganisation unterworfen. Die Politik der ägyptischen Luftwaffe ging von der Verteidigung zum Angriff über. Dies wurde vor allem dadurch ermöglicht, daß 250 Piloten aus der Sowjetunion zurückkehrten, nachdem sie dort in 18 Monaten eine gründliche Ausbildung erfahren hatten. Eine weitere Voraussetzung bestand darin, daß die Flugzeuge auf Grund neuer Anordnungen künftig weit auseinandergezogen auf ihren Liegeplätzen abgestellt wurden. Damit war die Gefahr gebannt, daß die Masse der ägyptischen Luftwaffe noch einmal durch einen israelischen Präventivschlag ausgelöscht werden konnte. Ab Juni 1969 verfügte die ägyptischen Luftwaffe über 30 moderne Luftbasen, die über das ganze Land verteilt waren. Die meisten waren mit sowjetischer Hilfe nach dem Sechs-Tage-Krieg erbaut worden. Daneben waren nun einzelne Kampfeinheiten, darunter auch eine Bomberstaffel, auf Luftbasen in Algerien verteilt.

Der wiedergefundene Angriffsgeist der ägyptischen Luftwaffe manifestierte sich, als ägyptische und israelische Jagdflieger im Juli 1969 in die heftigsten Luftkämpfe seit dem Sechs-Tage-Krieg verwickelt wurden. Am 2. Juli kamen sich zwei Staffeln ägyptische und israelische Jäger, *MiG-21* und *Mirage,* in die Quere und fochten einen wilden Luftkampf aus, bei dem vier *MiG-21* abgeschossen wurden. Fünf Tage später griff eine Rotte *Mirage* einen Schwarm *MiG-21* in der Nähe von Sharm el Sheikh über der Halbinsel Sinai an und schoß zwei Maschinen ab, bevor die ägyptischen Piloten wußten, was los war. Die restlichen zwei *MiG-21* tauchten weg und flogen mit Höchstfahrt in Richtung Sicherheit auf die andere Seite des Golfs von Suez. Am folgenden Tag war Syrien dran: ein Verband von sieben *MiG-21* machte in der Nähe von Kuneitra einen Vorstoß in den israelischen Luftraum und wurde sofort von 8 *Mirage* angegriffen, die alle sieben syrischen Maschinen bei nur einem eigenen Verlust abschießen konnten. Dieser überlegene Sieg gab den Israelis wieder

Auftrieb, zeigte er doch, daß die arabischen Piloten — obwohl besser ausgebildet als früher und von erneutem Kampfwillen beseelt — immer noch keine Konkurrenz für israelisches Teamwork und Können bedeuteten.

Die israelischen Jagdbomber-Staffeln hatten inzwischen in ihren *Skyhawk* eine vielseitige, neue Waffe gefunden. Wie bereits die Amerikaner über Nordvietnam herausgefunden hatten, konnte dieses Flugzeug unheimlich viel einstecken und immer noch sicher zum eigenen Platz zurückkehren. Von Einsätzen gegen Guerilla-Ziele in Jordanien, die in den Jahren 1968 und 1969 geflogen wurden, kehrte manche *Skyhawk* mit Beschädigungen zurück, die fast jedes andere Flugzeug vom Himmel geholt hätten. Allerdings haben nicht alle *Skyhawk* soviel Glück gehabt: eine wurde während eines vierstündigen Angriffs auf Guerrilla-Stellungen am 21. Dezember 1969 abgeschossen. Eine *Super Mystère* war bei diesem Angriff ebenfalls getroffen und schwer beschädigt worden.

Die Fähigkeit der IAF, Jagdbomber zu verwenden, wurde im September 1969 durch die Ankunft der ersten *Phantom* aus den USA dramatisch erweitert. Diese wurden sofort mit den *Skyhawk* zusammen eingesetzt, um lästig werdende ägyptischeArtilleriestellungen auf dem Westufer des Suez-Kanals zum Schweigen zu bringen. Die »strike«-Staffeln machten sich dann an die systematische Zerstörung ägyptischer Raketen- und Radarstellungen in der Kanalzone und konzentrierten sich dabei auf Einrichtungen entlang dem 30 Kilometer tiefen Verteidigungsring zwischen dem Kanal und Kairo und auf strategisch wichtige Straßen in demselben Gebiet. Innerhalb von zwei Monaten hatten die Jagdbomber 12 *SAM-2* Raketenstellungen und über 20 Frühwarn-Radarstationen zerstört.

Anfang Dezember erfuhr der israelische Geheimdienst, daß einige neue sowjetische Radareinrichtungen zur Erfassung tief fliegender Ziele in Ägypten eingetroffen waren und daß drei solche Geräte bereits entlang dem Golf von Suez aufgebaut waren — als Teil des Luftverteidigungsnetzes, das zum Schutz des Assuan-Dammes installiert wurde. Mit ihrer Fähigkeit, auch Flugzeuge zu erfassen, die in Baumwipfelhöhe anflogen, bedeuteten diese Anlagen eine ernsthafte Bedrohung zukünftiger IAF-Einsätze über ägyptischem Gebiet — wie ernsthaft, das hätten die Israelis zu gerne gewußt. Das war nun wieder eine Aufgabe für die Fallschirmjäger und die *Super Frelon* vom Hubschrauber-Geschwader. In einem kühnen Kommando-Unternehmen über den Golf von Suez eroberten die Israelis am 26. Dezember 1969 bei Ras Ghareb eine komplette Radarstation zur Erfassung von Zielen in niedriger Flughöhe und wehrten ägyptische Verstärkungenen ab, während technische Spezialisten die Anlage fachgerecht abbauten und auf die Hubschrauber verluden. Die Erbeutung dieses Geräts war ein schwerer Schlag für die Sowjetunion wie auch für Ägypten. Bisher war über Geräte solcher Art kaum eine Information in den Westen durchgesickert, so daß die Daten, die die Experten der IAF auf diese Weise gewinnen konnten – zusammen mit Beobachtungen über mögliche Störungsmethoden –, mit an Sicherheit grenzender Wahrscheinlichkeit auch den Amerikanern zugänglich gemacht wurden.

Am Donnerstag, dem 22. Januar 1970, schnappten sich die Israelis eine weitere ägyptische Radar-Station. Dieses Mal war es eine englische Anlage, die ihnen bei der Invasion der Insel Shadwan im Eingang zum Golf von Suez in die Hände gefallen war. Die Israelis zogen sich wieder von der Insel zurück, nachdem sie die ganzen Anlagen abgebaut hatten.

Drei Tage später ortete ein Aufklärungsflugzeug der IAF ein 120-Tonnen-Hilfsschiff der ägyptischen Marine vor der Insel, das wahrscheinlich eine neue Garnison auf die Insel gebracht hatte, die die 27 ägyptischen Gefallenen und 62 Gefangenen ersetzen sollte. Kurz darauf wurde das Schiff von *Mystère* angegriffen und mit Raketen versenkt.

In der Zwischenzeit hatten die *Phantom* am 7. Januar – von der schwerwiegenden Unterbrechung des ägyptischen Radarnetzes und der Zerstörung der Radarstellungen profitierend – zum ersten Mal seit dem Sechs-Tage-Krieg Ziele in der Nähe von Kairo angegriffen. Es war der Beginn einer Serie intensiver Luftangriffe gegen militärische Ziele im Herzen Ägyptens, bei der sowohl *Phantom* wie auch *Mirage* eingesetzt wurden. Am 3. Februar griffen 6 *Mirage* und 2 *Phantom* die große Nachschubbasis der ägyptischen Luftwaffe bei El Khanka, 20 Kilometer nordwestlich von Kairo, mit Raketen, Napalmbomben und Zeitbomben an und verursachten ausgedehnte Schäden. Die Bomben der einen *Phantom* lösten sich aufgrund eines elektrischen Fehlers den Bruchteil einer Sekunde zu spät und fielen so auf ein Metallwerk. Die meisten Bomben trafen eine Reparaturwerft und ein Kraftwerk, töteten 70 Zivilisten und verletzten 98 weitere Personen. Zeitbomben explodierten noch Stunden danach.

In etwas mehr als einem Monat hatten die *Phantom* und *Mirage* insgesamt neun Einsätze tief nach Ägypten hinein durchgeführt und militärische Depots um Kairo herum angegriffen; inzwischen hatten die *Skyhawk* und *Mystère* eine andauernde Luftoffensive gegen ägyptische Artillerie- und Raketenstellungen in der Kanalzone aufrecht erhalten. Die Befehle der IAF waren klar. Den Ägyptern — deren Kommandos eine zunehmende Zahl von Überfällen auf das von den Israelis besetzte Ostufer des Kanals verübten — sollte keine Atempause gegönnt werden, damit sie nicht in die Lage kamen, als Vorbereitung für einen großangelegten Einfall in die Sinai-Halbinsel, größere Mengen von Kriegsmaterial in die Kanalzone zu bringen.
Der IAF gelang es, den Druck aufrecht zu erhalten, aber nur gegen einen entsprechenden Preis. Vom 7. Januar bis zum 7. Februar verloren die Israelis neun Flugzeuge, damit beliefen sich die Verluste seit dem Juni-Krieg auf 17. Es handelte sich dabei um 2 *Mirage,* 2 *Skyhawk,* 3 *Mystère,* 1 *Super Mystere* und 1 *Phantom.* Auf der Haben-Seite konnten vier weitere abgeschossene *MiG-21* gebucht werden. Zwei waren am 8. Februar von *Mirage* während eines Angriffs auf den Industriekomplex von Heluan abgeschossen worden. Die syrische Luftwaffe hatte im Januar ebenfalls Verluste hinnehmen müssen, als drei Luftschlachten über syrischem Territorium tobten. Dabei wurden am 8. Januar 3 *MiG-21* ohne israelische Verluste abgeschossen. Das brachte die syrischen Verluste seit dem Sechs-Tage-Krieg auf 17. Diese Zahl schließt jedoch nicht die beiden *MiG-17* ein, die aufgrund eines Navigationsfehlers auf dem israelischen Ausweichflugplatz von Bezet in der Nähe der libanesischen Grenze gelandet waren und gleich dabehalten wurden. Die Piloten wurden gefangen genommen. Die meisten israelischen Verluste waren bei Tiefangriffen auf Erdziele durch schweres Flakfeuer entstanden. Beim Angriff auf Heluan, bei dem zwei ägyptische *MiG-21* abgeschossen wurden, hatten zum ersten Mal ägyptische Jagdflugzeuge einen ernsthaften Versuch unternommen, einen dieser Einsätze mit größerer Eindringtiefe abzufangen.
Gegen Ende Februar nahm die Situation eine neue Wendung. Israelische Aufklärer brachten aus der Umgebung von Kairo einige Luftbilder mit beunruhigendem Inhalt mit: 15 neuartige Raketenstellungen waren in der Verteidigungszone der ägyptischen Hauptstadt im Bau. Drei Wochen später, am 22. März, landeten zwei rie-

sige *Antonow An-22* Transportflugzeuge der sowjetischen Luftwaffe auf dem Flugplatz Kairo West und luden folgende Fracht aus: 4 *SAM-3* »Goa« Boden-Luft-Raketenwaffen, einschließlich ihrer elektronischen Ausrüstung.

Mitte April waren 5 Batterien *SAM-3* auf dem Anflugweg nach Kairo einsatzbereit. Nun verfügte die ägyptische Luftverteidigung über eine geeignete Waffe, es mit den räubernden *Phantom* und *Mirage* aufzunehmen, denn die zweistufige *SAM-3* war — wie die amerikanische *Hawk* — speziell dafür entwickelt worden, schnelle tieffliegende Jagdbomber zu bekämpfen. Die Ägypter planten die Installation von insgesamt 40 *SAM-3* Batterien; vorläufig d. h. bis das ägyptische Personal voll ausgebildet war, sollte jede Batterie durch eine russische Bedienung von 80 Mann besetzt bleiben. Aber das war nicht alles: eine Woche später entdeckten Quellen des amerikanischen und des israelischen Geheimdienstes, daß einige Jagdflieger-Verbände der ägyptischen Luftwaffe — besonders diejenigen, die zur Verteidigung strategisch wichtiger Punkte wie des Assuan-Dammes eingesetzt waren — aus Personal der sowjetischen Luftwaffe gebildet waren.

Die Tatsache, daß sowjetische Piloten ägyptische Flugzeuge flogen, war nichts Neues. Sie taten das seit 1955, als Nasser seine ersten *MiG-15* und *Il-28* erhalten hatte, obwohl sie ihre Tätigkeit auf Flugausbildung beschränkt hatten. Seit neuerer Zeit flogen sowjetische Besatzungen mit in Algerien stationierten *Tu-16* Erkundungsflüge über der 6. US-Flotte im Mittelmeer. In dieser Situation, in der sowjetische und israelische Piloten im Luftkampf aufeinandertreffen konnten, und bei der Drohung, die von den *SAM-3* Batterien ausging, traf das israelische Oberkommando eine schwierige Entscheidung: ab 18. April wurden die Einsätze mit größerer Eindringtiefe eingestellt. Auf Dauer.

Im Mai wandte das israelische Oberkommando seine Aufmerksamkeit der Nordfront und dem Libanon zu. Am 12. Mai überschritten israelische Infanterie- und Panzerverbände auf 20 Kilometer Breite die libanesische Grenze, um etwa 1 500 palästinensische Guerrillas in einer großen Zangenbewegung zu fassen und aufzureiben. Die Operation entwickelte sich unter ausgedehnter Luftunterstützung. *Skyhawk* und *Mirage* flogen rollende Einsätze gegen libanesische Armee-Stellungen. Plötzlich entbrannte ein Luftkampf, als sechs syrische *MiG-17* in die Geschehnisse eingriffen und einen Schwarm *Skyhawk* überraschten, der gerade nach einem Tiefangriff auf Bodenziele hochzog. Zwei *Skyhawk* erhielten Treffer und stürzten ab. Einer der Piloten konnte abspringen. Er wurde auf libanesischem Gebiet von einem israelischen *S-58* Hubschrauber aufgenommen, der für solche Eventualitäten bereitstand. Aber der Erfolg der *MiG-17* war kurzlebig. Die syrischen Jagdflugzeuge wurden sofort von einer Staffel *Mirage* gestellt, die drei *MiG-17* abschoß. Die israelischen Panzer- und Infanterieverbände wurden zweimal im Laufe des Nachmittags von *MiG-17* angegriffen, bevor sie sich nach Beendigung der Operation wieder auf eigenes Gebiet zurückzogen. Die syrischen Flugzeuge entkamen dabei jedesmal. Ein israelischer *S-58* Hubschrauber wurde durch libanesische Maschinengewehre abgeschossen. Obwohl die syrischen Flugzeuge keine entscheidende Rolle gespielt hatten — was den Schaden anbetraf, den sie angerichtet hatten —, so hatten sie doch die israelische Luftwaffe gezwungen, einen Teil ihrer Bemühungen von der Erdkampfunterstützung auf Abwehr umzuschalten, mit dem Ergebnis, daß die Gesamtoperation nicht ganz nach Plan verlief.

Inzwischen hielten die israelischen »strike«-Staffeln ihren Druck auf ägyptische Einrichtungen und Objekte am Westufer des Suez-Kanals aufrecht. Sie verstärkten sie sogar noch, nachdem Luftbildaufnahmen vom 15. Mai erkennen ließen, daß die Ägypter nun eine Anzahl von *SAM-3* Stellungen direkt in der Kanalzone selbst aufbauten. Zwei Tage lang griffen *Skyhawk* und *Mirage* ein Dutzend Baustellen bis zu einer Tiefe von 30 Kilometern jenseits des Kanals massiert an. Die israelischen Flugzeuge mußten eine beträchtliche Zahl von Treffern einstecken — hauptsächlich von den radargesteuerten russischen 5,7 cm-Flakbatterien, die um die Baustellen herum eingesetzt waren — aber mit Ausnahme von zwei Maschinen kehrten alle wieder auf ihre eigenen Plätze zurück. Die ägyptische Luftwaffe wurde ebenfalls in größeren Zahlen von Flugzeugen dabei aufgeboten; aus unerfindlichen Gründen handelte es sich aber fast durchweg um veraltete *MiG-17*. Innerhalb von 48 Stunden schossen dic Israelis bei dieser Gelegenheit sieben ägyptische Flugzeuge ab.

Ebenfalls am 15. Mai griffen israelische Flugzeuge, als Vergeltung für die Versenkung eines israelischen Fischkutters und den Angriff ägyptischer Froschmänner auf den Hafen von Eilat, den ägyptischen Schiffsverkehr in der Nähe von Ras Banas an. Es war das erste Mal seit dem Juni-Krieg, daß die IAF Ras Banas einen Besuch abstattete.

Damals hatten *Vautour*-Flugzeuge den Flugplatz angegriffen. Dieses Mal waren es *Phantom*. Dieser Überfall bedeutete eine Gesamtflugstrecke von 2080 Kilometern und war teilweise auch in der Absicht erfolgt, den Ägyptern zu beweisen, daß die israelische Luftwaffe — den neuen *SAM-3* zum Trotz — immer noch fähig war, jeden beliebigen Punkt auf ägyptischem Gebiet anzugreifen. Gegen heftiges Flakfeuer erzielten die *Phantom* die Versenkung eines 2575-Tonnen-Zerstörers der Z-Klasse und eines in der Sowjetunion gebauten Lenkwaffen-Bootes der »Komar«-Klasse. Das letztere zerfetzte unter dem Feuer der M-61 A Bordkanonen der *Phantom*.

Weitere Angriffe über den Suez-Kanal hinweg wurden in den letzten beiden Wochen des Mai geflogen, dieses Mal auch auf Straßen- und Eisenbahnverbindungen und nicht nur auf Artillerie- und Raketenstellungen. Diese Aktionen wurden noch verstärkt, nachdem ägyptische Kommandos zweimal den Suez-Kanal überquert und israelische Patrouillen in einen Hinterhalt gelockt hatten. In den ersten Tagen des Juni war Port Said eine Zeitlang von sämtlichen Landverbindungen abgeschnitten, nachdem israelische Jagdbomber mehrere Angriffe auf Straßen und Wasserleitungen geflogen hatten. Die Ägypter waren zu Notversorgungsmaßnahmen gezwungen.

Dann folgte vom 7. Juni an eine Serie von Luftangriffen, die jeweils 12 Stunden lang Ziele am Westufer des Kanals unter Druck hielten. Dies geschah aus der Absicht heraus, den neuen militärischen Ausbau zu stören, von dem der israelische Geheimdienst annahm, es handle sich um Vorbereitungen zu dem Versuch, einen Brückenkopf auf der israelischen Seite zu bilden. Diese Angriffe ließen etwas nach, als die Nacht hereinbrach, wurden aber um Mitternacht mit erneuter Heftigkeit aufgenommen und dauerten noch einmal fünf Stunden bis in den Morgen hinein.

Der Luftkrieg über dem Mittleren Osten wies aber jetzt Zeichen dafür auf, daß die einseitige Überlegenheit nicht mehr so ausgeprägt war. In zwei 10-Tage-Perioden zwischen dem 25. April und dem 5. Juni flogen *Su-7* der ägyptischen Luftwaffe elf Einsätze gegen die Halbinsel Sinai. Jedesmal handelte es sich um mindestens vier Flugzeuge; zweimal war eine ganze Staffel eingesetzt. Zum ersten Mal in diesen 22 Jahren, die die Feindseligkeiten nun schon dauerten, schien die ägyptische Luftwaffe auf dem besten Wege, eine Position der Stärke zu erreichen, von der aus eine Herausforderung der traditionellen israelischen Luftüberlegenheit realisierbar war.

Die Zukunft

Der Krieg zwischen Israel und seinen arabischen Nachbarn dauert nun bald ein Vierteljahrhundert. Jeder Versuch einer Prophezeihung, wie lange er noch weitergehen wird, ist müßig, denn mit der laufenden Verstärkung der arabischen Militärmacht wird immer offenbarer, daß diese auf die Zurückeroberung von ganz Palästina und die totale Niederlage, wenn nicht sogar die Auslöschung des israelischen Staates ausgerichtet ist.

Es ist fraglich, ob sich eine andere Nation im Verlauf der Geschichte in einer solchen Isolierung befunden hat wie Israel heute. Nicht einmal Englands Situation zu Anfang des Zweiten Weltkrieges läßt sich damit vergleichen. Denn Israel kann sich nicht auf ein Commonwealth abstützen, hat keine Alliierten, die die gleiche Sache verfechten und auf deren Versorgungsquellen im Bedarfsfall zurückgegriffen werden kann.

Wenn auch die Waffenabsprachen mit den USA für den Augenblick eine gewisse Überlegenheit hinsichtlich der Kampfstärke garantieren, so ist doch die amerikanische Zurückhaltung im Hinblick auf volle Unterstützung mit Waffen und Gerät ein Zeichen dafür, daß sich Israel mehr und mehr auf eigene Quellen verlassen muß, um jener Bedrohung seiner Überlebenschancen zu begegnen, die bereits für die unmittelbare Zukunft eine weitere Eskalation erwarten läßt.

Seit dem Sechs-Tage-Krieg 1967 hat Israels Rüstungsindustrie ihren Ausstoß verdreifacht. Die berühmte israelische »Uzi«-Maschinenpistole ist in 50 Ländern eingeführt und rüstet Organisationen aus, die von den Spezialeinheiten der amerikanischen Ranger bis zur Leibwache des Schah von Peresien reichen. Alle Munition für die Streitkräfte – mit Ausnahme der Raketenwaffen *Matra* und *Hawk* – wird in israelischen Fabriken hergestellt, genauso wie Granatwerfer bis zu einem Kaliber von 16 cm, und 3 cm-Fla-Schnellfeuerkanonen. Israelische Konstrukteure arbeiten am Prototyp eines modernen Kampfpanzers, der unter der vorläufigen Bezeichnung *Sabra*

bekannt geworden ist und mit Raketen wie mit konventioneller Kanonenbewaffnung ausgerüstet sein wird.
Die größten Fortschritte zeichnen sich aber auf dem Gebiet moderner Kampfflugzeuge ab. Es wurde bekannt gegeben, daß die israelische Luftfahrtindustrie derzeit an der Umwandlung der eigentlichen Zelle der *Mirage III CI* in eine *»Super Mirage«* arbeitet; der Prototyp wird möglicherweise noch im Jahr 1971 seinen Erstflug machen. Sollte die Flugerprobung zufriedenstellend ausfallen, dann ist eine Serienproduktion für die Nachrüstung der Einsatzstaffeln geplant. Das Flugzeug wird mit zwei Strahltriebwerken ausgerüstet sein — vielleicht mit amerikanischen General Elektric J 79 oder Pratt & Whitney J 52. Eine J 70 wird gegenwärtig in Israel ausgedehnten Flugversuchen in einer *Mirage III* unterzogen, wo sie das serienmäßige Triebwerk *Atar 9* ersetzt, von dem wegen des französischen Waffenembargos keine Ersatzlieferungen mehr zu erwarten sind. Spätere Serienmaschinen der israelischen *»Super Mirage«* werden vielleicht mit einer im Land produzierten Variante der *Atar 9* ausgestattet, nachdem detaillierte Konstruktionszeichnungen 1969 von israelischen Agenten in der Schweiz »beschafft« werden konnten.
Die *Super Mirage* — und die noch fortgeschrittenen Typen, die folgen werden — bedeuten, daß die israelische Luftwaffe in Zukunft nicht mehr ausschließlich vom guten Willen fremder Regierungen abhängig sein wird. Das heißt, daß Israels eigene Luftfahrtindustrie in der Lage sein wird, Flugzeugverluste aus der eigenen Fertigung auszugleichen, und zwar ohne große Wartezeit. Das ist immerhin ein Gesichtspunkt von elementarer Bedeutung, wenn man bedenkt, daß die Verluste in den vergangenen Monaten in direkter Proportion zur Eskalation des Zermürbungskrieges angewachsen sind.
Die Verfügbarkeit von Flugzeugen ist jedoch an sich noch keine Garantie, daß Israels Luftwaffe weiterhin erfolgreich bleiben wird bei der primär wichtigen Aufgabe, sich den Gegner auf Armeslänge vom Hals zu halten, indem sie — wo und wann auch immer — kräftige Schläge gegen die feindliche Kriegsmaschine führt. Schon hatte man ja die Angriffe mit größerer Eindringtiefe wegen des Vorhandenseins der neuen sowjetischen *SAM-3* weitgehend einstellen müssen. Aber auch die Attacken auf das Westufer des Suezkanals können in Kürze zu derart hohen Verlusten führen, daß eine Fortführung dieser Aktionen sich von selbst verbietet. Dazu kommt, daß die israelische Luftwaffe gezwungen ist, an mehreren Fronten zu-

gleich einen Druck aufrechtzuerhalten. Den fliegenden Besatzungen bleibt keine Atempause, und dem Bodenpersonal schon gar nicht. Wie lange also die IAF die kriegslüsternen Araber mit ihren derzeitigen Mitteln noch in Schach halten kann, ist ein Ratespiel, denn bei begrenzten Mitteln erreicht man eben nicht einmal die Grenzen dieser Mittel. Wenn das der Fall ist – und wenn die Araber das merken –, dann darf man wohl den Schluß ziehen, daß sie an allen Fronten losschlagen werden. Sie werden sich den Zeitpunkt nach eigenen Wünschen und Voraussetzungen aussuchen können, denn das Debakel des Juni 1967 wird sich nicht wiederholen. Mit jenem Präventivschlag, der wichtige Zeit schuf, hat Israel seine letzte Trumpfkarte ausgespielt.

Seine letzte konventionelle Trumpfkarte, heißt das. Es gibt noch eine andere erschreckende Möglichkeit. Falls Israel feststellt, daß eine konventionelle Kriegführung nicht mehr ausreicht, um seinen Fortbestand zu garantieren – und angenommen, daß diplomatische Bemühungen im Mittleren Osten fehlschlagen –, dann kann sich dieses Land der Bildung einer nuklearen Abschreckung zuwenden. Es wäre der Versuch, eine Antwort auf ein anderweitig nicht mehr lösbares Problem zu finden.

Am 5. Juni 1967 – dem ersten Tag des Juni-Krieges – wurde eine *Mystère* der IAF, bei einem Angriff bereits beschädigt, auf dem Rückweg über dem nördlichen Teil der Wüste Negev von einer Fla-Rakete *Hawk* abgeschossen. Der Pilot kam dabei ums Leben. Er war unbeabsichtigt über die geheimste Gegend Israels geraten, einen Abschnitt in der Wüste nicht weit vom Südzipfel des Toten Meeres, wo der Sand und das Gestrüpp der Dünen von einem hohen Schornstein und einem sonderbaren Bauwerk, das wie ein riesiger Golfball aussieht, und einigen niedrigen, langgestreckten Gebäuden beherrscht wird.

Hier, in Dimona, sind einige hundert Wissenschaftler und Techniker mit top-secret-Aufgaben an Israels Atomreaktor beschäftigt. Der Bau der »Atomstadt« wurde mit Hilfe französischer Techniker kurz nach dem arabisch-israelischen Krieg von 1956 begonnen. Das Geheimnis wurde lange gehütet; erst 1959 gaben die Ägypter Alarm und richteten die Scheinwerfer auf die Vorgänge in der Negev. Die amerikanische Regierung unternahm diplomatische Schritte und ersuchte die Israelis um eine Äußerung über den Zweck des Dimona-Projektes. Diese antworteten, es handle sich um eine Textilfabrik.

Der CIA gab sich damit aber nicht zufrieden. 1960 flogen *U-2* Spezialflugzeuge, die damals in Incirlik in der Türkei stationiert waren, einige Male Aufklärung in großen Höhen über der Wüste Negev. Die Fotos, die sie mitbrachten, wurden sorgfältig von Experten ausgewertet — und diese entdeckten, daß die Anlage für eine Textilfabrik doch recht eigenartig ausgestattet war. In der Mitte befand sich ein 24 MW-Kernreaktor vom Typ EL-3, der durchaus geeignet ist, spaltbares Material zu erzeugen, wie es in Atombomben benötigt wird.
Israel gab dann zu, daß ein Atomreaktor in der Negev existiere; es wurde versichert, daß er ausschließlich friedlichen Zwecken diene. Ein amerikanisches Team erhielt eine Einladung, die Anlagen zu besichtigen, und bestätigte anschließend, es seien wirklich keine Anzeichen festzustellen gewesen, aus denen man auf die Herstellung nuklearer Spaltprodukte für militärische Zwecke hätte schließen müssen. Was die Amerikaner allerdings nicht wußten, war, daß die Franzosen in ihrem Atomzentrum in Pierrelatte Uran für die Israelis produzierten. Keiner Seite war jedoch bekannt, daß Israel inzwischen einen Punkt erreicht hatte, wo es nicht mehr auf die Mithilfe von Frankreich angewiesen war, indem die Israelis jetzt Uran von Südafrika und Argentinien kauften — und daß sie ihre Einrichtungen in Dimona erweiterten durch eine Anlage, die 6 kg Plutonium pro Jahr herstellen kann. Am wichtigsten war jedoch, daß es den israelischen Wisenschaftlern gelungen war, eine Methode zu finden, mit der man Uran verhältnismäßig billig aus den Abfallprodukten der Pottascheverarbeitung an der Küste des Toten Meeres extrahieren konnte: bis zu 50 kg im Jahr. Genug, um den Kernreaktor zu betreiben.
1965 hat Edward Teller — der »Vater« der Wasserstoffbombe — nach einem Besuch in Israel geäußert, dieses Land werde »schon sehr bald« in der Lage sein, eigene Kernwaffen herzustellen. Und ein neutrales Mitglied der internationalen Atom-Energie-Behörde in Wien bemerkte, die Israelis hätten nun über eine Dekade lang ein größeres wissenschaftliches Projekt in der Negev durchgeführt, ohne mitzuteilen, was dort wirklich los sei. Der einzige Schluß, den man aus dieser Haltung ziehen könne, sei doch wohl, daß es sich um ein top-secret-Projekt militärischen Charakters handeln müsse, nämlich um die Herstellung einer Atombombe.
Schlüsse sind eine Sache, Tatsachen eine andere. Die Tatsachen, wie

sie jetzt feststehen, sind einfach folgende: Israel hat heute die technischen und physikalischen Voraussetzungen zum Bau von Atombomben in der Größenordnung von 20 Kilotonnen, taktische Waffen also, die grob mit der Hiroshima-Bombe verglichen werden können. Israel besitzt auch die Instrumente, um diese Bomben ans Ziel zu bringen: die *Phantom* und *Skyhawk* sind als Atombombenträger konstruiert. Außerdem wird in Israel eine taktische Boden-Boden-Rakete entwickelt, die einen nuklearen oder einen konventionellen Sprengkopf tragen kann. Die Rakete mit der Bezeichnung MD-660 war von Marcel Dassault ursprünglich aufgrund eines Vertrages mit der israelischen Regierung in Frankreich entwickelt und 1968 vor Toulon im Mittelmeer bei Schießversuchen erprobt worden. Die Rakete kann von einer mobilen Rampe aus verschossen werden und besitzt eine Reichweite von 450 Kilometern. Das genügt, um Ziele in der Nähe von Kairo und jenseits des Nils von Abschußstellen auf der Halbinsel Sinai oder im Süden der Negev-Wüste aus zu erreichen. Mit einem modernen Lenksystem – wie es jetzt in Entwicklung ist – könnten diese Waffen überall dort eingesetzt werden, wo punktgenaue Treffsicherheit nicht vonnöten ist, und damit die israelische Luftwaffe wesentlich entlasten. Wenn der »konventionelle« Krieg im Mittleren Osten weitergeht, dann ist der wachsende Einsatz von Raketenwaffen als Fernartillerie der logische nächste Schritt.

Lenkwaffen können jedoch Piloten und Flugzeuge niemals ganz ersetzen. Solange der Krieg andauert, werden die Männer und Flugzeuge der IAF ihre Rolle der ersten Linie bei Angriff und Verteidigung beibehalten. Gegenwärtig sind wohl die Ägypter mit der *SAM-3* einen Schritt voraus. Aber die *SAM-3* ist nicht unfehlbar. Wenn auch ihr Vorhandensein bisher genügt hat, um den Flugzeugen der Israelis Flüge tief nach Ägypten hinein zu verwehren – aus Gründen der Ökonomie –, so könnten weder diese Raketen noch die russischen Piloten, die den ägyptischen Einsatzstaffeln in wachsenden Zahlen zugeteilt werden, die Piloten der IAF im Ernstfall davon abhalten, solche Flüge ins ägyptische Herzland zu unternehmen.

Jedenfalls hat das israelische Oberkommando wohl die richtige Entscheidung getroffen, als es sich dazu entschloß, die Operationen der IAF auf die Zone unmittelbar jenseits des Suez-Kanals zu konzentrieren, über die die Ägypter erst einmal die Luftherrschaft erkämpfen müßten, wollten sie eine Invasion der Halbinsel Sinai mit einiger Aussicht auf Erfolg versuchen. Seit Anfang des Jahres 1970 haben wiederholte Einsätze der israelischen Luftwaffe das ägyptische Verteidigungssystem in der Kanalzone immer wieder in Fetzen gehauen. *SAM-3*-Stellungen waren bereits im frühen Baustadium erfaßt und prompt zerstört worden, genauso wie die Radarstationen, von denen der Lenkwaffen-Einsatz abhängt. Die Ägypter erkannten von Anfang an, daß die Installierung der neuen *SAM-3*-Batterien in der Kanalzone Schwierigkeiten und Hindernisse in großer Zahl heraufbeschwören würde. Aus diesem Grund sind sie schon 1967 an die Sowjets herangetreten und haben um wenigstens einige *MiG-23* gebeten. Das sind Allwetterjäger mit dreifacher Schallgeschwindigkeit und Flughöhen von über 30000 Metern. Die ägyptische Forderung hat zwar Schlagzeilen gemacht, aber ein wichtiger Punkt wurde dabei nicht erwähnt: daß die *MiG-23* ihre Rolle als Allwetter-Höhen-Abfangjäger nur dann mit Erfolg spielen kann, wenn sie mit Frühwarnflugzeugen zusammenarbeitet, deren Bauch mit modernster Elektronik vollgestopft ist. Was dabei passiert, ist folgendes: das Radarflugzeug, gewöhnlich die Militärversion des Passagierflugzeugs *Tu-116*, kreuzt in einer Höhe von etwa 12000 Metern in der oberen Atmosphäre und sucht nach tieffliegenden feindlichen Jagdbombern. Die *MiG-23* kreuzen in einer Höhe von etwa 18000 Metern. Wenn ein feindliches Flugzeug erfaßt wird, dann geben die Bordrechner der *Tu-116* die Koordinaten laufend an das Feuerleitradar der *MiG-23*. Diese schießt dann Lenkwaffen nach unten, die das feindliche Flugzeug an dem vorberechneten Punkt treffen.

Ohne die *Tu-116* verliert die *MiG-23* viel von ihrer Wirksamkeit. Die Kombniation dieser Flugzeuge hätte eine große Zahl von Problemen ausgelöscht, mit denen die ägyptische Luftwaffe noch zu kämpfen hat, aber die Russen zeigten verständlicherweise wenig Neigung, die entsprechende Version der *Tu-116* außerhalb der Grenzen der Sowjetunion arbeiten zu lassen. Das Flugzeug führt soviel modernste geheime Ausrüstung mit, daß die Konsequenzen für die Verteidigung der Sowjetunion unübersehbar würden, wenn ein solches Flugzeug in die »falschen« Hände geriete. Statt dessen haben die Russen die Lieferung der *MiG-21 J* zugesagt, einer verbesserten Version der *MiG-21 PF* mit Allwetter-Eigenschaften, einem stärkeren Triebwerk und einer Bewaffnung mit infrarotgesteuerten Lenkwaffen und einer 2,3 cm-Kanone. Die ersten *MiG-21 J* trafen im

April 1970 in Ägypten ein. Um dieser Situation zu begegnen, baten die Israelis die Firma McDonnell Douglas, 10 der bestellten *F-4E Phantom* als reine Abfangjäger zu liefern.
Während also das Gleichgewicht der Kräfte im Mittleren Osten auf des Messers Schneide steht und die Politiker viele Worte machen, wird weiter geschossen. Aber auf den Plätzen der IAF weist kaum ein Zeichen darauf hin, daß sich die Nation im Kriegszustand befindet. Es gibt keine auffällige Tätigkeit, keine erschöpften Piloten mit rotgeränderten Augen, die zwischen den Einsätzen schnell eine Mütze voll Schlaf suchen. Das Leben gleicht in vielem irgendeinem Militärflugplatz im Frieden. Die Quartiere der Verheirateten sind voll belegt; mit keinem Gedanken wird man sich als Fremder einer Situation bewußt, aus der sich die Notwendigkeit der Evakuierung des nichtmilitärischen Personals ergeben könnte. Für einen Außenseiter ist nicht erkennbar, ob die Rotte *Skyhawk* oder *Mirage*, die die Startbahn hinunterdonnert, einen scharfen Einsatz oder nur einen Übungsflug vor sich hat.
Aber die Zeichen des Krieges sind doch da, wenn man weiß, wo man sie suchen muß. Bodenpersonal, das in einem Hangar an einer Maschine arbeitet, deren Tragfläche von Flaktreffern aufgerissen ist. Ein leerer Stuhl im Kasino. Ein nicht zu Ende gelesenes Buch, immer noch aufgeschlagen und mit dem Gesicht nach unten liegend, wie es sein Leser vor dem Start liegen ließ. Eine junge Frau mit traurigem Gesicht, die den Horst verläßt, um zu irgendwelchen Verwandten zu ziehen, und Kinder, die sich verzweifelt bemühen, nicht wieder in Tränen auszubrechen, weil sie alt genug sind, um die Trauer ihrer Mutter zu verstehen, aber noch zu jung, um zu begreifen, daß sie ihren Vater nie mehr wiedersehen werden.
Das ist Israels Krieg.

Anhang

Typ	Bemerkungen
AERONCA L-18	eine Maschine 1950 erworben
AIRSPEED CONSUL	während den fünfziger Jahren für Umschulung auf 2mot-Flug und für Navigations-Ausbildung eingesetzt
AUSTER AOP 3	19 Flugzeuge wurden aus 25 Bruchmaschinen zusammengebaut, die 1948 von der RAF erworben wurden.
AVIA C 210	26 Maschinen wurden 1948 von der Tschechoslowakei erworben. Alle wurden in zerlegtem Zustand mit Transportflugzeugen nach Israel eingeflogen und dort wieder zusammengebaut
AVRO ANSON	eine kleine Anzahl wurde 1950/51 gekauft und als Schulflugzeuge für Besatzungen eingesetzt
BEECHCRAFT A-35 BONANZA	drei Maschinen wurden 1949 gekauft. Zulassung: 4X-AC1 und 4X-AER, die Registrierung der dritten Maschine ist nicht mehr festzustellen.
BEECHCRAFT 18	eine Maschine wurde 1961 durch die Arkia (Israelischer Inlands-Flugdienst) erworben und zwischen Tel Aviv und den Kibbutzim im Norden eingesetzt.
BOEING B-17 G	drei Maschinen wurden 1948 aus überzähligen Beständen der USAF erworben; sie haben am 15. Juli 1948 die Bombenangriffe gegen Kairo, Gaza und El Arish geflogen. Zwei waren während des Sinai-Feldzuges 1956 noch im Einsatz
BOEING PT-17 KAYDET	eine größere Anzahl wurde 1949/50 gekauft und zur Anfangsschulung eingesetzt
BOEING STRATOCRUISER	fünf Maschinen wurde 1962 von der Pan-Am gekauft und als Militärtransporter umgebaut
BOEING 707-320 B und 707-420	insgesamt 9 Maschinen stehen bei der El Al im Einsatz (4X-ABA, 4X-ABB, 4X-ATA, 4X-ATB, 4X-ATb, 4X-ATR, 4X-ATS, 4X-ATT, 4X-ATU)
BRISTOL BRITANNIA 300	vier Maschinen wurden von der El Al 1957 in Dienst gestellt und geflogen, bis sie von der Boeing 707 abgelöst wurden
CONVAIR PBY-5 A CATALINA	zwei dieser bewährten Flugboote wurden 1952 für die Seeflieger-Staffel der IAF erworben
CURTISS C-46 COMMANDO	insgesamt 10 Maschinen wurden 1948 aus überzähligen Beständen der USAF erworben

DASSAULT MIRAGE III CJ	72 Maschinen wurden ab 1963 an die IAF ausgeliefert und bildeten die Ausstattung von 3 Staffeln der ersten Linie und spielten eine entscheidende Rolle bei der Vernichtung der ägyptischen Luftwaffe während des Sechs-Tage-Kriegs
DASSAULT MYSTÈRE IV A	60 Maschinen wurden 1956 bei der IAF als Abfangjäger in Dienst gestellt. Sie werden zurzeit als Erdkampfunterstützungsflugzeuge eingesetzt und auch in den Ausbildungseinheiten geflogen.
DASSAULT OURAGAN	75 Maschinen wurden zwischen 1955 und 1957 in Dienst gestellt. Einige werden immer noch in den Jabo-Verbänden der zweiten Linie geflogen, gehen aber mehr und mehr zu den Ausbildungseinheiten
DASSAULT SUPER MYSTÈRE B.2	24 Maschinen wurden 1959/60 geliefert und bildeten die Ausstattung von zwei Abfangjäger-Staffeln; sie werden noch als Erdkampfunterstützungsflugzeuge eingesetzt
DE HAVILLAND CHIPMUNK	eine kleinere Zahl wurde in den fünfziger Jahren zur Anfangsschulung und als Verbindungsflugzeuge eingesetzt.
DE HAVILLAND MOSQUITO	ungefähr 250 Mosquito aller Typen wurden zwischen 1950 und 1954 von der IAF aufgekauft — die meisten in verschrottungsfähigem Zustand. 40 Maschinen, hauptsächlich FB.6 und T.3, wurden aus ausgeschlachteten Einzelteilen zusammengebaut. Ungefähr 10 Maschinen wurden direkt in Englang gekauft.
DE HAVILLAND RAPIDE	zwei Maschinen wurden 1949 gekauft, eine weitere wurde völlig intakt auf einem ägyptischen Flugplatz auf der Halbinsel Sinai erbeutet.
DE HAVILLAND TIGER MOTH	einige Maschinen wurden 1949/50 in Kanada gekauft und zur Anfangsschulung eingesetzt
DOUGLAS C-47 DAKOTA	30 Dakota wurden zwischen 1948 und 1956 gekauft und fliegen immer noch im Lufttransportkommando der IAF
DOUGLAS C-54	insgesamt 3 C-54 wurden von der IAF in den fünfziger Jahren geflogen. Die erste wurde 1948 in Dienst gestellt und für den Transport der Avia C.210 aus der Tschechoslowakei eingesetzt.
DOUGLAS DC-5	1 DC-5 wurde 1950 erworben
FAIRCHILD F-24 R ARGUS	eine Maschine wurde 1949 gekauft
FOKKER S-11	41 Maschinen wurden anfangs der fünfziger Jahre als Schulflugzeuge in den Niederlanden gekauft. Viele wurden an die Flieger-Clubs ausgegeben.
GLOSTER METEOR T.7	vier T.7 (Serien-Nr. 2162—2165) wurden 1953 in England erworben, zwei weitere in Belgien

GLOSTER METEOR F.8	elf F.8 wurden zwischen August 1953 und Januar 1954 von England geliefert (Serien-Nr. 2166—2169 und 2172—2178)
GLOSTER METEOR F.R.9	sieben FR.9 wurden von der Fa. Flight Refuelling Ltd. erworben (Serien-Nr. 211 bis 217)
GLOSTER METEOR NF.13	sechs NF.13 wurden zwischen September 1956 und März 1958 geliefert und flogen unter den Zulassungen 4X-FNA, -B, -C, -D, -E und -F
GRUMANN WIDGEON	zwei Widgeon wurden 1950 angeschafft.
HANDLEY-PAGE HERALD	drei Herald wurden 1961/62 von der Arkia in Dienst gestellt
HILLER 360	eine kleinere Anzahl dieser Hubschrauber werden zur Schulung, für leichtere Transporte und zu Verbindungsaufgaben im Rahmen des Hubschraubergeschwaders eingesetzt
LOCKHEED HUDSON	eine Maschine wurde 1950 in Kanada gekauft
LOCKHEED CONSTELLATION	drei Maschinen wurden 1948 aus überzähligen Beständen der USAF erworben
McDONNELL-DOUGLAS F-4 E PHANTOM	50 F-4 E ‚Strike' (Jagdbomber) und 6 RF-4 E Aufklärer sind insgesamt bestellt und wurden bis Mitte 1971 ausgeliefert. Sie stellen die Ausrüstung von drei Strike/Interceptor-Staffeln der ersten Linie dar.
McDONNELL-DOUGLAS A-4 H SKYHAWK	70 A-4 H und 3 TA-4 H wurden als Ersatz für die Ouragan bis Anfang 1970 ausgeliefert; drei Erdkampfunterstützungsstaffeln sind damit ausgerüstet.
MILES AEROVAN	eine Maschine wurde 1948 durch die Fa. Mayfair Air Services Ltd. über Südafrika geliefert
MILES GEMINI	eine Maschine wurde 1949 erworben
NOORDUYN NORSEMAN	sechs Maschinen wurden 1948 in Kanada gekauft, drei gingen auf dem Wege nach Israel verloren. Eine der restlichen drei Maschinen wurde 1962 im Zivilluftfahrtregister von Israel gelöscht (4X-ARS)
NORD NORATLAS	12 Maschinen wurden 1956 in Frankreich gekauft; später kamen noch 8 Maschinen dazu, die die deutsche Bundesluftwaffe ausgemustert hattte. Alle Maschinen sind noch beim Lufttransportkommando der IAF im Einsatz
NORD NORECRIN	zwei Maschinen wurden 1950 von Frankreich erworben (4X-ADT und 4X-ADY)
NORTH AMERICAN HARVARD	25 Maschinen wurden zwischen 1950 und 1953 erworben und zur Fortgeschrittenen-Schulung wie auch als leichtes Flugzeug bei der Erdkampfunterstützung eingesetzt
NORTH AMERICAN P-51 D MUSTANG	25 Maschinen wurden von Schweden erworben und zwischen November 1952 und Juni 1953 geliefert. Sie standen bis 1960 bei der IAF im Dienst

PILATUS PC-6 A ASTAZOU PORTER	zwei Maschinen wurden 1963 zwecks Erprobung als STOL-Transport- bzw. Sanitätsflugzeug gekauft
PIPER CUB / SUPER CUB	eine große Zahl wurde zwischen 1953 und 1957 als Schulflugzeug oder Kurierflugzeug/Verbindungsflugzeug erworben. Viele stehen noch im Dienst
POTEZ - AIR FOUGA MAGISTER	insgesamt 82 Maschinen wurden an die IAF ausgeliefert; die meisten davon wurden unter Lizenz in Israel gebaut. Die Magister sind sowohl als Schulflugzeuge wie auch als leichte Erdkampfunterstützungsflugzeuge im Einsatz
REPUBLIC SEABEE	eine auf dem Zivilregister von Palästina geführte Maschine wurde 1949 von der IAF requiriert.
RWD-13	zwei Maschinen wurden 1948 vom Palestine Aero Club requiriert
SIKORSKY S-55	zwei S-55 wurden bei der Luft/Seenots-Rettungsstaffel in Dienst gestellt
SIKORSKY S-58	sieben Maschinen wurden von den USA gekauft, 24 Maschinen wurden von der deutschen Bundesluftwaffe ausgemustert und 1960 an Israel geliefert.
SUD AVIATION ALOUETTE II	eine kleinere Zahl befindet sich beim Hubschraubergeschwader und bei zivilen Gesellschaften im Einsatz
SUD AVIATION SUPER FRELON	fünf dieser größeren Kampfhubschrauber wurden 1963 geliefert; sieben weitere kamen nach dem Sechs-Tage-Krieg
SUD AVIATION VAUTOUR II	eine IAF-Staffel ist mit 20 einsitzigen Vautour IIA Jagdbombern und 4 zweisitzigen Vautour IIN ausgerüstet
SUPERMARINE SPITFIRE	50 Spitfire LF.MK.9 konnten 1948/49 in der Tschechoslowakei beschafft werden, weitere 30 in Italien (1950/51). IAF-Serien-Nr. 2001—2051 und 2055—2090. Weitere fünf MK.9 wurden aus Schrottmaschinen, die die RAF hinterlassen hatten, zusammengebaut. 2 Spitfire stehen gegenwärtig als ‚Wachtposten' vor IAF-Basen, eine dritte im Besitz von Ezer Weizmann, befindet sich noch in flugklarem Zustand, ist völlig schwarz lackiert, mit Ausnahme des roten Spinners
TAYLORCRAFT AUSTER	Fünf Taylorcraft Auster und drei J/1 Autocrat wurden 1948 vom Palestine Aero Club an die Haganah übergeben

Der israelische Luftangriff auf Ägypten am 5. 6. 1967, bei dem die ägyptische Luftwaffe vernichtet wurde.

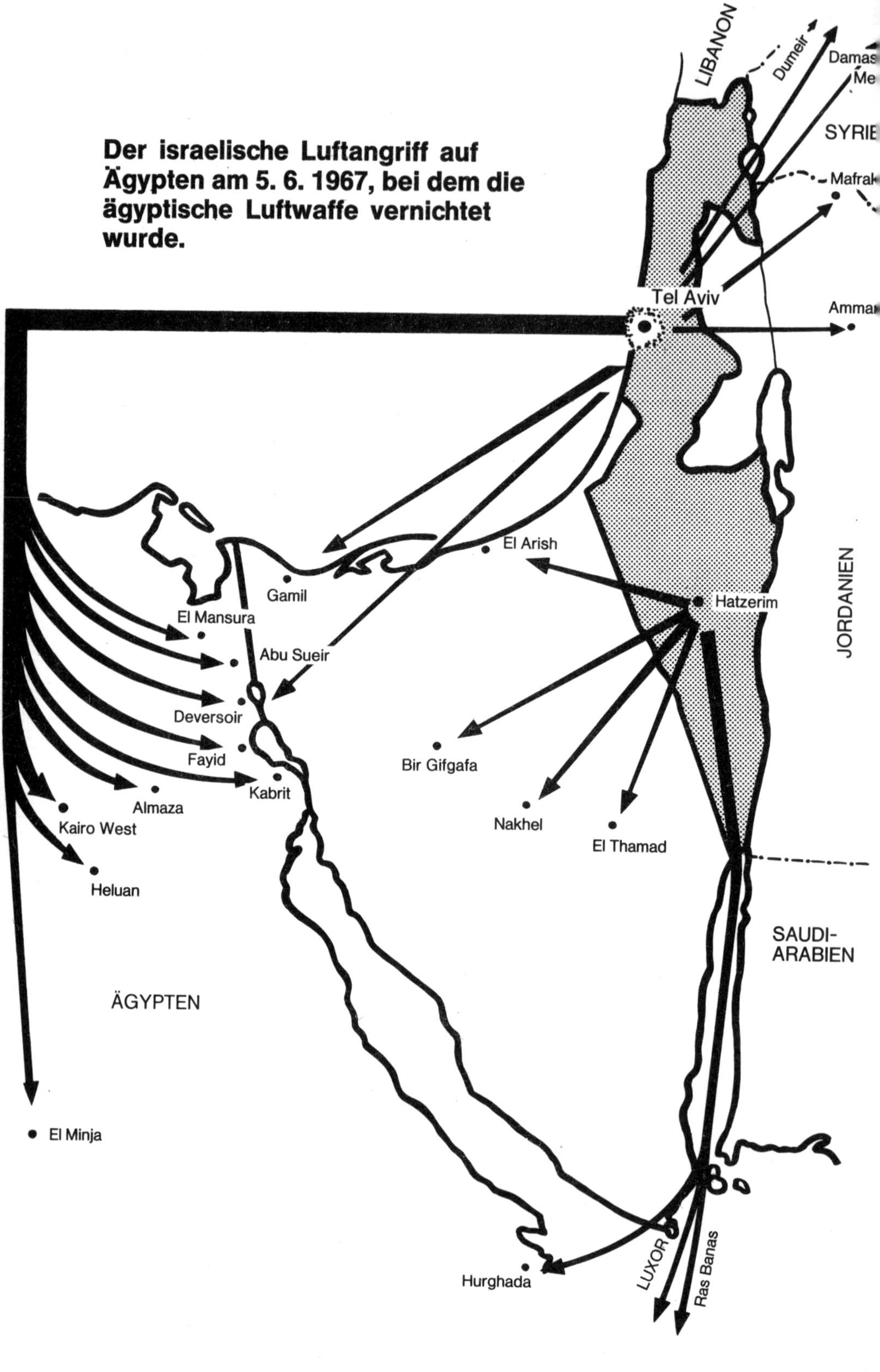